クイズにまつわる言葉を
イラストと豆知識で
ピンポーンと読み解く

クイズ語辞典

文／近藤仁美　日高大介
絵／うのき

誠文堂新光社

はじめに

「クイズ」ほど、誰でも知っている言葉なのに、誰もが異なるイメージを持つ不思議な言葉はないと思います。好きなクイズ番組を思い出す人、新聞や雑誌に載っているパズルを思い浮かべる人、青春をかけて早押しクイズに打ち込んでいる人……。こんなに守備範囲の広いジャンルを対象にした『クイズ語辞典』なんて書けない、と最初はお断りをしました。ただ、僕が40年近く接してきたクイズについて「好きなことを好きなだけ書いてよい」とのお達しを受け、つい引き受けてしまい、脳内にある情報を絞り出して書いたのがこの本です。

はじめにお断りをします。まず、この本は「辞典」ではありません。著者の主観と思い入れが詰まっています。それも、僕が担当した見出し語には余談・こぼれ話・思い出話など、日高特有の「偏愛」に満ちた語釈があちこちに登場します。しかし、この本の執筆に取り掛かって約１年。同世代以上のみなさんと思い出を共有したい、若い世代の方には「こんな凄い作品があったんだ」とクイズ文化を伝えたい。そんな気持ちを込めて、愛情のリミッターを外して１語１語を書き記したつもりです。その結果、情報に偏りが生じてしまったことを先に謝罪いたします。共著者である近藤仁美さんが、その辺りのバランスを保ってくれました。

クイズに限らず「もうそんな話は、若い世代には通じないよ」というフレーズをよく耳にします。それは僕たち世代が、先代の面白い話を伝えないことにも責任があるのではないでしょうか。レトロなエピソードも、できるだけ臨場感を大事に、分かりやすく書いたつもりです。好きな番組・好きなジャンルの見出し語だけでも気軽にパラパラとめくってみてください。何かひとつでも、読者のみなさんが未来に語り継いでくださるクイズ語が生まれれば、著者のひとりとしてこれに勝る幸せはありません。

日髙大介

この企画は、2020年10月、誠文堂新光社の営業さんとの出会いから始まりました。都内のイベントで既刊の「〇〇語辞典シリーズ」をお勧めいただき、「クイズ語辞典もやってみたいから編集に声かけをしておく」という話になったのがきっかけです。

いざ執筆することになり、見出し語の候補を集めはじめると、クイズ番組に競技クイズ、クイズにまつわる作品にクイズを使ったCM……と、「クイズ」というひとつの娯楽を通して豊かな文化が醸成されていることに、改めて気づきました。「これはやりがいがある！」と思うと同時に、「えらいものに手を出してしまった！」と感じた瞬間でした。

この本には、言葉の説明だけでなく多くの問題が掲載されています。また、語釈のなかに関連するトリビアが出てくるなど、なにかしらの「へぇ」があるつくりを目指しました。いうなれば、辞典の体裁をとった主観的読み物です。どこから読んでも、絵だけ眺めてもかまいませんし、本棚に入れておき、見た人に「なにその本？」と突っ込まれるのもまた一興。いずれにしても、たくさんの「？」と「！」をお届けできればと思います。

それでは、めくるめくクイズワールドにご招待！　ディープな業界語やなつかしのあの番組、クイズが生んだ流行語など、ご一緒に楽しめましたら幸いです。そして、ほんの少しでも、クイズ文化を記録にとどめ、クイズの裾野が広がることの一助になり得ましたら、大変うれしく存じます。

近藤仁美

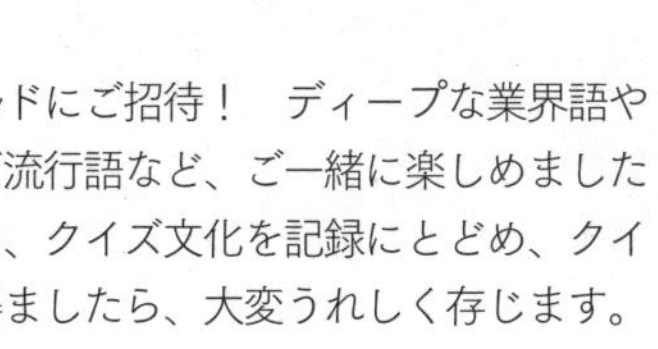

この本の見方と楽しみ方

言葉の見方

50音順に「テレビ番組」「大会」「ルール」、
「テクニック」や「機材」、「蘊蓄」まで、
クイズにまつわるありとあらゆる言葉を配列しています。

❶ ❷ ❸

押し負け【おしまけ】
早押しボタンを押すのが他より遅れること。「押し遅れ」とは言わないところに、ボタンを押すスピードが勝負につながる早押しクイズの醍醐味の一端が窺える。**⇒押し勝つ**

❹

❺

メガホン【めがほん】
本来は拡声するための道具だが、クイズ番組では主に声を潜めるためという、まったく逆の意図で使われがち。構造上声が向かう方向を限定しやすいため、解答者が司会者だけに答えを伝えるときなどに使われる。

❶用語

著者がセレクトした用語を掲載しています。

❷読み方

用語の読み方をひらがなで記しています。

❸言葉の意味や説明

その語句の説明や豆知識を記しています。

❹関連する用語

その語句に関連する本書内の見出し語を
太字で記しています。

❺アイコン

アイコンの種類

- テレビ：クイズ番組にまつわる言葉。
  タイトルや名フレーズ、出演者など。
- ？ クイズ：クイズそのものにまつわる言葉。
  形式やルール、問題文の一節など。
- 大会：クイズ大会にまつわる言葉。
  クイズプレイヤーが使う専門用語など。
- クイズ作家：クイズ制作にまつわる言葉。
  テレビの舞台裏や業界用語など。
- 文 文化：クイズ文化にまつわる言葉。
  クイズを題材とした本や映画など。

読み解き方

1 クイズの知識を深める

往年のクイズ番組や、クイズにまつわる名言、
マニアックな用語など、あらゆる言葉を掲載しています。
なかには人に出したくなるクイズ問題なども含まれています。
気になったところから、この本で調べてみてください。

2 クイズ番組のエピソードや大会など、その歴史を知る

クイズとひと口に言っても、戦後から続く娯楽として
様々な歴史があります。テレビ番組の解説だけでなく、
そこから生まれたなつかしの名フレーズや、クイズの世界独特の用語など、
初心者の方でも興味深く読めるよう、記述しています。

3 気軽に読む

ふとしたときに、パラパラとめくってみてください。
関連する用語などをたどっていくと、意外な言葉に行き着くかも？

4 コラムを読んで、よりディープな魅力にハマる

コラムでは、「クイズを扱った作品」についてや
「クイズプレイヤーの生態」、「名作クイズ」などなど、
人に話したくなる興味深い事柄について取り上げています。
巻末には「クイズ作家」のみなさんの座談会も掲載していますので、
ぜひご覧ください。

INDEXについて　巻末には、アイコンごとのINDEXを設けました。
気になるカテゴリを重点的に読みたいときにお役立てください。

初心者にもわかる!
クイズ形式ガイド

❶早押しクイズ(読み上げ問題)

問題文が読み上げられ、解答者は分かったところで誰よりも早くボタンを押して解答権を得る。原則としてボタンを押すと出題はストップする。

Q.徳川15代将軍のうち、
別名「犬公方」とも呼ばれた第5代将軍は誰?

正解は**「徳川綱吉」**。早押しクイズの問題文は、基本的に「正解が徐々に絞られていく」ようにできている。この問題の場合、「犬公方」あたりで正解の方向性が定まり、「第5代」で1つに絞られる(この絞られるポイントのことを「確定ポイント」などと呼ぶ)。

ではここで、早押しクイズの問題文の代表的なパターンを2つほど紹介しよう。

❶-❶ですが問題(パラレル問題)

Q.徳川15代将軍で、
別名「犬公方」と呼ばれたのは徳川綱吉、
では「米将軍」と呼ばれた第8代将軍は誰?

「では」「ですが」という接続詞で、2つの事柄を並列(パラレル)させるタイプ。先の問題に比べると速いスピードで読まれる傾向にある。この問題の場合「米将軍」の「米」が読まれれば、正解の**「徳川吉宗」**が確定する。

❶-❷名数問題

Q.「世界三大珍味」といえば、
キャビア、フォアグラとあとひとつは何?

「三大○○」「四天王」など、あるジャンルの複数のものを一括りにしたものを「名数」と呼ぶ。そのうちひとつを答えさせるのが「名数問題」。早押しクイズの特性上、多くても5個くらい、少なくても2個(当たり前だ)が適切。この問題の場合「フォアグラ」の「フォ」が聞こえれば、残るひとつの**「トリュフ」**という正解が導ける。

**ひと口に「クイズ」といっても、たくさんの形式がある。
ここでは、いろいろなクイズ形式を、例題を挙げながら紹介していこう。
これらを組み合わせて、それぞれにルールを加えれば
立派な「クイズ大会」の誕生だ。**

❷ ○×クイズ

ある問題文が正しいか間違っているかを○か×で判定する問題。
1問でも間違うと脱落のルールで行われることが多い。「二択クイズ」の一種だが、特に「カン」でも答えられるものが出題される傾向にある。

Q. 5円玉と50円玉。穴の直径は同じである。○か？×か？

正解は「×」。5円硬貨の直径は5ミリ、50円硬貨の直径は4ミリ。○×クイズの題材は、百科事典に載っているような細かい知識ではなく、身近な物や事柄の盲点を突くようなものが望ましい。

❸ 三択クイズ

問題文が出された後に、3つの選択肢が提示されて、そのうちのひとつを選ぶクイズ。
親戚に「二択クイズ」「四択クイズ」がある。

Q. 次のうち、歴代のアメリカ大統領にいるのは誰？
①ビーフ　②ポーク　③チキン

正解は「**②ポーク**」（アメリカ第11代大統領）。四択にしたい場合は「④ラム」などを加えればよい。選択肢になんらかの共通点があることが大切。

❹ 近似値クイズ

数字が答えとなる問題を出して、答えに近いほうから順位がつけられるクイズ。

Q. これまでの「東京オリンピック」で日本代表が獲得した金メダルの数は合計いくつ？

東京オリンピックは2回行われており、1964年の金が16個（歴代2位タイ）、2021年が27個（歴代最多）で合計「**43個**」が正解。知識を総動員させて答えられる問題が望ましい。

❺一問多答クイズ

ひとつの問題に対して、答えがたくさんあるクイズ。

Q. 宝船に乗っている、おめでたい「七福神」の名前をすべてお答えください。

正解は「毘沙門天（多聞天）」「弁財天（弁天様）」「大黒天（大黒様）」「福禄寿」「寿老人」「恵比寿」「布袋」の７柱。ちなみに、神様は家の柱に宿ると考えられていたため「１人、２人」ではなく「１柱、２柱」と数えるのが正しい。

❻ひらめきクイズ

知識ではなく、頭の柔らかさを使って解くクイズ。
穴埋めクイズ、マッチ棒パズル、あるなしクイズなどが有名。

Q. □に入る、漢字１文字は何？
四＜九＜北＜□

正解は「本」。日本列島の４つの大きい島の頭文字を並べている（四国＜九州＜北海道＜本州）。

❼イントロクイズ

音楽クイズのひとつ。ヒット曲の出だしを聴いて、その曲名を早押しで答える。

♪テレッテッテー、テレッテッテー……

正解は『勝手にしやがれ（沢田研二）』。紙面だと無理がある。

他にもクイズ形式は様々で、可能性は無限大。
もっと知りたい方は、この本の中を探してみよう！

クイズ語辞典 もくじ

あ行

か行

さ行

クイズ語辞典

IQ【あいきゅー】

知能指数を表すアルファベット2文字。「Intelligence Quotient」の略。『脳内エステ IQサプリ』『IQエンジン』『iQバトル20世紀』など、クイズ番組のタイトルによく使われた。21世紀初頭には、生放送で視聴者のIQを測定するテスト番組『テスト・ザ・ネイション』(テレビ朝日) という番組も存在した。余談だが、『IQ天才塾』(TBS) という特番の司会を務めた高田純次は、MC席の後方セットにある「IQ天才塾」の「Q」という文字の右下にちょうど頭が重なる位置に座っており、「この番組は『エロ天才塾』じゃありませんよ」と発言したことがある。

IQサプリ【あいきゅうさぷり】

2004年から09年までフジテレビ系でレギュラー放送されたクイズ番組。正式にはタイトルの頭に「脳内エステ」が付く。ひらめきが要求される問題で構成され、パーツを組み合わせて熟語をつくる「合体漢字」、マッチ棒などを使う「モノサプリ」などのコーナーが人気だった。モノサプリでは「マッチを立てたり、折ったり、重ねたりしてはいけない」といった「サプリガード」が設けられ、屁理屈で答えがちな解答者を事前にブロックするという、ひらめき系クイズ番組として斬新な演出が見られた。

ICレコーダー【あいしーれこーだー】

IC (集積回路) によって音声を記録・再生する装置。クイズの場では、大会などで読まれた問題を録音し、復習するためなどに使われる。自分で問題を吹き込んで再生速度を速くして聴きこむことで、クイズ大会など実戦の場で「早押し問題が遅く聞こえるようにする」というテクニックもある。

相棒【あいぼう】 文

テレビ朝日系のドラマシリーズのタイトル。2004年放送の第12話では、学習塾講師の犯人で「クイズの女王」でもある村瀬真奈美を、喜多嶋舞が演じた。ラストシーンで杉下右京が犯人に「溜飲を晴らせましたか?」と尋ね、彼女のプライドを守るシーンも印象的である。クイズの女王は、この言葉を訂正してドラマが終わった。⇒解説P185

青天井【あおてんじょう】

クイズ形式のひとつ。正解ポイントが、1問目は1点、2問目は2点……と問題数に応じて上がっていく形式。「青天井」とは、もともと物の値段などが、果てしなく広がる青空のように無制限に上がっていくことを意味する言葉。特定のポイントに到達するか、規定の問題数を終えた段階でポイント上位が勝ち抜けとなる。なお、不正解の場合は、その数だけ減点されることもあり、局面が終盤になるほど緊張感が増す。

青問【あおもん】

漫画・アニメ・ゲームなどに関するクイズ問題。「青い問題」ともいう。ゲーム『クイズマジックアカデミー』で、これらのジャンルのイメージカラーが青であることに由来する。このジャンル限定の大会もあり、青にちなんでイベント名に「ブルー」を冠したり、問題集の表紙や当日の道具類・照明を青にするといった演出もみられる。⇒**緑問**　⇒**クイズマジックアカデミー**

赤坂5丁目ミニマラソン
【あかさかごちょうめみにまらそん】

『オールスター感謝祭』の恒例企画。クイズのコーナーではないが、エントリー者が決まってからマラソンが始まるまでの準備時間に、クイズのピリオドを消化することが多い。森脇健司が人生を賭けている。⇒**オールスター感謝祭**

アカデミー賞
【あかでみーしょう】 ? 文

「ノーベル賞」「芥川賞・直木賞」などと並び、クイズによく出る「賞」のひとつ。アカデミー賞の場合は作品名や俳優の名前が答えとなる問題が多く、ノーベル賞と同様に年号や部門を問うだけで作品名・人名を答えられるクイズプレイヤーもいる。映画の中身を実際に見ていようがいなかろうが正解は正解であり、これは、たとえば小説の書き出しだけで（中身を読んでいない）作品のタイトルを正解できるのと同様、「クイズ」というゲーム・競技の醍醐味を象徴する事例であるともいえる。

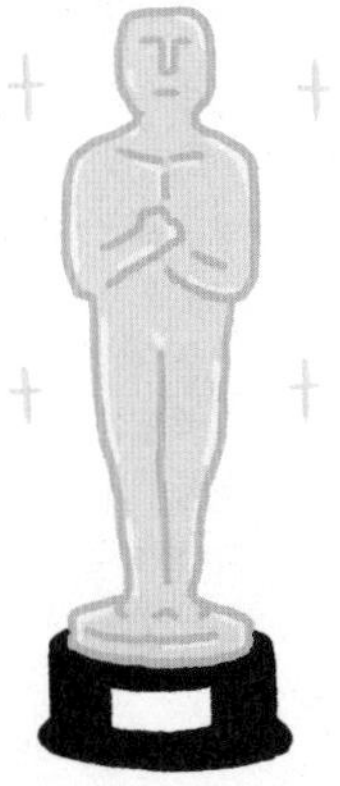

アカデミック【あかでみっく】 ?

一般には、純粋に学問や研究に打ち込む様子。転じて、クイズの場では、学術用語や科学研究など、やや硬めの分野を扱う問題のことをこう呼ぶ。

上がる【あがる】 ?

クイズで勝ち抜けること。双六などの「あがり」と同様の使い方。

アキバいくぞ【あきばいくぞ】

2007年の『高校生クイズ』で、水戸第一高校が気合とともに発した言葉。カヌーを漕いで川に設置されたジャンル別問題をとりにいくとき、スイーツ、オリンピックなどでなく、あえてジャンル「秋葉原」を選び、難なく正解。これがお茶の間のオタク心をくすぐったのか、放送と同時にインターネット上でアスキーアート化された。

芥川賞【あくたがわしょう】 ? 文

芥川龍之介賞。日本文学振興会が主催する、純文学の賞。歴代受賞作がよくクイズに出るため、プレイヤーのなかには、新しい受賞作が決まるごとに作品名や作者名、書き出しやあらすじを覚えていく人もいる。なお、2020年の受賞作『首里の馬』はクイズが題材であり、愛好家の間でも話題となった。⇒**首里の馬**　⇒**直木賞**

アコンカグア【あこんかぐあ】

『第7回ビートたけしのお笑いウルトラクイズ』(1991年) の決勝戦で出された問題の答え。湖上に浮かぶモーターボートの甲板に貼り付けにされたダチョウ倶楽部の上島竜兵にクイズを出題し、不正解の場合はボートが山中湖の水上を暴走してしまう、という形式で行われた。そこで出題された「南米大陸で一番高い山の名は？」という問題に、上島は「比叡山」と解答。たけしも「お、うまい！」と漏らしたが、残念ながらモーターボートは暴走を始めてしまった。コースに設けられた爆破ポイントを通過し、さらには湖上のバスに突っ込んで爆発が起こるなど、命からがらコース一周を成し遂げた。無事に生還した上島は拍手喝采で迎えられ、その芸人魂に涙を流す者もいるなか、アシスタントの長野智子アナは冷静に「正解は『アコンカグア』でした」と進行。司会のビートたけしが「どうだっていいよ！ そんなことは！(笑)」とツッコミを入れて苦笑した。番組屈指の名シーンのひとつ。

アシスタント【あしすたんと】

クイズ番組の出演者の役割のひとつ。番組の顔である司会者、クイズに答える解答者、出題ナレーターなど、出演者にも様々な人たちがいるが、特にアシスタントは、ルールの説明や得点経過など、番組の円滑な進行を支える役割を担う。かつては女性アナウンサーが務めることが多かったが、現在では様々な分野のタレントや俳優がアシスタントを担当することもある。

アタサバ【あたさば】

クイズ形式のひとつ。「アタック風サバイバルクイズ」の略。全員が一律のポイントを持った状態でスタートし、正解すると自分以外の全員の点数が1ポイント減る。誤答すると自分のみ1ポイント減る。最後までポイントが残った数人が勝ち抜け、という形式。形式名は、立命館大学チームが奇跡の優勝を果たした『パネルクイズアタック25 700回記念 大学クイズ研対抗100人の大サバイバル』(1989年) という特別企画が由来である。この勝負は25人1組で行われ、新しい人がボタンについては脱落し、ついては脱落し……という、まさに「サバイバル」とよばれるにふさわしい内容であった。

アタックチャンス
【あたっくちゃんす】

『アタック25』の重要な局面のひとつ。パネルが残り5枚になると鐘が鳴り、「アタックチャンス」のコーナーに入る。アタックチャンスの問題で正解すると、パネルを1枚獲得したうえ、これまでのパネルを1枚消すことができる（消したパネルは黄色になるまた、展開を有利にするために自分のパネルを消すこともできる)。このルールは、放送時間が30分に拡大された第27回から導入された。これにより、パネルの取り方に更なる深みが加わり、逆転の可能性が絶妙に生まれる完成度の高いゲーム形式となった。初代司会者の児玉清は、番組初期こそ「それでは参りましょう、アタックチャンス。」とライトな口調でコールしていたが、徐々に力が入るようになり、最終的には「大事な大事な、アターーック、チャーーンス!!」と拳を握って震わせるようになった。⇒博多華丸　⇒パネルクイズアタック25

アタックのボタン

【あたっくのぼたん】

『アタック25』の早押しボタンのこと。20世紀など番組の初期のころは、他のクイズ番組にはない「長いバー状」の特徴的なボタンで、長戸勇人著『クイズは創造力＜理論篇＞』では、長戸の体験談として「テーブルの上にタオルを敷き（押した感触を与えてくれる）、その上に割り箸を置いて押す」という練習法が紹介された。後に、ゲームセンターの『ポップンミュージック』と同じような薄い半球状に盛り上がったボタンに変わり、番組後期からは、クイズ番組で一般に見かける平板の黒い円状のボタンとなった。クイズ愛好家の間では、過去に収録を経験した者が、初めて収録に臨む者にアドバイスをする機会があり、そのなかでも「アタックのボタンは……」など形状や押し方をレクチャーすることが多い。

⇒パネルクイズアタック25

当たってくだけろ！

【あたってくだけろ】

1990年から93年まで、TBS系で正月・春・秋の年３回放送されていたクイズ特番。正式なタイトルは『オールスター激突クイズ 当たってくだけろ！』。いわゆる「クイズ王にタレントが挑戦する」という番組フォーマットをゴールデンタイムで確立した。各チーム全10問で戦うが、もし10問ともクイズ王に押し勝って正解すれば、優勝賞品として「株式会社東京放送（TBS）」が獲得できた回もあった。特筆すべきは、高田純次のテキトーな司会ぶりで、「まあ私もルールはよく分かってないんですけど」「6問以上の賞品は用意してません」「7問正解すればニュージーランド旅行ですけど、もし10問正解できたらニュージーランドそのものをあげます」「（ラストチャンスのチャイムが鳴って）これは、収録が長いぞ、という合図ですね」など、その「テキトーさ」「心の無さ」も人気の秘訣だった。彼の「平成の無責任男」というキャラクターを印象付けるのに大きく寄与した番組といえる。また、ダウンタウンの浜田雅功が、クイズ王の西村顕治に「おい西村コラーーッ!!」と喰ってかかるシーンもこの番組の名物であった。

頭の体操 **【あたまのたいそう】** ？ 文

多湖輝が光文社から出版したパズル本のシリーズ。1966年に発売された第１集は250万部を超えるベストセラーとなった。以降、「頭の体操」は知識よりも思考力やひらめき・逆転の発想などが必要な問題のことを指す言葉として一般化した。**⇒イラスト解答P185**

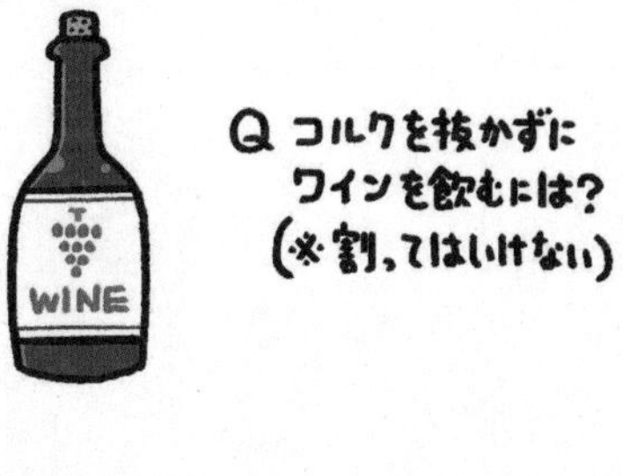

頭ハネ【あたまはね】

早押しクイズで、問題文が読み始められてすぐに正答すること。解答者の「専門ジャンル」や「推し」に関する問題で起こりやすい。そのため、頭ハネで正解した解答者は、どことなく嬉しそうなのが常である。

アップダウンクイズ
【あっぷだうんくいず】

1963年に放送を開始し85年まで続いた、往年のクイズ番組のタイトル。毎日放送が制作し、主にTBS系で日曜19時に放送された。早押しクイズを主体とした日本初のクイズ番組で、「10問正解して、夢のハワイへ行きましょう！」がキャッチフレーズだった。6人の解答者がそれぞれのゴンドラに座り、早押しクイズで正解すると1段階ゴンドラが上がり、10段目に到達するとハワイ旅行を獲得。途中で1問でも間違うとゴンドラが一番下までダウンしてしまうルールの厳しさで知られた。視聴者がテレビ画面を見れば、ゴンドラの位置で解答者の成績が一目瞭然だったことも、テレビ黎明期に人気を博した大きな理由といわれる。記念すべき1問目は「来年東京で開催

されるオリンピックは、第何回大会でしょう？（正解：第18回）」だった。現在でもスタンダードなクイズ形式として残っており、長らくクイズ大会でも、1度の不正解でポイントが0に戻る形式のことを「アップダウン形式」と呼ぶ。おそらく番組を見たことがないであろう若いクイズプレイヤーにも「アップダウン」という用語が通じることが多く、この番組の偉大さを感じさせる。正統派クイズ番組として知られるが、実は途中の「シルエットクイズ」も大人気で、ゲストとのトーク番組としての一面もあった。『クイズダービー』とともにロート製薬提供のクイズ番組として知られる。
⇒シルエットクイズ

あとひとつ

クイズの問題文によく使われるフレーズのひとつ。「エジプト・ギザの三大ピラミッドといえば、カフラー王、メンカウラー王と、あとひとつは誰のもの？（正解：クフ王）」のように、ある条件でくくった複数の事柄を並べ、残りのひとつを問う問題（＝名数問題）に使用される常套句。同義語に「もうひとつ」がある。**⇒名数問題**
⇒浮いている

強ち【あながち】

「あまりに強引であるさま」「必ずしも」を表す日本語。かつて『平成教育委員会』で、「『強ち』の読みを答えなさい」という問題に、渡嘉敷勝男は「りきみがち」と、歴史に残る珍解答を残した。

アナグラム【あなぐらむ】

単語や文章の文字を入れ替えて、意味の異なる言葉をつくる遊び。特別な知識を必要

とせず、誰もが考えられるため、クイズ番組でもよく出題される。『クイズ!!ひらめきパスワード』(毎日放送)のオープニングクイズや、『マジカル頭脳パワー!!』の「シャッフルクイズ」で人気の出題形式として確立した他、『アタック25』の映像クイズでも出題された。ちなみに『アタック25』地上波最終回で出題されたアナグラムの問題は、「神《かみ》は映画館《えいがかん》 焼肉」をカナにして並び替えて「ある曲のタイトル」を当てるという問題であった。⇒解答P185

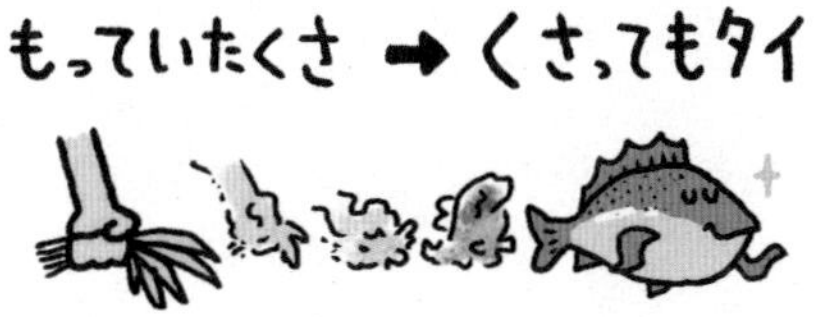

あべこべ問答

【あべこべもんどう】 文

1948年に放送された、NHK大阪放送局制作のラジオ番組。近年、日本初の純国産クイズ番組である可能性が指摘されている。内容としては、主に司会者が言った言葉の反対の意味の言葉を答える、というもの。宝塚歌劇団の花組対雪組、朝日新聞大阪本社対毎日新聞大阪本社など、関西地区で競争関係にある団体から数名ずつが出場するチーム戦であった。

アメリカ横断ウルトラクイズ

【あめりかおうだんうるとらくいず】

1977年から1992年まで日本テレビ系で放送された大型クイズ特番。毎年秋に『木曜スペシャル』の枠で数週にわたって放送された。正式にはタイトルの頭に「史上最大!」が付く。ハガキで応募した挑戦者が全国から後楽園球場(第12回からは東京ドーム)に集結し、○×クイズで勝ち残った100名が成田空港へ進む。1ヵ月分の荷物を持って成田空港に集まった100人は、運を試される「ジャンケン」に挑み、勝てばグアム行きの飛行機に乗れた。以後、グアム、ハワイ、サンフランシスコ……など年によって異なるチェックポイントを勝ち進み、アメリカ大陸の各所で1名ずつ落ちながら、決勝地であるニューヨークを目指す、という壮大なスケールで行われた。後楽園球場(東京ドーム)での「ニューヨークへ行きたいかーっ!!」「おー!!」「罰ゲームは怖くないかーっ!!」「おーっ!!」といった福留功男によるコール&レスポンスはいまなおテレビの名シーンとして語り継がれる。途中で負けた敗者に仕掛けられる「罰ゲーム」も人気を博した。回を重ねるたびにルートがスケールアップし、第6回ではアラスカを経由、第9回ではヨーロッパ大陸に上陸、第10回では南米と北米の2コースに分かれてニューヨークで合流、第12回では北極から南極までアメリカ大陸を縦断、第13回ではオーストラリアとアメリカの2大陸を制覇など徐々に世界一周に近づいていき、番組の公式問題集には「もはや地球は狭すぎる」と書かれた。クイズ番組というよりむしろ、クイズを通した人間ドキュメンタリーとしての色彩も強かった。1993年春、番組の休止が突如報じられると全国のクイズファンは途方に暮れたが、1998年に1度だけ「今世紀最後」として復活を遂げ、東京ドームには5万人以上の挑戦者が集まった。本辞典でも、当番組の関連項目は数多く、それだけ後世に残した影響は計り知れない。1983年冬には兄弟番組として『全国高等学校クイズ選手権(高校生クイズ)』が生まれ、1989年正月にはパロディ番組として『ビートたけしのお笑いウルトラクイズ』も誕生した。**⇒高校生クイズ ⇒お笑いウルトラクイズ ⇒コラムP37**

アメリカ西海岸

【あめりかにしかいがん】

「ハワイ旅行」とともに、昭和の視聴者参加型クイズ番組の優勝賞品の行き先となった場所のひとつ。往年のクイズファンにとっては響きの懐かしい地名であるが、考えてみると、具体的にはどこに行くのか分からない。**⇒ハワイ旅行**

アラジン 【あらじん】 文

『クイズ！ヘキサゴンⅡ』から生まれたユニット。女性の「Pabo」と男性の「羞恥心」のメンバーを合わせた6人で構成され、2008年のシングル『陽は、また昇る』のヒットにより同年の『NHK紅白歌合戦』に出場した。紅白には、ヘキサゴンの進行を務めた中村仁美アナ（当時フジテレビ）とともに出演したが、民放キー局のアナウンサーがNHKに生出演することは極めて異例であり、当時の話題となった。**⇒羞恥心　⇒Pabo**

あるあるある

『クイズ100人に聞きました』で、解答者が答えを発した後、正解発表の前に観覧席の応援団が発する決まり文句。番組全体がアンケートの答えを予想するクイズであり、その解答がアンケートの正解範囲に「ありますように！」という意味で「あるあるある!!」と言った。解答者が答えを思いつかず、テキトーに言った言葉であっても儀式のように「あるあるある…!?」を言うのがお約束だった。たとえば「サラリーマンが仕事から帰宅して、クタクタでもやることといえば？」の問題に「お風呂に入る！」と答えれば「あるあるある!!」が元気だが、「えーっと、えーっと、庭そうじ……」とか絶対にないことを言われると「あ、あるある……ある」と周りを気にする応援になりがちだった。

あるなしクイズ 【あるなしくいず】 ？

クイズの出題形式のひとつ。「○○にはあるが、××にはない」といった形で、原則として「ある」ほうの言葉の共通点を当てる問題フォーマットのこと。この形式が誕生した経緯は諸説あるが、人気を博したのは1990年代の『マジカル頭脳パワー!!』がきっかけである。特に所ジョージの瞬殺ぶりには当時の小中学生の視聴者が憧れ、なかにはテレビの前でライバル心を燃やす者もいた。「何かが隠れている」「頭に『ある1文字』がくっつく」が2大パターンだったが、その意表をついて「ない」ほうの共通点を当てるという変化球のような出題もなされた。なお、知識というよりはヒラメキが重要となるため、本来は「あるなしパズル」だという主張もある。『M-1グランプリ2022』でウエストランドが「あるなしクイズ」を題材にした毒舌漫才を披露して日本一に輝いたのは記憶に新しい。

Answer×Answer

【あんさーあんさー】 ？ 文

2015年まで稼働していたSEGAのクイズゲーム。アーケードゲームとしては珍しく、筐体に本格的な早押しボタンが実装された。略称は「アンアン」。『アメリカ横断ウルトラクイズ』とのコラボなど、クイズファンには嬉しいイベントも多く開催された。

いい問題【いいもんだい】

クイズのなかでも、クオリティの高い問題のこと。「良問」ともいう。シンプルな問題文、意外性のある正解、納得感のある解説、ユーモラスな文体など「いい問題」となるには多くの要素がある。クイズ番組の収録で、正解ＶＴＲの後に（正解・不正解に拘わらず）出演者から「これはいい問題！」という言葉やリアクションが引き出せると嬉しい。「良問」の反対語は「悪問」であるが、「いい問題」の反対語は「なんだよ、この問題」であることが多い。

イエスノークイズ

【いえすのーくいず】

クイズの出題形式のひとつ。二択クイズに属する。「○×クイズ」とほぼ同義語であり、『高校生クイズ』では第20回大会まで地方予選の１回戦は「YES－NOクイズ」と呼ばれた。問題の文末が「～～ではない。YESか、NOか？」と問われたとき、英語力があると、どちらを答えればいいか分からなくなる難点があったといえなくもない。
⇒○×クイズ　⇒二択クイズ

伊香保温泉【いかほおんせん】

クイズ番組の賞品として人気を博した温泉地のひとつ。特に『100万円クイズハンター』では「ココ山岡のダイヤモンドネックレス」とともに代表的な賞品であり、「ハンターチャンス」に「伊香保温泉」や「ココ山岡」を取り合う壮絶な争いが繰り広げられた。**⇒100万円クイズハンター**

一抜け【いちぬけ】

複数人が勝ち抜けられるクイズ形式で、最初に勝ち抜けること。負けないことが大事なルールでは特に一抜けする必要はないが、「カッコいい」という目的のためにこれを目指す者もいる。ただ、勝負運や勢いを味方につけるために一抜けを目指すことが有効な場面もある。なお、２番目に勝ち抜けることは「二抜け」、最後に抜けることは「ラス抜け」などという。

一問多答クイズ

【いちもんたとうくいず】

クイズの出題形式のひとつ。読んで字のごとく「１問に答えが複数あるクイズ」のこと。単に「多答」とも呼ばれる。ルールは様々で、「ひとりでできるだけ多くの正解を出す」「チーム戦で解答者がひとつずつ答えていく」などがある。初めて本格的に行われたのは『第９回アメリカ横断ウルトラクイズ』（1985年）のサンフランシスコで、６人ずつ３チームに分け、解答権を得た６人全員がひとつずつ答えられたら勝ち抜け、というルールとなっており、後に団体戦向けのクイズとして定番化した。ちなみに『ウルトラクイズ』で初めてオンエアされた多答クイズは「七味唐辛子の中身は？」といま見るとやや限定が甘めの問題ではあった（問題の中身は唐辛子だが）。定番の多答クイズとしては、「夜空に輝く88星座の名前」「アメリカ50州」「東海道新幹線の駅名」「ノーベル賞受賞者の名前」などがある。答えが３～６個のいわゆる「名数問題」をアレンジして「全部答えなさい」「多く答えられた人に得点が入ります」というクイズ王向けのルールも存在する。広義には、ペアでひとつずつ答えて完答を目指す「１問２答クイズ」なども含まれる。**⇒団体戦　⇒解答P185**

1回休み【いっかいやすみ】？

クイズに間違えたときのペナルティのひとつ。早押しクイズなどで間違えた場合、得点の変動はないものの、次の問題の解答権がないことを意味する。しかし近年では、「ダブルチャンス」や「エンドレスチャンス」などのルールが普及したことで、1問に対して何人もの解答者が不正解となる状況が生まれ、1回休みの実態が「1人休み」なのか「その問題の解答権がなくなる」のか「次の問題の解答権が一律になくなる」のか、複雑性を増すことになった。一般には「誤答者は、次の問題の解答権が一律になくなる」ことを「1回休み」ということが多い。

⇒エンチャン

一対一対応

【いったいいちたいおう】？

知識の覚え方のパターンのひとつ。クイズでは「国名＝その首都」「俳句や和歌＝その詠み人」「美術作品＝その作者」など、基本事項の組み合わせを一対一に対応させて覚える。難問の世界になると「歴史的な船＝その船長」「島＝その最高峰」「国際的組織＝初代会長」のようなマニアックなものを覚えることで、「船長の名前はクワッケルナック／」の部分で押して「リーフデ号（※ウィリアム・アダムズやヤン・ヨーステンが乗って来日したオランダ船の名前）」を正解でき、周りから喝采を浴びることができる。クイズを勉強する初期段階では、単語と単語を一対一でどれだけ（機械的にであれ）蓄積できるかが、その後のプレイヤーの底力につながっていくといえる。ちなみに、大学受験の世界で「一対一対応」といえば、東京出版から出ている数学の参考書『一対一対応の数学』シリーズのことを指し、クイズとは全くの別物である。

一択【いったく】？

早押しクイズの前振りの部分で、答えがまだ限定されていないにも拘わらず「難易度や状況を踏まえると、きっと答えはこのひとつしかない！」という考えに至ること。また、その考え。例としては「この問題群で出題されるナイジェリアの小説家なら、エイモス・チュツオーラの一択だ！」など。

⇒前振り　⇒確定ポイント　⇒限定

一般常識問題集・一問一答

【いっぱんじょうしきもんだいしゅう・いちもんいっとう】文

書店で販売されている、主に就活生向けの問題集。80年末から90年代にかけて、クイズ番組冬の時代に生まれた中高生たちは、一般の書店で本格的な「クイズ問題集」を見かける機会が少なくなった。しかし、書店で多く売られていた「一問一答集」（社会や理科の参考書を含む）はクイズの体裁を取った問題が数多く掲載されており、学校の昼休みや放課後などにこの類の本から出題しあうことでクイズ欲を満たしていた。特に「一般常識問題集」の場合は、「ことわざ」「歴史」「美術」「時事」など多様なジャンルに分かれているため、クイズ知識の宝庫として重宝された。

一般に【いっぱんに】

クイズの問題文によく使われるフレーズのひとつ。取り扱う内容や答えに多少の例外がある問題でも出題可能にできる魔法の言葉。正解となる言葉の方言や瑣末な別名が多い場合などは、問題の文末を「一般に何という？」にすれば、もろもろの懸念が一発で解決する（一般に）。⇒とも呼ばれる

逸見政孝【いつみまさたか】

クイズ番組の司会者のひとり。もともとはフジテレビのアナウンサーだったが、後にフリーに転身した。『クイズ世界はＳＨＯＷ ｂｙ ショーバイ!!』(日本テレビ）でフリーとなって初のクイズ番組を担当し、同番組のレギュラー解答者・山城新伍とのバトルも人気を博した。番組対抗スペシャルの際、当時は関東ローカルの深夜番組だった『ダウンタウンのガキの使いやあらへんで!!』チームのダウンタウンに対して「マジメにやれよ！」とツッコミを入れるなどのやりとりが話題となり、ダウンタウンが関東でブレイクするきっかけを与えたひとりであるといえる。『たけし・逸見の平成教育委員会』ではビートたけし先生のもとで学級委員長を務めた。『FNS１億2000万人のクイズ王決定戦!!』では城ヶ崎祐子アナとともにスタジオ司会を務め、クイズ王を目指す挑戦者との軽妙なやりとりや、難問を一緒に楽しむ司会進行などで番組を盛り上げた。

いま何問目？
【いまなんもんめ？】

『クイズタイムショック』から生まれた、定番問題のひとつ。１分間に12問のクイズを答える形式だからこそ活きる、解答者の脱輪を誘うクイズ問題。ひとりで解答席に座っている極限状態のなか、30秒を過ぎた辺りで出題されると、正解を出すのは至難の業である。しかし問題文自体は短く独特の脱力感があり、その緊張と緩和から、見ている者にとっては楽しいクイズの代表ともいえる。ちなみに、この問題を攻略するため、「１問目から指を折って数える」「出題BGMを意識する」「解答席の周りにある電飾を見て答える」など数多くの必勝法が編み出されたが、３つ目の技はカンニング扱いとなるので注意が必要。なお、この問題を意識しすぎると通常の問題に集中できなくなるため、あまり意識しない方が良いという考えもある（実は、言われるほど出題頻度も高くない）。「いま何問目？」形式の問題は、現在はテレビだけでなくクイズ大会などでもみられ、バラエティ色の強い場を盛り上げる有効な要素となっている。ちなみに、フジテレビ系のバラエティ番組『新しいカギ』では、チョコレートプラネット・長田庄平がこの問題を題材としたコントを演じ、さらには全国の高校生が参加するパロディクイズ企画として「高校生クイズ何問目？」が生まれた。チョコレートプラネットが演じるクイズ作家ヤノとヒダカがMCを務め、ひたすら「何問目」なのかを計算する高校生と番組レギュラーとのガチンコの対決が見物となっている。
⇒問目

インカレ【いんかれ】 文

「インターカレッジ」を略した言葉。所属校を問わず同期にあたる学生たちで構成されるクイズサークル、または特定の大学のサークルでありながら他校生も受け入れている団体のこと。前者の場合、大学１年の時に開催する高校生向けクイズ大会のために結成され、その後立ち消える例が多いが、なかには結成から20年以上続く老舗サークルもある。大人になっても同期で集まれるっていいな。

インテリ芸能人

【いんてりげいのうじん】

視聴者参加型クイズ番組が華やかなりしころは、クイズに強い解答者は「クイズの王様」「クイズマニア」などと呼ばれることが多かったが、タレントが答えるクイズ番組が多くなると、クイズに強いタレントや、高学歴のタレントのことを「インテリ芸能人」と呼ぶのが定番となった。

イントロクイズ

【いんとろくいず】 ?

クイズの出題形式のひとつ。一般にはヒット曲のイントロを聴いて、早押しで曲名を当てることが多い。人気に火をつけたのは『クイズ・ドレミファドン！』で、まさしく西部劇で見られる撃ち合いのような熾烈でスリリングな早押し合戦が生まれた。近年のヒット曲はイントロが短くなる傾向にあり、徐々に出題しづらくなっているという裏話もある。特にクイズを趣味としない人も、このクイズのことは「イントロドン」などと呼び、比較的参加しやすいクイズのひとつとされる。ただ、人によっては出題曲の年代によって得意、不得意が極端に分かれることも多い。

う

Weakest Link

【うぃーけすとりんく】

イギリスで大ヒットし（正式タイトルは頭にTheが付く）、日本にも2002年に輸入され、フジテレビ系で放送されたクイズ番組。日本版の司会は伊東四朗で、タイトルも『ウィーケストリンク☆一人勝ちの法則』と独自のものが付けられた。日本での放送は半年で終わったが、その理由としては、クイズの成績を踏まえ、投票によって他人をひとりずつ蹴落とすという形式が国民性に合わなかったからでは、と囁かれることがある。

Wikipedia

【うぃきぺでぃあ】 文

ウィキメディア財団が運営するインターネット百科事典。世界中の有志によって執筆されている。誰でも編集できるフリー事典であるため商用クイズの出典としては不適当だが、非商用クイズでは問題作成の際の出典として挙げることを許可する場合がある。たとえ出典にはならなくても情報収集の入り口としては有効で、興味深い情報に出会えることも多い。また、クイズ番組によって有名な雑学がウソであることが指摘されると、その雑学を載せていたWikipediaの項目がリアルタイムで書き換えられる現象も散見される。

浮いている【ういている】 ?

他のものとは異なる性質を持っている、という意味の言葉。「〇〇といえば、A、B

とあとひとつは何？」という形の問題を「名数問題」というが、クイズの美しさを追求する姿勢から、名数問題は「ひとつだけ浮いている」ものが正解になることが多い。例としては「人間の血管を大きく３つに分けると、動脈、静脈とあとひとつは何？（正解：毛細血管）」「茶道の三千家とは、裏千家、表千家とあとひとつは何？（答え：武者小路千家）」俳句の季語を大きく５つに分けると、春、夏、秋、冬とあとひとつは何でしょう？（正解：新年）など。**⇒名数問題**

ウィニングアンサー

【うぃにんぐあんさー】

クイズで、優勝者が決まった問題の答え。元々はクイズプレイヤーが使っていた用語だが、現在はクイズ番組のスタッフも使うことがある。自力正解による優勝決定でなく、対戦者の誤答などで優勝が決定した場合は、優勝者が最後に正解したクイズの答えがウィニングアンサーとして扱われることが多い。ただ、自力で優勝が決まったほうが競技としても絵的にもふさわしいため、決勝（特に同点決勝やサドンデス）のルールでは、誤答のペナルティを「問題を読み切って相手に解答権」とすることがある。ちなみに、大会や番組では、「問題の消費を考えると、この辺りで優勝が決まるのではないか」といった予想がついたりもする。そのため、優勝が決まる頃合いを計算し、「語感の良い答え」や「優勝決定感のある答え」の問題を事前に配置して勝者の格好良さの演出の一助とすることがある。例として「シェイクスピアの戯曲『All's Well That Ends Well』を訳した、結末がよければ途中の失敗は問題にならないという意味のことわざは何でしょう？（正解：終わりよければすべてよし）」などがある。**⇒読み切って相手に解答権**

ウェストミンスターの鐘

【うぇすとみんすたーのかね】

日本の学校のチャイムなどでおなじみの、「キーンコーンカーンコーン」という、あのメロディ。もともとは、イギリス・ロンドンにあるウェストミンスター宮殿の時計塔（エリザベスタワー、ビッグ・ベン）の鐘の音。『アタック25』では、誤答やスルーが頻発し、制限時間までに全パネルが埋まらなかったときに「時間切れ」を知らせる音としても使われ、その事態のことを「鐘が鳴る」という。たとえば３枚のパネルを残して鐘が鳴った際には、「『アタック22』で優勝した」などと自虐混じりに言うこともある。**⇒パネルクイズアタック25**

ウソ振りクイズ

【うそふりくいず】

クイズの出題形式のひとつ。問題文の前振り（前半）部分がウソであるクイズ。ウソの部分と正解に落差があったり、ストーリー性があったり、長い言葉のシャレになったりしているとクオリティが高いとされ、場が盛り上がる。例題としては「警察に特許事件の捜査を申し出たときには『本人自身がシロともクロとも言い難い』と疑われた、グラハム・ベルと同日に電話の特許を申請したものの、わずかな差で認められなかった発明家は誰？（正解：イライシャ・グレイ）」など。**⇒解説P185　⇒前振り**

ウソ問【うそもん】

問題文や答えに間違いが含まれているクイズ。主にクイズプレイヤーの間で使われる言葉。「日本でペットとして飼える最大の動物でもある〜（正解：キリン）」のように、問題をつくった時点では正しかった情報が、法律の更新や考古学的発見によって覆り、結果的に間違いを含んだ問題になってしまうことがある。⇒ガセ

映す価値無し

映す価値なし【うつすかちなし】

『芸能人格付けチェック』の序列のひとつで、一番下に当たる。最初は「一流芸能人」から始まるが、芸能人なら答えて然るべきグルメや芸術などの「目利き」に関した二択問題を間違うたびに、「普通芸能人」→「二流芸能人」→「三流芸能人」→「そっくりさん」とランクが下がっていき、それでも間違うと「映す価値なし」として画面から姿が消える。主に最終問題で不正解となった瞬間にボンッ！と消えてしまうため、声だけの出演のままエンディングを迎えることになる。番組の進行を務める格付けマスター・浜田雅功は、一流芸能人が画面から消えることを特に好む傾向にある。

ウラ取り【うらどり】

クイズで扱う内容に誤りがないか確かめる作業のこと。「ウラを取る」ともいう。その方法は様々であるが、たとえばクイズ番組の場合、1問の問題文につき「確固たる文献」を2件以上調べ、専門家への電話取材を1件以上行う、などの調査方法がある。一見どんなに簡単にみえる問題でも「その問題を疑ってかかる」ことが基本姿勢である。そのため、場合によっては問題作成そのものよりも、ウラ取りの方に時間がかかることがしばしばある。⇒リサーチ

裏読み【うらよみ】

正攻法ではなく、物事の裏を読んで行動すること。クイズでは「出題者がこのような文体で出してくるとしたら、これが答えのはずだ！」「この3つの選択肢だったら、一番意外性のあるコレが答えだ！」などのように、純粋な知識ではなく、出題者の心理を読んで解答する。邪道とみなす向きもあるが頭の良い行為と評価されることが多い。

ウルトラハット【うるとらはっと】

『アメリカ横断ウルトラクイズ』で挑戦者がかぶる帽子の名称。人数が絞られて、挑戦者が残り10人前後になると登場する。早押しクイズで解答権を取ると、帽子に搭載されたクエスチョンマークがピン！と立ち上がる。『ウルトラクイズ』では、特にアメリカ大陸の名所など明るい野外でクイズをすることが多く、従来のランプだと光っているのが見えづらいことから考案された。金属製のため、最初にかぶった人の感想は大抵「思っていたより重い」である。漫画やイラストの中に「クイズ王」が登場する場合、星柄や星条旗を模した柄にハテナマークの付いた帽子をかぶっていることが多く、その知名度・影響力の大きさが窺われる。

蘊蓄【うんちく】

辞書的には「知識を深く積み蓄えてあること」を指す。かつては飲み屋で傾けてしまうと煙たがられるものであったが、近年のテレビでは、深い知識を分かりやすい言い回しで話したり、豆知識や雑学を巧みな話術で披露したりする場合の「芸」や「豆知識・雑学」の意味合いで使われることがある。また「瞬間うんちく」として、あるテーマが与えられると、即座にそれにちなんだ豆知識を披露できるクイズ王も存在し、イベントやラジオなどでその芸が求められることも多い。なお、もともとはなにかを貯めること全般のことを「蘊蓄する」といっており、現代の用法として比較的新しいものである。

うんちく王決定戦

【うんちくおうけっていせん】

2000年代初頭のテレビ朝日の深夜番組『虎の門』で生まれたコーナーのひとつ。いとうせいこうの企画として「知識の深さ」と「話術」を競った。伊集院光、山田五郎、なぎら健壱、松尾貴史らが活躍したが、最多優勝を誇り、後のブレイクにつながったといっても過言ではない活躍を見せたのが上田晋也（くりぃむしちゅー）である。現在でもクイズ王が蘊蓄を披露する機会が多いが、分かりやすい話術で雑学を聞かせるフォーマットを築き上げたのは上田の功績であるといってよい。

運命戦【うんめいせん】

競技かるたで、自陣も相手陣も最後の1枚となった試合のこと。転じて、クイズ大会などでは、早押しクイズで対戦者双方にリーチがかかり、あと1問正解した方が勝ちとなる状態をいう。

abc【えーびーしー】

2003年から年に1回開催されている、クイズの大規模大会。大学4年生相当までを対象としており、初心者が触れるにふさわしいクイズの基本問題を出題することで知られている。大会名の由来は、「新しい選択肢（Alternative）」「基本（Basic）問題主体」「古典（Classic）的アプローチ」の3つの頭文字から取ったものであるが、日本語の「イロハ」にもなぞらえてクイズの入り口を示唆している。abcを目標とする学生プレイヤーは多く、この大会でどこまで進出したかがある種のステータスになることも。また、この大会からは、新しいクイズの演出や形式も広まった。なお、abcは社会人が問題を作成し学生が解答するが、その逆に学生が問題を作成し社会人が解答する「ABC（ラージ・エービーシー）」という大会も存在する。abcは、スピード感、高度な早押し技術、大会に懸ける関係者の情熱など、様々な見所のある競技クイズ界の一大イベントである。**⇒ターンオーバー　⇒10 by 10**

EQIDEN【えきでん】

abcと同日に開催されるクイズの団体戦。abcと同じく学生を対象とする大会。その名のとおり箱根駅伝が下敷きになっているため、予選・往路・復路と順番に襷をつないでいく。なお、この大会が始まったのは2008年であり、abcの開始年である2003から2007年までは、TBS系のクイズ番組『天〜ten〜』をベースにした「誤」という大会が開かれていた。

エグい問題【えぐいもんだい】

難度が高い・切り口が独特などの理由で、接する人が軽く引くような問題。例）デルフォイと並んでかつて有名だった、ギリシャ最古の神託所はどこ？　正解：ドドナ（の神託所）⇒**グロ問**

絵心クイズ【えごころくいず】 ?

ある物を絵に描き、それが何を表しているかを当てるクイズ。バラエティ要素の強いクイズ番組やクイズ企画などで行われる。クイズの答えとなるのは主に有名なキャラクターや世界的な建造物などであるが、絵心のない者に描かせれば、どんなお題でも面白くなる。正解を知ったときに、「上手い!!」と感心できたり、「なんだ、この絵？」「怖い！」などのリアクションが生じたりする題材とメンバーが望ましい。

エコノミクス甲子園【えこのみくすこうしえん】

「全国高校生金融経済クイズ選手権」というクイズ大会の通称。高校生を対象とし、従来の教育現場では触れられる機会の少なかった、金融経済について学べる問題が出る。各地方大会は、原則としてその土地の金融機関によって主催されることでも知られる。主催はNPO法人金融知力普及協会。

NHK日本語発音アクセント辞典【えぬえいちけーにほんごはつおんあくせんとじてん】 文

NHKによる、放送現場で使われる日本語や外来語のアクセントを集めた辞典。同社の前身によって第二次世界大戦中に初版が出版され、時代に応じた改訂を重ねながら現在まで広く使用されている。2016年には『NHK日本語発音アクセント新辞典』と名前を変えた新版が出たが、現在でも旧版の名称で呼ばれることが多い。クイズ番組では、収録前に出題ナレーターとクイズ作家が、この辞典を使って問題文の発音とアクセントを確認するなどの打ち合わせを行うことがある。この際、ときにはアクセント辞典よりも、問題を聞いたときの分かりやすさを優先することがある。たとえば、落語家が座る「高座（こうざ）」は、辞典的には「コ＼ーザ」とコを高く読むのが正しいが、口語では「コーザ￣」と平たく読むのが一般的であるため、耳で聞いて分かりやすい後者を優先する。

NAQT【えぬえーきゅーてぃー】 文

アメリカ発の早押しクイズの世界大会、およびそれを運営する団体。正式名称は「National Academic Quiz Tournaments」。この大会の出場者やスタッフからは、アメリカのクイズ番組『Jeopardy!』の有力出演者が多数輩出されている。なお、NAQTは、現時点ではおそらく世界一規模の大きい早押しクイズ大会で、2019年には日本予選も開かれた。
⇒**クイズボウル**

FNS1億2000万人のクイズ王決定戦！

【えふえぬえすいちおくにせんまんにんのくいずおうけっていせん！】

タイトルにも冠せられているとおりフジテレビ系列で、1990年から94年まで春と秋に定期的に放送されていた大型クイズ特番。通称は「ＦＮＳ」。第7回大会では、日本の人口増大の影響を受けたのか、タイトルも『1億2500万人のクイズ王決定戦』と地味に500万人増加した。ハガキを出せば第1ラウンドのペーパークイズに誰でも挑戦することができ（多いときは2万人近い応募があったという）、まさしく「1億2000万人」のなかからひとりのクイズ王を決める、というコンセプトにふさわしい規模感だった。予選のペーパークイズは日本全国を数ブロックに分け、衛星回線を使って「同じ時間」に「同じ問題」で競い、純粋に得点上位の100人が通過した。通過者は後日、本選会場の「フジテレビ」（当時は港区台場ではなく新宿区河田町）に集まった。『FNS』は出題されるクイズにも特徴があり、「ペコちゃんのスリーサイズは？」「JIS規格で定められたコンドームの長さは？」といった奇問や、世間を賑わせているワイドショーからの時事問題などが多く、極端な例では1回の番組内に「宮沢りえと貴ノ花」の問題が4問ほどオンエアされた回もあった。これらは「『？』のつくあらゆるものをクイズと考える」という制作スタッフの思想を象徴するものであったいえる。クイズ王や上位進出者には個性豊かなプレイヤーが多く、そのキャラクターや日常を取材したＶＴＲなども人気を呼び、予選会場にはクイズ王に会うことを目的とする女性ファンが押し寄せ、フジテレビには数千通ものファンレターが殺到するなど、90年代初頭の「クイズ王ブーム」の一翼を担った。司会の逸見政孝の厳格かつユーモラスな雰囲気と、解説・ナレーションを務めたデーモン木暮（現デーモン閣下）の辛辣かつシニカルなコメントで、まさしく当時のフジテレビらしい「バラエティ豊かなクイズ日本一決定戦」として、一時期は視聴率が20パーセントを超えるほどの絶大な人気を誇った。お正月には成績優秀者が集う「グランドチャンピオン大会」が、夏休みには小学6年生以下なら誰でも出場できる「ちびっ子クイズ王決定戦」が放送された。

エポニム **【えぽにむ】** ？ 文

主に人名に由来する言葉。ギリシャ語の「epi（○○の後に）」と「onoma（名前）」の合成語。「シーザーサラダ」「カーディガン」「テディベア」などがエポニムにあたり、クイズでは「シーザーサラダはシーザーさんが発明した。○か×か？」「自分たちの要求を通すために特定の人や物を排斥することを、実際にこれを行われたイギリスの土地管理人の名前からなんという？」といった○×クイズの題材としてもよく使われる。また、「エポニム」という言葉自体もクイズで問われることがある。ちなみに、地名由来の言葉を「トポニム」というが、トポニムという語そのものがクイズの答えとなるのはなぜか稀である。⇒解説P185

遠征【えんせい】

遠方のクイズイベントに参加すること。クイズに限らず他の娯楽でも使われる表現。なかには遠征ついでにイベント開催地での観光を楽しむ人もおり、遠征好きのプレイヤーが結成したクイズサークルさえ存在する。

エンチャン【えんちゃん】

早押しクイズにおける「ダブルチャンス」の派生形。最初にボタンを押した人が誤答をした場合、２番手だけでなく、３番手、４番手…と正解が出るまで、ボタンを押した人が順番に答えられる。「エンドレスチャンス」の略とされるが、考案当初は「延々と解答権のあるチャンス」の略（延チャン）とする考えもあった。ちなみに、エンチャンは、どちらかといえば「みんなで楽しむ」形式でのクイズイベントやクイズサークル内の企画で行われることが多く、競技性の強いクイズ大会やクイズ企画で行われることは少ない。また、エンチャンを採用したルールでクイズを行う場合、出題の途中でボタンが押され「方向性を間違えた誤答」が一度でもなされてしまうと、そのままズレた誤答が連鎖することもあり、「気が付けば解答権があるのは残り数人」となって場がようやく落ち着きを取り戻す、という場面も往々にして見られる。ちなみに、このルールが普及したことにより、誤答ペナルティの定番であった「１回休み」の概念が伝わりづらくなったため、「間違えた人全員が次の問題お休み」と説明する必要性が生じた。なお、野暮な話だが、「エンドレス」とはいえ、解答者の人数には限りがあるため、厳密には「エンドレス」ではない。**⇒１回休み　⇒ダブルチャンス**

エントリー【えんとりー】

クイズ大会に参加を申し込むこと。当日の飛び入り参加ではなく事前エントリーを必要とするイベント形式の場合、主催側が参加総数を把握したり、エントリー者の名前の入った小道具を準備したりするのに役立つ。また、参加する側のメリットとして、イベント開催前にエントリーリストが公開される場合、どんな層が参加する大会かをはかる参考にもなる。なお、大会によっては、各ラウンドで同着だった場合には「エントリーが早かったほうを勝ちとする」という基準を設けることもあるため、申し込み開始直後にエントリー希望者が殺到することもある。

エンドロール【えんどろーる】

テレビ番組のエンディングで流れる、番組スタッフの役職と名前がクレジットされたテロップのこと。「スタッフロール」ともいう。クイズ作家の名前は「クイズ問題」「クイズ構成」「監修」「ブレーン」「協力」など、番組によって多様な肩書きで掲載される。番組スタッフにとっては、初めて自分の名前が載った日のことは忘れられないものである。また、クイズ番組マニアのなかには、エンドロールを確認して、どのクイズ作家が関わっているのかを確認するのが好きな人もいる。

王貞治の血液型

【おうさだはるのけつえきがた】

『第2回アメリカ横断ウルトラクイズ』（1978年）の後楽園球場で出題された○×クイズの名作問題のひとつ。問題文は「巨人軍・王選手の血液型はO型である。○か×か？」というもの（正解は○）。名字の「王」とアルファベットの「O」をかけた問題であるが、突然ぶっこまれたダジャレに意表を突かれた挑戦者たちは、○と×の真っ二つに割れた。それまでの○×形式は知識が問われることが比較的多かったが、この問題を境に、○×クイズの問題文に「ユーモア」「ダジャレ」「オシャレなウソ」などの要素が盛り込まれるようになった。余談だが、この問題が好評だったことを受けて、翌年『第3回ウルトラクイズ』を担当したクイズ作家たちは、こぞって「俳優・佐藤B作の血液型はB型である」という○×問題案を提出してはボツになったという。

大きなひとりごと

【おおきなひとりごと】

近年のクイズプレイヤーが使うフレーズのひとつ。クイズの場で、解答権がないはずの人がうっかり答えてしまうこと。自分の早押しボタンが点灯していると勘違いしたときや、勝負がかかって前のめりになっているときに起こりがち。司会者が「あ、いまのは大きなひとりごとですね」と言った場合、直前の発言はなかったもの（ノーカウント）とみなし試合を続行するの意。なお、続行後は、先の「大きなひとりごと」と同じ内容を答えても中身が正しければ正解となる。焦ってミスした人を委縮させず、勝負も滞らせない、なかなかに洗練された言葉である。

大声クイズ

【おおごえくいず】

『アメリカ横断ウルトラクイズ』で発明されたクイズ形式のひとつ。早押しクイズの一種だが、早押しボタンが無い。その代わりに、マイクに向かって挑戦者ごとに設けられたフレーズを叫び、音量がある一定に達すると早押し機が作動し、ウルトラハットの？マークが立ち上がる仕組みになっている。第8回大会（1984年）のスコーバレーで行われたのが最初。後に広大な国立公園やイグアスの滝など、大自然のチェックポイントで行われることが定番となった。解答者が絶叫するフレーズは福留や福澤などとの事前インタビューで決められることが多く、その挑戦者の人となりを表すニックネームとなることもあった。出題者が「問題」と言った後に、あらかじめ息を吸っておくことが肝要である。

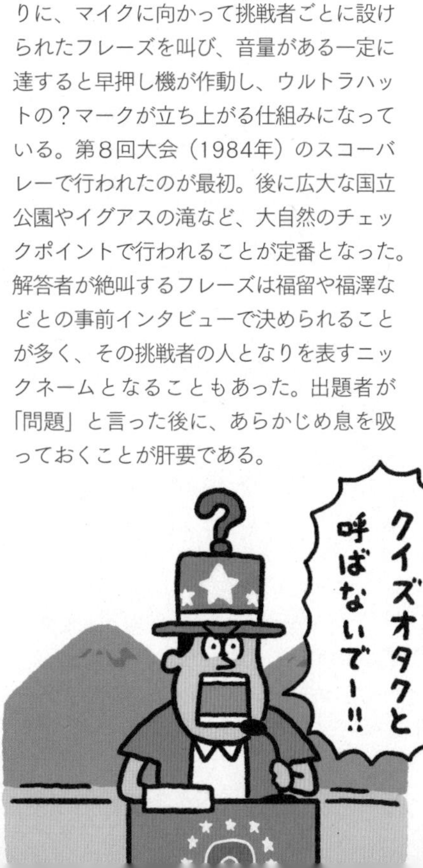

オーディエンス

【おーでぃえんす】

『クイズ$ミリオネア』で使用できるライフラインのひとつ。分からない問題があった場合、会場にいる観客に「どれが正解だと思うか」を聞き、その解答のバラツキ具合をヒントにすることができた。ただ、最後の15問目など、解答者自身が分からない超難問の場合は観客も分からない場合が多く、客の解答が25%ずつに割れてしまうことも多々あった。このライフラインは、10問目までの比較的やさしい問題で、たまたま解答者が分からない問題に当たった場合に早めに使用するのが賢明だったといえよう。

大橋巨泉【おおはしきょせん】

20世紀のクイズ番組の司会者。放送作家出身のタレントで、野球・麻雀・競馬など多くの趣味を持ち、また国会議員も務めるなど、いわゆるマルチタレントの先駆け的な存在であった。代表的な番組は『クイズダービー』『世界まるごとHOWマッチ』で、どちらのクイズ番組も高視聴率を記録。竹下景子のことを「三択の女王」、石坂浩二のことを本名にちなんで「兵ちゃん」(本名を「武藤兵吉」といった)、HOWマッチでいつも安い値段を答えるチャック・ウィルソンのことをケチとかけて「ケチャック」と呼ぶなど、ニックネームを付ける名手でもあった。一方、「おい、たけし」「おい、井森」など共演者を呼び捨てにすることも多かったが、それもまた番組内の盛り上がりや雰囲気作りの一因となり、司会者として名声を博すこととなった。『ギミア・ぶれいく』の司会やスーパーバイザーを務め、同番組の企画として生まれた『史上最強のクイズ王決定戦』を支えた人物のひとりである。**⇒大橋巨泉 vs クイズ王**

大橋巨泉VSクイズ王

【おおはしきょせんぶいえすくいずおう】

クイズ王ブーム真っ只中の1991年12月、『ギミア・ぶれいく/史上最強のクイズ王決定戦』のスペシャル版として行われた企画。レギュラー版の優勝者である水津康夫と西村顕治を含めた6人のクイズ実力者を相手に、番組のスーパーバイザーを務める大橋巨泉が自ら作成したクイズ問題で競うという内容。巨泉は、自身の趣味である「ゴルフ」「メジャーリーグ」「競馬」「アメフト」「麻雀」などに偏ったクイズを連発し、半分以上の問題に正解が出ないという問題作であった。また、決勝のカプセルクイズは10点先取のルールであったが、決勝に残った水津・西村の実力をもってしても「2対1」という結果に終わり、巨泉の「勝ちはボクですね」の言葉も印象的であった。しかし、「ゴルフでカジュアルウォーターといえば何打罰?(正解:カジュアルウォーターは水たまりを指すので0打罰)」など、そのジャンルの愛好家であれば基本的といえる出題が多くを占めており、あるジャンルを好む者同士が「ねぇ、これ知ってる?」と問題を出し合う「クイズの原点」的な面白さも多分に含まれていた。巨泉は「クイズ王にも『アキレスの腱』があるはずだ」という観点から問題作成を行ったというが、いわゆる「クイズの文体」に沿わない問題文に実力者が翻弄され、問題集に載っていない知識であるがゆえにクイズ王が答えられないシーンも多く、いま番組を見返すと「クイズとは、一体なんなのか?」を考えさせる快作ともいえよう。なお、ゴルフ用語の「カジュアルウォーター」は現在では「コンテンポラリーウォーター」に呼称が変わってしまった。この名称変更を知ったアラフォー以上のクイズプレイヤーやゴルファーのなかには、この番組のことを思い出した人もいたに違いない。

オー！ファーザー

【おー！ ふぁーざー】 文

2010年に発表された、伊坂幸太郎の小説。４人の父と暮らす高校生・由紀夫を主人公とするサスペンスコメディ。父のひとり・悟がクイズ好きで、彼と残り３人の父が出るクイズ番組が物語の重要な鍵となる。2014年に映画化もされた。

伊坂幸太郎『オー！ファザー』(新潮社)

オープン大会

【おーぷんたいかい】

クイズが好きな参加者を広く募って行うクイズ大会。対義語は「クローズド大会」。オープン大会のなかでも、年齢や性別、クイズ歴などの参加制限がないものは、特に「フルオープン」と呼ばれる。オープン大会は、かつて視聴者参加型クイズ番組が大きく減った1990年代半ばから、プレイヤーたちが自らの手で作ってきたイベントである。現在に至るまで毎年数多くのオープン大会が開催されており、普段から研鑽を積んでいるクイズプレイヤーが実力を試す絶好の機会のひとつとなっている。なお、オープン大会の情報は、専門のウェブサイト（クイズナビゲーションサイト「新・一心精進」）や、各種SNSを通じて手に入れることができる。

オーラス 【おーらす】

『なるほど！ザ・ワールド』で出題される最後の問題のこと。主に「恋人選び」の問題が出題された。この番組で知った視聴者も多いかもしれないが、もともとは麻雀用語で「オール・ラスト」の略。⇒なるほど！ザ・ワールド　⇒恋人選び　⇒はい、消えた！

オールスター感謝祭

【おーるすたーかんしゃさい】

1991年から30年以上にわたり、毎年春と秋にTBSで放送されている大型クイズ特番。毎回約4時間半の生放送で、主にTBS系列の番組に出演する俳優やタレントがクイズやゲームなどのイベントに挑戦する。長丁場であるため途中で「休憩」が設けられ、その休憩時間に談笑したり、名店グルメを堪能したりする大物芸能人を生で放映するという企画は画期的であった。「全員スタンドアップ！」「アンサーチェック！」「予選落ちはこの人」など番組独自の名フレーズも多い。年に２回の特番であることから、毎回鮮度の高いクイズが趣向を凝らしたアイデアで出題される。ただ、「赤坂５丁目ミニマラソン」などイベントの数が多いため、どうしても出題できず日の目を見ない問題も多数あるという。ちなみに、個人戦となった最初の回でクイズの初代チャンピオンになったのは斉藤慶子(92年秋)、赤坂５丁目ミニマラソンの初代優勝者は増田明美（93年春）だった。⇒全員スタンドアップ

押し勝つ【おしかつ】

早押しクイズで、複数の人がほぼ同時にボタンを押したとき、わずかな差で解答権を得ること。これに対し、解答権を得られないことを「押し負ける」という。なお、「押し負ける」のほうは名詞化して「押し負け」といわれることがあるが、「押し勝ち」という名詞はあまり使われない。⇒押し負け

押し込み【おしこみ】

早押しクイズにおけるテクニックのひとつ。早押しボタンにあらかじめ指で重さをかけ、答えがわかったらすぐにランプを点けられるようにしておくこと。一般に、早押しボタンには実際に起動するまでわずかに遊びが設けられており、少し触った程度では点灯しない仕組みになっている。この遊びの部分を事前に「押し込んで」沈めておくと、他のプレイヤーに押し勝つ可能性が高くなる。なお、テレビのクイズ番組で使われる早押しボタンは、番組によっては精度が高いものがあり、少しでも「押し込み」が過ぎるとボタンが点いてしまい、誤答扱いとなることがある。そのため、番組スタッフのなかでもプレイヤーの生態に詳しい人は、しばしば「このボタンは押し込むと点いてしまいますので、答えが分かるまではボタンに手を添えるだけにしてください」といった指示をする。別名「半押し」「甘押し」とも。

押し負け【おしまけ】

早押しボタンを押すのが他より遅れること。「押し遅れ」とは言わないところに、ボタンを押すスピードが勝負につながる早押しクイズの醍醐味の一端が窺える。　⇒押し勝つ

押し負けラッキー【おしまけらっきー】

早押しクイズで、他の参加者に押し負けることで誤答を回避できた状態のこと。自分が正解だと思っていたものが不正解だった場合などに起こる。問題に引っかけの要素があった場合、押し負けた者はまさしくラッキーだが、ボタンが点いて誤答した者はこの上なくアンラッキーである。

お立ち【おたち】

『アタック25』で不正解になったときのペナルティ。言葉のとおり、解答席の横に「立つ」こと。立っている間は2問（番組当初は3問）の休みとなる。なお、解答席のどちら側に立つかは、カメラワークの関係もあり、各色ごとに事前に決められている。司会の児玉清は「さあ、白の方が『お立ち』となった。緑の方は、あと１問のご辛抱！」と、お立ちの間に問題を待つことを「ご辛抱」と表現した。

お手つき【おてつき】

もともとは、かるたで間違った札に手をつけてしまうこと。転じて、クイズの場では、そのつもりがないのにうっかり早押しボタ

ンを点けてしまうことや、早とちりをしてボタンを押してしまうことを意味する。どちらの場合も基本的に不正解扱いとなるが、前者の場合は状況に応じてノーカウントにしてもらえることもある。

落とし【おとし】

クイズプレイヤーが使う符丁のひとつ。クイズの問題文で、出題されている題材についての最も有名で分かりやすい事柄のこと。主に問題文の後半に設けられ、たとえ前半が有名でない内容だったとしてもこれを言っておけば答えが出るという、一種の担保として機能する。落としがない問題は、「投げっぱなし」ともいう。一般に、落としのある問題の方が人を選ばないが、投げっぱなしの方が出題者が本当に問いたいことだけを問えたり、出題内容に本当に詳しい人だけが正解できる快感があったりするため、一概に落としのある・なしでクイズの優劣をつけることはできない。

お願い！名前を呼んで！【おねがい！なまえをよんで！】

人気番組『ダウンタウンDX』で90年代後期に放送されていたクイズコーナー。「コンビーフを入れる台形の缶」「マッチ箱の横にあるマッチをこする部分」「ライターで着火するときに使うギザギザの金具」など、普段の生活などでよく目にするが、正式名称を知らないものを、質疑応答によって当てるクイズ。「灰皿のタバコを置くためのくぼみ」が出題された際、松本人志が「タバコ休め」を即答したシーンは鮮烈であった。オンエアされた時代が90年代後半とはいえ、出題されている物も、やや「レトロっぽさ」を感じさせるものが多い。

⇒ダウンタウンDX　⇒解答P185

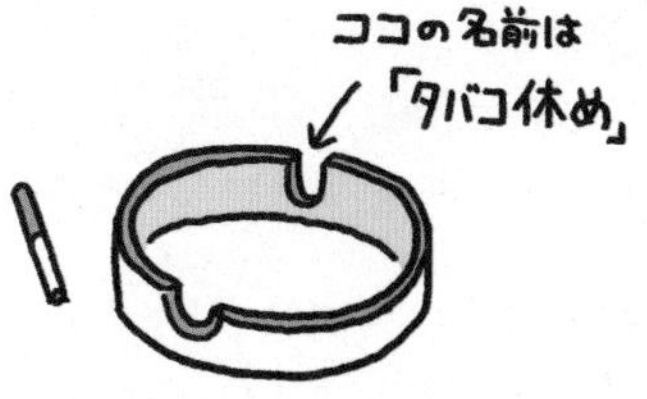

思い出シード【おもいでしーど】

クイズ大会で、予選ではシード入りするほど上位になったものの、本選では早々に敗退してしまうこと。シード権を得たことだけを思い出に帰宅することになる。

折り返し【おりかえし】

クイズで、勝ち抜け条件となる得点の半分まで到達した状態。折り返し地点。

オリンピック【おりんぴっく】

言わずと知れた世界的なスポーツの祭典。大会が開催された都市、メダルの最多獲得者など、クイズで出題される情報の宝庫。なお、日本が初めてメダルを獲得した競技はテニス。かつては綱引きや魚釣りが競技に加えられていたこともある。ちなみに、「五輪」という日本語は、1930年代に「オリムピック」という６文字の見出しを短く表現したかった新聞記者の川本信正が、クーベルタンが考案した５つの輪と、宮本武蔵の『五輪書』のタイトルから着想を得て考案した造語だといわれる。

お笑いウルトラクイズ

【おわらいうるとらくいず】

日本テレビの看板番組であった『アメリカ横断ウルトラクイズ』のパロディとして、1989年の正月に誕生したバラエティ特番。ビートたけしが司会を務め、オープニングセレモニーで「第432回！」とボケるのがお約束であった。番組開始当初は「人気芸人版のウルトラクイズだ！」とクイズファンが歓喜したが、その内容があまりにも『ウルトラ』とかけ離れていたため落胆した人も多いという。しかし「爆破」「粘着」「裸」が頻出する過激なクイズ（？）は徐々に人気を博し、ポール牧と上島竜兵による「人間性クイズ」や、「溺死寸前！バス吊り下げアップダウンクイズ」など、いまなお伝説となっているコーナーがある（が、いまでは放送できない）。たけし軍団の他にも、若手時代のダチョウ倶楽部や出川哲朗などリアクション芸人が活躍した。第1回優勝者は林家ペー。**⇒アコンカグア**

オンエアカット

【おんえあかっと】

クイズ番組で、収録はされたものの、放送には乗らなかったことをいう言葉。問題が難しすぎて誰も答えられなかった場合や、想定以上の激戦となって「尺（＝放送時間）」に収まらなかった場合に行われがち。できるだけ収録内容がオンエアに乗るように、クイズ制作側は適切な難易度調整を心掛けたいものである。類義語に「ダイジェスト」がある。**⇒ダイジェスト**

音楽を聴いて答える問題

【おんがくをきいてこたえるもんだい】

往年の『アップダウンクイズ』や『世界一周双六ゲーム』、また『アタック25』など、視聴者参加型の早押しクイズ番組では、読み上げ問題だけではなく、途中に「目で見るクイズ」や「音楽を聴いて答える問題」などのコーナーを挟み、視聴者を飽きさせない工夫がなされた。その形式のひとつ。番組の司会者による「続いては、音楽を聴いてお答えいただきます」という仕切りの後、出題ナレーターが「今週の音楽の問題は、タイトルに『秋』が付くヒット曲を聞いて、その曲のタイトルをお答えいただきます。まずはこの曲です。タイトルは何というでしょう、どうぞ。（音楽が流れる）」という流れで出題された。主として「イントロクイズ」とは区別され、曲の導入部ではなく「歌い出し」や「サビの一部」などが流れることが多かった。上記のクイズ番組はいずれも日曜日に放送されていたが、同じく日曜お昼に放送の『ドレミファドン！』との差別化を図ったのかもしれない。**⇒イントロクイズ　⇒目で見るクイズ**

オンラインクイズ

【おんらいんくいず】 文

インターネットに接続して行うクイズ。「Nagaya Quiz Arena（長屋クイズアリーナ）」や「Qox（コックス）」といった専用ツールがあり、これらでクイズを進めつつ、会話はSkypeやDiscordを併用して行うことが多い。これらのツールは以前から存在したが、新型コロナウイルス感染症の流行によりクイズ向けの用途として急速に普及した。プレイヤーによる集まりの他、近年ではクイズ番組の予選ラウンドをオンラインで行うケースもある。ちなみに、日本初のオンラインクイズサークルは、1991年に誕生したFQUIZ（エクササイズ）だといわれる。当時はパソコン通信サービスNIFTY-Serve内の掲示板を通して交流をしていた。

アメリカ横断ウルトラクイズについて

文：日高大介

この『クイズ語辞典』を執筆していくうえで、ずっと悩んでいたことがある。『ウルトラクイズ』に関する項目が多すぎるのだ（約50項目。「と」〜「に」に集中）。でもクイズ史を語るうえで、どうしても避けては通れない見出し語ばかり。一見関係ない項目でも、結局は『ウルトラ』に辿り着いてしまう。これでも削った項目は数知れず（ただし見出し語によっては、振り切って細かく書いた部分もある）。もはや『ウルトラクイズ語辞典』が書けるのではないか？ と思ったほどだ。

1977年から92年までの全16回、そして98年に1回だけ復活。合計65週にわたって放送されたクイズ番組。あれから四半世紀（！）が経ったいまでも、伝説として語り継がれている名シーンは数多い。

この番組は「発明品」だらけだ。もちろん「泥んこクイズ」「バラマキクイズ」「通せんぼクイズ」などクイズ形式の発明も数多い。この番組から生まれた『高校生クイズ』を含めるとさらに増えるだろう。第8回バハマの「海底早押しクイズ」は衝撃的で、海底で早押しクイズをするだけなのだが凄まじいインパクトだった（間違えると酸素の供給が30秒止まる）。このクイズは人類初だ。

早押しクイズでかぶる「ウルトラハット」は、いまでもマンガなどで「クイズ王」たちが似た帽子をかぶっている。挑戦者に「ニックネーム」を付けることで、普通の人たちの魅力を引き出す演出もあった。海外で人気の「フリーフォール」や「バンジージャンプ」を大々的に紹介したのも『ウルトラ』が最初だ。番組のテーマ曲、勝ち抜けジングル、地名のフォント、スタジオに設置された広大なルート……この番組の魅力は、クイズだけで到底語り尽くせるものではない。

大学に「クイズ研究会」が生まれたのもこの番組が大きなきっかけだという。この本にはクイズプレイヤーたちが鎬を削っている「競技クイズ」の項目も多く収められているが、その源流のひとつには間違いなく『ウルトラクイズ』が存在するのだ。

以下、泣く泣く削った「見出し語」の候補を列挙して、コラムを締めたいと思う（五十音順）。

【秋利帰れー】【アラスカ鉄道】【奇襲クイズ】【沈む島】【シュプレヒコール】【楽しい〇〇行】【綱引きクイズ】【東京直行】【熱気球】【パスポート】【バックトゥザフューチャークイズ】【Mr.マリック】【双子神経衰弱】【人間冷凍保存】…うーんやっぱり『ウルトラクイズ語辞典』が書けるのでは？

か

かいけつゾロリ

【かいけつぞろり】 文

原ゆたかの児童書シリーズ。キツネの怪盗「ゾロリ」が、子分のイノシシ「イシシとノシシ」とともに修行の旅をし、各地で活躍するというストーリー。もともと、ゾロリはポプラ社の児童書『ほうれんそうマン』シリーズの敵役であったが、後にスピンオフ化した。本家の冊数を大幅に超え、2022年、「同一作者によって物語とイラストが執筆された単一児童書シリーズの最多巻数」としてギネス世界記録に認定された。本作の56巻は『かいけつゾロリのクイズ王』。ゾロリたちがクイズ番組に出場し、億万長者を目指すという物語である。また、『かいけつゾロリの まいにちおもしろクイズ1年分』『かいけつゾロリのわくわくクイズ200本ノック！』原作・監修／原ゆたか（ポプラ社刊）といったクイズ関連の本も存在する。

『かいけつゾロリのクイズ王』（ポプラ社刊） 作・絵／原ゆたか　協力／原京子

解答【かいとう】 ?

クイズに答えることまたは答えた内容。クイズ番組のことを書いたネットニュースなどで「回答」という漢字表記をとにかく目にするが、クイズに関する場合「解答」が正しい。クイズや試験など正解のあるものに答えるのが「解答」、アンケートなど特定の正解がない質問に答えるのが「回答」である。

カウント【かうんと】

早押しクイズで、解答権を得た人が答えを発するまでに与えられた猶予。５・４・３……といったかたちでカウントダウンをしていく。カウントが0になるまでに答えられなかった場合、不正解扱いとなる。一般に制限時間は「秒」で数えられるものだが、近年の競技クイズシーンでは「１秒」と「１カウント」を区別することがある（「１カウント」のほうが「１秒」よりもゆったりしている）。そのため、勝負に真剣なプレイヤーから「解答は５秒以内ですか、５カウント以内ですか」という質問が出ることも。時間との闘いである競技クイズに親しんでいるからこその問いであり、決して「そんなん、どっちでもよろしいがな」という顔をしてはいけない。

カウントを続行します

【かうんとをぞっこうします】

近年のクイズ大会で使われるフレーズのひとつ。早押しクイズで、答えた方向性は間違っていないが、まだ「答えるべきもの」が残っていてそのままでは正解にできないときに正誤判定者が発する言葉。この言葉を言われた解答者は、自分の解答に足りない要素を瞬時にハジき出して答えなおすテクニックが必要とされる。ただし、正誤判定が厳しい場合は、方向性が合っていたとしても、解答を断定した時点で不正解となる場合もある。

（用例）
出題者「問題。松尾芭蕉の『奥の細道』の結びの句……」（途中でボタンが押される）
解答者「蛤（はまぐり）！」
正誤判定者「カウントを続行します」
解答者「え……あ、そっか！　蛤のふたみにわかれ行秋《ゆくあき》ぞ」（正解音）
※問題文の全体は「松尾芭蕉の『奥の細道』の結びの句で、旅の終着地・大垣で詠まれ、お隣・三重県の地名が登場する俳句は何でしょう？」⇒解説P185

鍵【かぎ】

①クロスワードパズルを解く際のヒントのこと。「タテのカギ」「ヨコのカギ」などと表記される。別名「キー」ともいう。②高級自動車が賞品となるクイズ番組で、獲得した人が持つ巨大なもの。なお、鍵としての実用的な働きはない。キーレスエントリーが普及したためか、最近あんまり見かけなくなった。

書き出し【かきだし】

文章の冒頭の部分。クイズの題材として定番の切り口で、「どっどど どどうど」（宮沢賢治『風の又三郎』）など、特徴的であるがゆえにごく早いポイントで答えられる問題も存在する。それゆえ、有名小説の書き出しは、たとえ作品を読んだことがなくても押さえているプレイヤーが多い。確かにクイズとして１ポイント以上でも１ポイント以下でもないのは間違いないが、なかには面白い小説もあるのでクイズでの邂逅《かいこう》をきっかけに中身を読んでみるのも良い出会いとなるのではないかと個人的にちょっと思う。⇒アカデミー賞

学生系【がくせいけい】

クイズの出題傾向のひとつ。主に、テレビでは出題しにくい長文や難問が扱われる。内容面でも、宗教・犯罪・学術用語など比較的メディアで取り上げづらい題材も出題範囲であり、最新の流行やいま活躍中の芸能人といったバラエティ色の強い時事問題はあまり出題されない。「学生系」の名前の由来は、1990年代半ばから後半にかけて視聴者参加型番組の激減を受けて各大学の学生たちがオープン大会を自ら作り出したことに拠るが、現在ではむしろ学生よりも社会人の愛好者が多い。⇒長文

格付けチェック

【かくづけちぇっく】

毎年お正月に放送されている、朝日放送のバラエティ特番。正式タイトルは『芸能人格付けチェック！』。芸能人が高級なものと安物を見分ける二択や三択のクイズに挑戦し、正解数によって「一流芸能人」「普通芸能人」「二流芸能人」「三流芸能人」「そっくりさん」「映す価値無し」に分けられる。この番組は、もとは同系列の『人気者でいこう！』の１コーナーであったが、後に独立。いまでは『格付けチェック』からも派生番組が生まれ、基礎的な問題で構成される『芸能人格付けチェックBASIC』なども存在する。なお、タレントのGACKTは『芸能人格付けチェック』で個人連勝記録71回を誇っている（2023年１月現在）。ちなみに彼の主演映画『翔んで埼玉』では、本番組を彷彿とさせる東京テイスティング（東京の空気をかいでそれがどこか当てるクイズ）が展開された。

確定ポイント

【かくていぽいんと】 ？

早押しクイズの問題文で、答えが一意に定まる部分のこと。『小倉百人一首』における「決まり字」に近い概念である。従来はシンプルに「ポイント」と呼んでいたが、近年はより分かりやすく「確定ポイント」と呼ぶことが多い。確定ポイントぴったりでボタンを押すと、観戦者から「きれいな押し！」という声が漏れることも。**⇒きれい　⇒限定**

学名

【がくめい】 ？

「ホモ・サピエンス」など、動植物に付けられるラテン語の名前。早押しクイズの問題の冒頭に前振りとして使われることが多い。「学名をファスコラクトゥス・シネレウスという……」→「コアラ」や、「学名をアイルロポダ・メラノレウカ……」→「ジャイアントパンダ」など、いかにも難しそうな問題なのに、正解となる動物はほのぼのしていることがままある。このように「問題の入り口」と「正解の単語」に難易度の落差がある問題は、クイズ王の凄さをわかりやすく伝える効果がある。マンボウの学名「モラ・モラ」や、ゴリラの学名「ゴリラ・ゴリラ・ゴリラ」（正確には西ローランドゴリラの学名）など、ユニークに聞こえる学名は出題頻度が高い傾向にある。

歌詞棒読みクイズ

【かしぼうよみくいず】 ？

クイズの出題形式のひとつ。曲の歌詞を感情を入れずに読み、そのタイトルを答えさせるクイズ。テンションが高い曲の歌詞が棒読みになる面白さや、「歌詞棒読みクイズです」とあえて言った上でタイトルがそのまま冒頭にくる曲（ビートルズの『Help！』など）を出題し、参加者が慌ててボタンを押し合うドタバタも楽しい。

カズレーザー【かずれーざー】

お笑いコンビ「メイプル超合金」のボケ担当。2015年に復活した『M−1グランプリ』のトップバッターを飾り、翌年2月に行われた『Qさま!!ヤング学力王No.1決定戦』で初出場・初優勝を遂げ、まさしく彗星のごとく現れた芸能人クイズ王。並外れた読書量を誇り、自ら記念館や博物館に足を運ぶなど、知的好奇心から身につけた知識を駆使して戦う。本名を「金子和令（かずのり）」といい、元号の「令和」が発表された際にも話題となった。なお、普段から赤い服を着ている。

ガセ【がせ】

「にせもの」「でたらめ」という意味の日本語。クイズや雑学の出典などが「諸説ある」ではなく、明確に間違っていた場合「ガセネタ」などと呼ばれ、そのネタはボツとなる。なお、「がせ」は「人騒がせ」に由来する。⇒ウソ問

ガックリ都市【がっくりとし】

クイズに答えてサイコロを振り、出た目の数だけ地図上のマスを進んでいくクイズ番組『世界一周双六ゲーム』で使われたマス。毎週、50の都市の途中に3ケ所だけ設定され、マスの周りに紫の六角形でガックリ都市であることが示された。この都市に止まった場合、スタートの「東京」に戻される。週によってガックリ都市は変わるが、大抵「アンカラ」など中東地域や、「カラカス」「ホーン岬」など南米大陸に設定された（あくまでも中盤、終盤でゲームを面白くするため。だと思う）。いまではおそらく放送できないだろう。昭和の大らかな時代だったからこそ成立したルールといえる。⇒世界一周双六ゲーム

合宿【がっしゅく】

部活やサークルなどのメンバーが特定の目的のために集まり、一定期間同じ場所で宿泊すること。クイズ研究会の合宿では、メンバーが企画を持ち寄って披露したり、帰宅しないで済むのをよいことにしばしば徹クイが行われたりする。ただし、合宿でほとんどクイズをしないクイズ研究会も存在する。そこでは、大多数が飲みやゲームにいそしむなか、クイズをしたいごくわずかな人が早押し機を囲むという、ずいぶんカオスな絵面が展開される。⇒徹クイ

※イメージです

ガトーショコラ

【がとーしょこら】

『99人の壁』の特番時代、初めて芸能人グランドスラムを獲得したX JapanのToshIが挑戦したジャンル。非常に狭いジャンルゆえに難問が続いたが、3問目辺りから本人の集中力も異次元のゾーンに入り、5問目の「ガナッシュ」では高速の早押しを見せてグランドスラムを達成した。4問目の難問「ガトーショコラの日」の日付を正解した際にはスタジオの裏にいるスタッフが揃って驚きの声を漏らしてしまい、スタジオで解答者として参加していた能町みね子は、その声が漏れ聞こえ「この番組、ガチだ！」と確信したという。

カプセルクイズ

【かぷせるくいず】

『ギミア・ぶれいく／史上最強のクイズ王決定戦』の決勝で行われたクイズ形式。2人の解答者がそれぞれ、カプセルのようなセットに入り、ヘッドホンをして相手の声が聞こえない状態で超難問に挑む。その厳格な雰囲気やストイックさが話題となり、後にやってくる超難問ブームの嚆矢のひとつとなった。

神【かみ】

①祀り崇めたいほどに優れたクイズや企画のこと。「あれは神企画だ」などと使う。②クイズの番組や大会が上手くいくときに、降りてきてくれる存在。奇跡的な逆転劇が起きたときに「クイズの神様が降りた！」などと使う。下手なヤラセや演出などを行うようなクイズチームには決して降りてくることはない。

紙【かみ】

主に近年のクイズプレイヤーが使う、ペーパークイズ（筆記クイズ）のことを指す符丁。ボーダーラインをクリアして、次のラウンドに進むことを「紙抜け」、成績が振るわず次のラウンドに進めないことを「紙落ち」などという。

上岡龍太郎

【かみおかりゅうたろう】

平成初期の「クイズ王ブーム」を代表する2つの日本一決定戦、『FNS 1億2000万人のクイズ王決定戦！』（フジテレビ）と『史上最強のクイズ王決定戦』（TBS）で、奇しくも両番組の最終回のMCを務めた。

上座クイズ【かみざくいず】

クイズ形式のひとつ。階段状に解答席が設置され、正解すればするほど段数を上がれる形式の総称。元祖は『なるほど！ザ・ワールド』で4段で行われたが、その後『第8回高校生クイズ』準々決勝では10段で行われ、『Qさま!!』学力王では螺旋階段を舞台に行われるなど、時代によって階段の形もクイズ形式も様々である。クイズ大会で行われる場合はフラットなステージで行われることが多い。

紙吹雪【かみふぶき】

往年のクイズ番組で特によく見られた、優勝者を称える演出のひとつ。『アップダウンクイズ』などに見られる「くす玉が割れて降ってくる」パターンや、『クイズ＄ミリオネア』などに見られる「スタジオ中に舞う」パターンなどがある。

空押し【からおし】

クイズ大会で、解答権を持っていない観戦者が、自分が分かる問題が来たときに、オーバーにボタンを押すマネをして「分かったアピール」をする行為。マナー違反とされる。ただ、周りに見えないよう、手元でちょっとだけ指を動かしたりするぶんには構わない場合もある。

カルトQ【かるときゅー】

1991年から93年までフジテレビで放送された視聴者参加型クイズ番組。毎回ジャンルが設定され、そのジャンルに詳しいマニア・フリークが集まって予選のペーパーテストに挑み、得点上位5人がスタジオでの早押しクイズで競った。第1回目のテーマは「ブラックミュージック」で、以後「ラーメン」「大相撲」「ジャパニーズポップス」といったメジャーなテーマから、「東急ハンズ」「バロウズ」「サタデー・ナイト・ライブ」などマニアックなテーマまで幅広かった。番組開始当初は「深夜のブレイン・パーティー」というキャッチフレーズの通り、深夜番組として始まった。「競馬」の回で「オグリキャップの生涯着順」をすべて答えた解答者や、「マッキントッシュ」の回で「開発者の画像を登場させる方法」を実演した解答者が伝説的に語られる。スタッフの正解の想定を超えることが多く、1問の判定に数分を要したことも珍しくなかったという。

カルトQ方式
【かるときゅーほうしき】

早押しクイズの「ダブルチャンス」の形式のひとつ。1人目の誤答ブザーが鳴り（ブザーが鳴っている間は早押しボタンの機能がロックされる）、ロック解除後に最初にボタンが点灯した人に2番目の解答権が回ってくる。クイズ番組『カルトQ』で採用された形式であることから、この呼び名がある。なお、誤答ブザーが鳴らないうちに早押しボタンをカチャカチャ押しまくるのは、現代ではマナー違反と見なされることが多い。大きく2つに大別されるダブルチャンス（エンドレスチャンス）の主流はこちらにあるといえる。**⇒ダブルチャンス**
⇒ドレミファドン方式

カンガルー募金

【かんがるーぼきん】

TBS内に2010年まで存在した募金。『クイズダービー』では挑戦者の持ち点が10万点に達すると優勝となり、賞金10万円獲得となるが、10万円を超えた分はエンディングで大橋巨泉が「カンガルー募金に寄付させていただきます」というのが恒例であった。同募金は、2010年以降「TBS未来への生命募金」に引き継がれている。

⇒スポンサー

漢字検定【かんじけんてい】

日本に数ある検定のひとつ。正式名称は「日本漢字能力検定」。2000年代後半から10年頃にかけて『Qさま!!』の番組中で出演者が実際に漢字検定に挑戦するプロジェクトが企画され、『平成教育学院』(フジテレビ)でも漢検協会が監修するクイズコーナーが生まれるなど、空前の「漢字クイズブーム」が到来した。女優の宮崎美子、村井美樹、クイズ作家の田中健一、日高大介、中井貴一のものまねで知られる芸人きくりん、QuizKnockの山本祥彰らが最難関の「漢検1級」を取得している。

⇒QuizKnock

感想戦【かんそうせん】

将棋で、対局が終わった後に勝負の流れや局中の最善手などを検討すること。転じて、チェス・麻雀などのマインドスポーツでも使用される言葉。クイズでは、早押しボタンを押したタイミングの良し悪しなどがしばしば感想戦の対象となる。

企画【きかく】

クイズサークルなどで行われる、ひとまとまりのクイズの催し。これを行うことを、よく「企画を打つ」といい、企画者の名を冠して「○○企画」と呼ぶこともある。企画はひとりでなく、グループで行う場合も多い。企画の際には、クイズ全体の流れやルールなどを書いた資料を配る者もいる。これを「企画書」という。

聞こえませんでした

【きこえませんでした】

近年の競技クイズ大会で使われるフレーズのひとつ。クイズの答えが聞き取れなかったとき、正誤判定者が発する言葉。単純に答えが聞こえなかったという意味なので、解答者は直近に発した内容と同じ内容を答える。惜しいという意味の「もう1回」との使い分けが重要になってきた言葉。**⇒もう1回**

帰国【きこく】

日本人の場合、日本に帰ること。『アメリカ横断ウルトラクイズ』で敗れた敗者は、その場で厳しい罰ゲームを受けて日本に強制送還されるというルールだったが、その罰ゲーム終わりのテロップで「日付」「チェックポイント」「挑戦者名」の後ろに「帰国」と書かれ、視聴者にも長い旅情を共感させた。なお、罰ゲームが船を漕いで日本まで帰る、置き去りにされる、砂漠を延々と歩いて帰るなど、完遂するのが困難と思われる内容の場合には、テロップに「帰国?」と「?」が表示され、当時の小中学生はそのジョークに恐れおののいた。

ギネス世界記録

【ぎねすせかいきろく】 文

様々な世界一を集めた書籍。かつては「ギネスブック」と呼ばれた。もともとは、アイルランドのビール会社「ギネス」の代表取締役が仲間と狩りに行ったとき、ヨーロッパで一番速く飛べる鳥はなにかという議論になり、なかなか結論が出なかったため、あらゆる分野の世界一を集めた本をつくることを構想して生まれたといわれる。日本のクイズシーンにまつわるギネス記録としては、日本テレビ『高校生クイズ』の「世界一参加人数の多いクイズ番組」、ゲーム『クイズマジックアカデミー』の「世界で一番問題数が多いトリビアビデオゲーム」などがある。**⇒高校生クイズ　⇒クイズマジックアカデミー**

キノコ型【きのこがた】 ?

早押しボタンの形状のひとつ。ボタンの形が赤い半球形で、キノコのような形をしていることから命名された。かつては『史上最強のクイズ王決定戦』『ドレミファドン！』などで、2023年現在では『くりぃむクイズミラクル9』などで使われている。ボタンの重さについては、かつては軽かったが、現在のものはけっこう重い。押して実際にボタンが作動するまでの「遊び」が大きいため、キノコ型のボタンは押し込みをしやすい形状であるといえる。**⇒押し込み**

基本問題【きほんもんだい】 ?

クイズに上達していくうえで避けて通ることはできない、基本的な事柄を問うクイズ問題のこと。ただし、プレイヤーが持っている「基本問題」の考えは様々であるため、一概に定義することは難しい。この言葉がクイズプレイヤーの間に普及したのは、長戸勇人著『クイズは創造力〈理論篇〉』(1990年)からであろう。このシリーズのなかで「基本的」とは、①「比較的」難度が低くて②テレビのクイズ番組によく出題されるもの、と書かれた。やはり、クイズの実力を培っていくうえでの土台となる知識を指すのだと考えられる。難易度やベタの度合いとは関係なく、誰もが一度は耳にしたことがある、学校生活で習う事柄や、日常生活の身近なものを題材とした知識などで構成された、プレイヤーとしては落としてはならない問題、より一層のクイズ力を付けるために血肉化しなければならない問題を、ここでは「基本問題」と定義したい。なお、同書の第2弾『〈問題集篇〉』では「基本問題400選」と銘打たれた400問が掲載され、当時クイズを志す中高生たちは繰り返しこの400問に挑戦した。その1問目は「おじいさんになった浦島太郎は、最後どんな姿に変身した?(正解：鶴)」。「なぜ山」の問題も301問目に収められている。半世紀にわたるクイズの歴史をひもとくにあたり、避けては通れないクイズ語のひとつだといえる。**⇒なぜ山**

君のクイズ【きみのくいず】文

小川哲の小説。クイズ番組の決勝戦で起きた不可解な現象を、その決勝戦で敗れたクイズプレイヤーが解き明かしていくというストーリー。本作は2023年に本屋大賞6位となり、著者の小川は同年に『地図と拳』で直木賞を受賞した。⇒直木賞

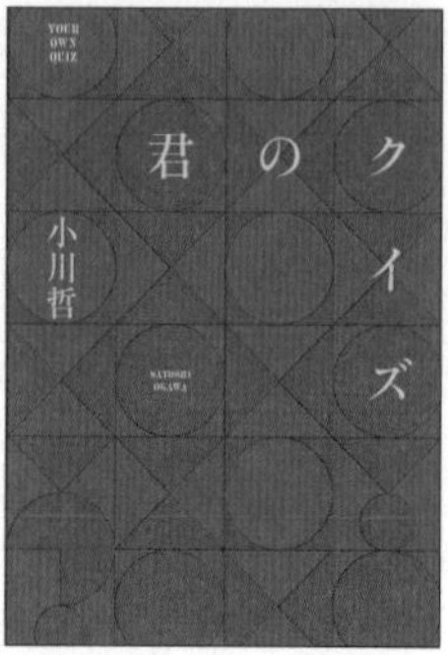

小川哲『君のクイズ』(朝日新聞出版)

キャッチフレーズ
【きゃっちふれーず】文

広告などで、客を引き付けるための謳い文句。クイズ番組においては、番組の特徴を端的に表すキャッチフレーズをつけることで、番組の知名度に貢献した。代表的なものでは『アメリカ横断ウルトラクイズ』の「知力・体力・時の運」、『マジカル頭脳パワー!!』の「クイズで頭を鍛えよう」、『アップダウンクイズ』の「10問正解して夢のハワイに行きましょう」、『連想ゲーム』の「連想は十人十色と申します」などがある。なお、放送のなかで触れられることはなかったが、『99人の壁』の番組ポスターに書かれた「最愛の知識が100万円に変わる」というキャッチフレーズは深い。最愛の知識でグランドスラムを達成した愛好家たちは、獲得したお金で、さらに最愛の知識を深めていくのである。⇒ニックネーム

QAR【きゅーえーあーる】

『99人の壁』で、正誤判定を担当したスタッフの総称。「クイズ・アシスタント・レフェリー」の略称で、サッカーの「VAR(ビデオ・アシスタント・レフェリー)」をもじったものと思われる。番組の性質上、あるジャンルに特化した挑戦者が大量に集結するため、一般のウラ取りだけでは対応できない「マニアな別解」や「専門知識」が多数存在しうるため、公平なジャッジをするためにスタジオの脇にスタンバイしていた。チャレンジャーからは時に問題や判定の甘さを指摘されることがあり、チャレンジャーの深い解説によって判定が覆ることもあった。QARが発動した際の実際の判定結果としては「ノーカウント」「正解扱い」「時間を30秒戻して再チャレンジ」「判定が覆らず不正解のまま」などがあった。1分ほどの審議を終え、判定結果を発表する際は、QARのリーダーが直接、主宰・佐藤二朗の耳元に結果を伝えにいき、画面に妙齢の男性2人の耳打ちが大写しになった(実況席のホラン千秋は「オッサン同士

近いなあ」とコメントした)。QARチームは原則としてレフェリーらしく縦縞のユニフォームを着て正誤判定をしていた。ユニフォームとはいえ半袖のポロシャツなので、夏の冷房や、冬の収録時は寒かったという。

Qさま!!【きゅーさま】

2004年からテレビ朝日系で放送されているクイズ番組。正式には『クイズプレゼンバラエティー Qさま!!』。当初は、タレントが様々な体当たりロケを行い、それをクイズに仕立てて「プレゼン」をする深夜のバラエティ番組であったが、後に10人の解答者が円形に座り、勉強にまつわるクイズに挑戦する「プレッシャーSTUDY」のコーナーが人気となってゴールデン進出を果たした。「○○で始まる漢字の読み」「○○に関係する歴史上の人物」など、ジャンルではなく「くくり」の世界観を持ち込んだのは画期的ともいえる。その後はらせん階段を舞台とした「学力王」や、チームで協力して答える「マスドリル」など、勉強クイズの王道を行くクイズ番組として長く続いている。なお、番組名の「さま」とMCの「さまぁ〜ず」は関係がなく、偶然である。また、画数によって番組名を決めた経緯もあり、「!」の数は2個が正しい。
⇒プレッシャーSTUDY

競技クイズ【きょうぎくいず】

かるたの世界に「競技かるた」があるように、クイズの世界にも一種のスポーツのような在り方として「競技クイズ」がある。コンマ1秒以下で争われる早押しクイズの勝負を指すことが多く、知識量だけでなく、出題者のアクセントや呼吸、状況を読む判断力や、次々と出される問題に長時間であっても対応し続ける気力・体力が必要な、「知の総合格闘技」ともいえるスタイルである。

京都青少年科学センター

【きょうとせいしょうねんかがくせんたー】文

京都市伏見区にある科学センター。学生への理科教育を通じ、科学的なものの見方や考え方を支援する。この施設の2階には、光と音に対する人間の反応スピードを測定するマシンが置いてあり、『第13回ウルトラクイズ』の優勝者・長戸勇人が早押しボタンを押すフォームを研究するために足繁く通ったという。このエピソードは『クイズは創造力〈理論篇〉』に掲載され、90年代のクイズプレイヤーは修学旅行の目的地などで当施設を訪れ、早押しテクニックを磨く者が増えたという。

きれい

誤答が少ないこと。また、模範演技並みといえるほど鮮やかな早押し。前者は、クイズ大会の司会による「誤答のない、きれいなクイズが展開されています」といったアナウンスに見られる。後者は、主に早押しクイズの参加者が確定ポイントぴったりでボタンを押せたときに見られる。この際、観戦者からしばしば「うおっ、きれいな押し!」といった感嘆の声が漏れる。⇒確定ポイント

近似値クイズ

【きんじちくいず】？

クイズの出題形式のひとつ。特定の数字を答えさせる問題が出題される。正解の数字に近い答えであればあるほど優秀とされ、よく予選のペーパークイズに使われる。その場合正規の50問や100問に加えて近似値クイズが1～2問ついていることが多い。これは、同点が2人以上出た場合、近似値クイズの答えが近いほうの順位を上にするための措置である。ちなみにあまり桁数を多く書いてしまうと誤差が天文学的に大きくなってしまうため、答えに迷った場合は常識的な範囲で少ない桁数を書くのが無難である。最初の席順が重要になる早押しクイズなどでは、クイズの前哨戦として近似値クイズを行う場合もある。なお、近似値クイズは知識で正解を答えられるものより、むしろ類推によって数字を近づけていける問題のほうが望ましい。たとえば「日本の国籍を持つノーベル賞受賞者は何人いる？」といった問題では正解を知っている解答者がいそうだが、「これまでに世界のノーベル賞受賞者は全部で何人いる？」といった問題だと、「賞の開始年」「部門の数」「受賞なしが何回あったか」などの知識を総動員して答える必要があり、適切な推理を要求する近似値クイズとしては好ましい問題だといえる。なお、広義には「値段当てクイズ」も近似値クイズのひとつであり、『世界まるごとHOWマッチ』は全問が近似値クイズで構成されたクイズ番組であった。

⇒イラスト解答P185

クイズ【くいず】？

この辞典が扱う語句のテーマ。国語辞典では「問題を出して、相手に答えさせる遊び」と説明される。一般的には、知識、なぞなぞ、パズルなど、個人によって「クイズ」のイメージが異なることが多い。ちなみに「QUIZ」という言葉の語源は、18世紀のアイルランドで「翌日までに新しい言葉をつくり、一番流行させた人が勝ち」という賭けが行われた際、町中の至る所に「QUIZ」という謎の4文字を書きまくり、人々の間で「この言葉はどういう意味だ？」という疑問が一気に町中に広まったというエピソードが有力。そこから「QUIZ＝謎」という意味が生まれたという。

QUIZ【くいず】文

2000年にオンエアされたTBS系のドラマのタイトル。人の心を読む能力がある捜査官と、捜査当局をバカにするかのように次々とクイズを出してくる誘拐犯の攻防を描いた。撮影時には、スタッフやキャストすら真犯人を告げられておらず、まさにリアルタイムで壮大なクイズに巻き込まれているかのような新感覚の作品であった。

クイズRPG 魔法使いと黒猫のウィズ

【くいずあーるぴーじー まほうつかいとくろねこのうぃず】？ 文

2013年にコロプラが配信を開始したクイズアプリのタイトル。略称は「黒ウィズ」。電車の中などで、スマホを片手に簡単なクイズをサクサク解いていく風景は新鮮なものであった。

クイズ赤恥青恥

【くいずあかっぱじあおっぱじ】

1995年から2003年までテレビ東京系で放送されたクイズ番組。司会は古舘伊知郎と髙田万由子。街にいる12組（後に9組など）の一般の人や有名人に「常識」とされるクイズを出題し、スタジオパネラーは誰が正解しそうかを予想するという内容。その問題を答えられないと恥ずかしい人には「赤恥（あかっぱじ）」マーク、知らなくても仕方がない人には「青恥（あおっぱじ）」マークが表示され、青恥の人のオッズが高く設定された。簡単にいえば常識問題を使ったクイズダービーのような形式である。この番組の公式問題集は第6巻まで存在し、答えられそうで答えられない定番の一般常識問題が詰まっており、持っているとなにかと便利である。

クイズ！あなたは小学5年生より賢いの？

【くいずあなたはしょうがくごねんせいよりかしこいの】

2011年から放送されている日本テレビ系のクイズ番組。主に小学校の学習内容やそこから派生した問題が出され、クイズに正解すると賞金を獲得することができる。この番組の持ち味は、現役小学生は簡単に答えられるのに、大人は意外と迷うタイプの問題。答えられないと悔しさと屈辱感が残ることから、一度敗退した後に再挑戦を申し出る芸能人もしばしば。また、番組には、大人をアシストする「助っ人小学生」が出演しており、「指名カンニング」「全員オープン」「ルーレット」といった救済措置で解答者を支援する。なお、この番組は、アメリカ発の『Are You Smarter than a 5th Grader?』の日本版で、同番組は世界40ヶ国以上でフォーマットが販売されている人気コンテンツである。

クイズ王【くいずおう】

様々なクイズ番組で活躍した解答者や、日本一決定戦で優勝したクイズプレイヤーのことを指す称号。その定義は人によって様々であり、身も蓋もない言い方をすれば、人に「クイズ王」といわれれば、その人は「クイズ王」である。かつて多数のクイズ番組で優勝した人は「クイズ荒らし」「クイズマニア」「クイズオタク」などと呼ばれ、揶揄する方面で使われることも多かった。称号としては、80年初頭にかけては「クイズ実力日本一」などと呼ばれたが、第1回の『アメリカ横断ウルトラクイズ』（1977年）では優勝者が決まったときに「日本一のクイズ王」というテロップを流した。「クイズ王」の呼称が広まったのはこの番組以降ではないかといわれる。同番組では16人のクイズ王と1人のクイズ女王を生んだ。なお、状況によっては、町に住んでいる物知りな人、学年に1人はいる何でも知っている生徒のあだ名が「クイズ王」になることもよくある。また、国会でクイズ形式の質問を繰り返す議員も、ときにこう呼ばれる。

『クイズ王』【くいずおう】 文

①フジテレビ系『ＦＮＳ１億2000万人のクイズ王決定戦！』が出した公式問題集。約500ページにも及ぶ分厚さで知られる。見開き２ページを使って巨大なフォントで１問が載っている大胆な構成も見られ、インパクトのあるクイズ本だった。番組のナビゲーターであるデーモン閣下も筆を執っており、同書を「教典」と呼んだ。②フジテレビ系のドラマ『古畑任三郎』の「ＶＳクイズ王」の回の劇中、犯人役であるクイズ王・千道謙吉（唐沢寿明）が活躍する人気クイズ番組の名前。毎週テーマとなる数字が発表され、それにまつわるクイズ問題を互いに出し合って競う。対戦相手を倒すために多答クイズを出題する者が多かった。

クイズ面白ゼミナール

【くいずおもしろぜみなーる】

1981年から88年までＮＨＫで日曜夜に放送された教養クイズ番組。ゲストの紹介の際に一問一答で出題される「ウソ・ホントクイズ」や、小学校の教科書をもとに出題される「教科書クイズ」、時代劇の舞台を楽しみながら答える「歴史クイズ」などのコーナーがあった。番組全体の設定は大学のゼミであり、ＮＨＫアナウンサーの鈴木健二が「主任教授」として司会を担当した。オープニングでの「知るは楽しみなりと申しまして、知識をたくさん持つことは人生を楽しくさせるものでございます」という口上や、解答者に解答を促すときの「はい、書きなさい!!」というフレーズも人気を博した。最高視聴率42.2％（ビデオリサーチ）は、クイズ番組での最高記録である。

クイズ界【くいずかい】 ?

クイズプレイヤーの集まり・コミュニティを総称する言葉。世間から乖離している状態をコミカルに表す場合は「クイズ村」などといわれることもある。

クイズ化するテレビ

【くいずかするてれび】 文

2014年に出版された書籍のタイトル。日本のテレビ番組でよく見られる、問いによって視聴者の興味を引く手法、およびそこから垣間見える日本のテレビの性質を分析した。著者は、韓国からの留学生・黄《ファン》菊《ク》英《ギョン》と、日本の社会学者である長谷正人・太田省一。確かに、ニュースや情報番組などで、重要な情報が穴埋めにされたり、情報を伝える手段として「ここでクイズです！」とスタジオに問いかけたりする展開がよくある。そういう意味では、純粋なクイズ番組以外でも、テレビ番組はあらゆる場面でクイズの手法をとっているといえよう。なお、そんなとき、クイズに接することに疲れているクイズ作家は「うわあ！」「出た！」とばかりにチャンネルを変えがち。休憩のためにテレビをつけたのに、まったくもって油断ならない。

クイズグランプリ

【くいずぐらんぷり】

1970年から80年までフジテレビ系で放送された、視聴者参加型のクイズ番組。横軸に左から「スポーツ」「芸能・音楽」「文学・歴史」「社会」「科学」「日替りの特集テーマ（ノンセクション）」の6ジャンル、縦軸に上から「10」から「50」まで5段階の点数、合計30枚の問題ボードがあり、この番組の特徴的なセットであった。正解した解答者が「文学・歴史の30！」などとコールするとそのパネルが開き、問題文が現れる。5人の解答者は、問題文を速読し、答えがわかったら早押しボタンを押して解答するシステムだった。このジャンルパネルを指定して問題を開けていくシステムは、各種バラエティ番組のクイズ企画でも用いられるフォーマットとして確立。途中で「チャンスカード」が出てくるお楽しみもあった。月曜日から土曜日まで、わずか15分の放送だがテンポが速く、非常に密度の濃い知識クイズ番組として人気を博した。この番組の性質上、クイズは短文形式であり、合計約9600問が収録された5冊の『クイズグランプリ』公式問題集は、どの百科事典よりもウラ取りが精密であるといわれ、当時のクイズ愛好家には「バイブル」とも呼ばれた。⇒文学・歴史

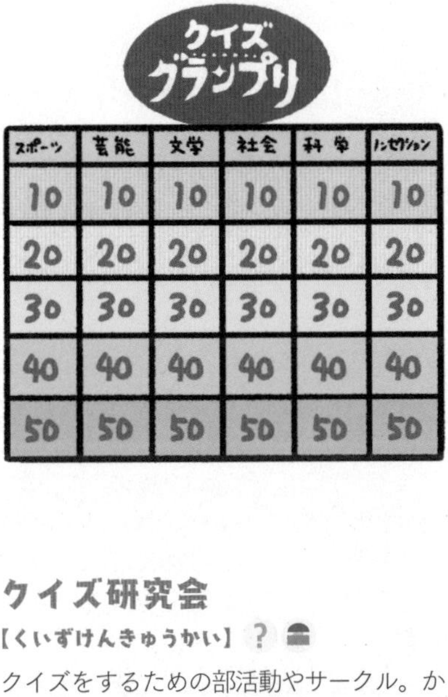

クイズ研究会

【くいずけんきゅうかい】

クイズをするための部活動やサークル。かつて視聴者参加型のクイズ番組が多く存在した1980年初頭、いくつもの大学にクイズ研究会が誕生。出題される内容を「研究」し、出演や優勝に繋げたい人々が加入した。そもそも、大学などでは、特定の物事の愛好者が〇〇研究会というサークルを結成する（実際には研究をしていない場合でも）。サークルを名乗るのに「研究会」という呼称は好都合であり、そこから一般化したものと思われる。学校によっては「クイズ同好会」「クイズ研究同好会」などと名乗る団体もある。一般的に、ひたすら「早押しボタンを押す特訓をする」「全員で百科事典を読破する」などのステレオタイプなイメージを持たれることもあったが、実際には会員が持ち回りで企画や例会を行い、楽しみながらクイズ力の増強を図っている。

クイズ作家 【くいずさっか】

クイズの問題作成を専門とする職業。テレビ番組・イベント・ゲーム・雑誌など、様々な媒体に問題を提供する。その珍しさからメディアで取り上げられることもあり、近年は職種としての知名度が上がった。とはいえ、クイズになじみのない人に自己紹介をすると、「クイズ作家……えっと、ご趣味ですか？」と戸惑われがち。仕事ですよ、し・ご・と。

クイズ作家王選手権

【くいずさっかおうせんしゅけん】

2006年にテレビ東京の『ＴＶチャンピオン』で放送された企画。クイズプレイヤーの傍ら、プロの作家として活動している（していた）5人によって競われた。「10人中ピッタリ5人が正解するクイズをつくる」「あるジャンルの達人を唸らせる二択クイズをつくる」「観客に一番多く『答えを知りたい』と思わせるクイズをつくる」といった3つのラウンドで競った。現役クイズ作家の田中健一が優勝し、スタジオで「クイズとは、あなたの心をくすぐるポエムです」という名言を残した。

クイズ・ショウ

【くいず・しょう】文

1994年に公開されたアメリカ映画のタイトル。人気クイズ番組『21（トウェンティワン）』で実際に起きた八百長事件をもとにした作品で、第67回アカデミー作品賞などにノミネートされた。

クイズ☆正解は一年後

【くいずせいかいはいちねんご】

2013年から毎年年末の深夜にTBS系で放送されているクイズ特番。司会はロンドンブーツ１号２号田村淳と枡田絵理奈。この番組では、１月の収録で「今年起こりそうなこと（「今年結婚する芸能人は？」「今年『R-１グランプリ』『キングオブコント』『M-１グランプリ』を制するのは？」など）」を予想し、12月の生放送でその年を振り返りながら答え合わせを行う、おそらく「出題」から「正解発表」までが一番長いクイズ番組。一年にわたる長期企画であるため、１月に出演した芸能人が何らかの問題を起こした場合や、スケジュールが合わなかった場合には、その年の年末に出演できない可能性がある。そのため、12月の生放送パートにどうしても出演できなくなった芸能人についてはスタジオに等身大パネルを立てて対応する。同時に、生放送を通してスタジオに来られる芸能人に飛び入り参加を要請するが、この代役は『TVスター名鑑』の最新版に載っており、かつ事務所と連絡が取れる人限定であるため、スタジオに駆けつけても出演できない芸能人たちがTBSの受付で騒ぐのも年末の風物詩となっている。

クイズ世界は
SHOW by ショーバイ!!

【くいずせかいはしょーばいしょーばい】

1988年から96年まで日本テレビ系で放送された人気クイズ番組。世界にある様々な「商売」をテーマにしたクイズが出され、番組タイトルも「ショーバイによるSHOW」と絶妙に上手いネーミングになっている。シンキングタイム前の「さあ、みんなで考えよう！」というフレーズや、商売マネーと呼ばれた得点を決める「ミリオンスロット」というギミック、ラストクイズの「嘘つき四択」といったクイズ形式など、この番組が生み出した人気の要素は数多い。なかでも「物をつくっている過程」のVTRを見せて、何をつくっているかを早押しで当てるクイズが大好評となり、毎週の高視聴率につながった。このクイズ形式は「工場見学クイズ」として、後世の多くのクイズ番組で定番コーナーとなっている。**⇒何を作っているんでしょうか？**

クイズダービー

【くいずだーびー】

1976年から92年までTBS系で放送された人気クイズ番組。視聴者参加型番組であるが、視聴者がクイズに答えるのではなく、５人（５枠）のクイズ解答者の誰が正解するのかを予想し、持ち点を賭けて高得点を目指すというルール。司会の大橋巨泉が、カナダで見たクイズ番組『セレブリティ・ステークス』を参考に日本でリメイクしたクイズ番組である。「いつも素敵なはらたいらさんに3000点」「ひとりを除いて、みんなおんなじ答え。一斉に開けます、せーのドン！」など名フレーズが多かった。クイズ番組では『アップダウンクイズ』と同じくロート製薬の一社提供。巨泉のセミリタイアに伴い、２代目司会者に徳光和夫が就任した。76年の番組開始当初はルールを競馬に寄せすぎて複雑怪奇な様相を呈したが、後のシンプルな形に落ち着いてからは大人気となり、土曜日の夜は『クイズダービー』⇒『8時だョ！全員集合』とTBS系の高視聴率番組が連続した。最高視聴率40.8％を記録（ビデオリサーチ）、クイズ番組で視聴率40％を超える初の番組となった。

クイズ！年の差なんて

【くいず！としのさなんて】

1988年から94年までフジテレビ系で放送されたクイズ番組。司会は桂三枝（現・文枝）と山田邦子。ジェネレーションギャップを題材としたクイズが出題され、ヤングチームとアダルトチームの対抗戦で行われた。番組が設定した、書いてしまうと減点を食らう（なおかつ解答者が書きそうな）「NGワード」というユニークなルールも生まれ、この言葉はいまでも定番となっている。優勝チームがハワイをかけて「何人で」「どこへ」「どうする」を選ぶ優勝賞品の決め方も斬新だった。歌詞の穴埋め問題で、歌の好きな山田邦子がポロッと答えを歌ってしまうハプニングも多々見られ、そのコーナーでは山田が余計なことを喋らないようにバッテンマスクを装着させられることになった。**⇒電話をかける**

クイズ・ドレミファドン！

【くいずどれみふぁどん】

1976年から88年までフジテレビ系でレギュラー放送された音楽を題材としたクイズ番組。司会は高島忠夫。イントロクイズという形式を一躍スターダムに押し上げた。２人１組のペアが出場するが、聞いたことがある音に反応してつい早く押してしまいがちなイントロクイズに間違うと即失格となり、その場合「バッテンマスク」をつけて解答権を失い、解答席の後ろに退かなければならない。２人とも間違うとリタイアとなり、得点表示板の上に巨大な赤いバツマークが貼られ、得点が０点の扱いとなった。イントロクイズ以外にも、当時のスターが多数出演してコントやトークを行う「ゲストクイズ」、３つの扉を選んで、出てくるヒントマンの言葉を頼りに曲名や人名を答える「ドッキリ扉クイズ」、歌い出しが一瞬だけ流れ、空中に浮いているピンポン玉を取った人が続きを歌う「ウルトラ歌合戦」などの人気コーナーがあった。当時のクイズファンは、お昼に『ドレミファドン！』を見て『アタック25』にチャンネルを変える習慣があったため、油断をすると日曜日が終わってしまう傾向にあった。ちなみに、タイトルにある「ドン」は番組に勢いを出すという意味合いもあるが、実は正午スタートの番組ということで「半ドン」にも由来している。レギュラー終了後も『スーパーイントロ大作戦』として特番として放送が続き、2023年現在も『ドレミファドン！』というタイトルに戻ってゴールデンタイムの不定期特番として、中山秀征司会のもと続いている。**⇒イントロクイズ　⇒超ウルトライントロクイズ**

クイズ日本人の質問

【くいずにっぽんじんのしつもん】

1993年から2003年までNHKで放送されたクイズ番組。司会は古舘伊知郎。視聴者から寄せられた素朴な疑問に対し、4人の「ものしり博士」がもっともらしく自説を展開。解答者は4人のうち誰の説が正しいかを推理・選択し、勝敗を競った。優勝チームには、漫画家の針すなお作成による、その週の出演者の似顔絵が入ったジグソーパズル（後にブロックパズル）という唯一無二の賞品が贈られた。なお、同番組の形式は、往年のNHKの視聴者参加型クイズ番組『ゲーム ホントにホント？』をベースとしている。

クイズ！脳ベルSHOW

【くいずのーべるしょう】

2015年からBSフジで放送されているクイズ番組。記憶力・瞬発力・発想力・ひらめき力の4つをテーマに、年齢を重ねると衰えるといわれる脳の活性化を図る。マッチ棒パズルやあるなしクイズなどで競う「クイズ！脳みそフル回転」や、懐かしCMやヒット商品、懐メロの歌詞穴埋めなどを扱う「クイズ！言われてみれば」といったメインコーナーがある。解答者は40～80代で、その絶妙な人選によって繰り広げられるクイズ合戦は、芸能人のファンも多い。2018年から22年には、地上波でも早朝4時台に放送されていた。岡田圭右（ますだおかだ）が、個性豊かなパネラー陣を相手取り、本人の機転と笛を使って仕切っていく手腕は見事。

クイズの神様

【くいずのかみさま】 文

①2022年から『ビッグコミックオリジナル増刊』に連載されている、日高大介・矢野了平原作、一丸作画のマンガ。正式タイトルは『クイズの神様～QuizRoad～』。クイズ作家が主人公という珍しい作品で、クイズに懸ける人の想いや、その青春を描く。⇒**クイズ作家**　②2021年から関西テレビで放送されている『ロザンのクイズの神様・超』の通称。若手芸人がロケ先でみつけたネタをクイズにし、芸能界のクイズ王・ロザン宇治原に出題。宇治原はクイズに挑戦し、その質を「神問」から「大バカ問」までに分類する。⇒**ロザン**

QuizKnock

【くいずのっく】 ? 文

クイズプレイヤーの伊沢拓司率いるウェブメディア。2016年に東京大学クイズ研究会の有志らによって立ち上げられ、いまでは様々な背景・出身大学のメンバーが所属する。メンバーのふくらPの発案で開設されたYouTubeチャンネルは登録者数200万人を超え、近年では高校生以下を対象とするクイズ大会「WHAT」（大会長・河村拓哉）を開催するなど、精力的な活動でクイズの裾野を広げ続けている。

クイズの日【くいずのひ】文

1月9日、または9月12日に制定されている記念日。前者は1と9がとんちで有名な一休の語呂合わせであることに由来（それゆえに「とんちの日」でもある)、後者は912が「クイズ」の語呂合わせであることに由来する。

クイズは創造力

【くいずはそうぞうりょく】 ? 文

『第13回アメリカ横断ウルトラクイズ』優勝者・長戸勇人が著したクイズ本のベストセラー。『理論篇』『問題集篇』『応用篇』の3部作で構成され、『理論篇』では早押しクイズの構造を本格的に分析したテクニックの数々や、自身が体験した『ウルトラクイズ』の体験記を通して勝負運や駆け引きの実際が惜しみなく披露されている。『問題集篇』 では「全脳を刺激する『精選1300問』」と銘打たれ、基本問題400選や新作問題、問題構造別に分かれた問題や○×クイズの研究などが満載で、当時クイズに夢中になった中高生にとってのバイブル的存在となった。「クイズ界はこの本以前、以後に分かれる」といっても過言ではない。

クイズ100人に聞きました

【くいずひゃくにんにききました】

1979年から92年までTBS系で放送されていた往年の人気クイズ番組。司会は関口宏。事前に街頭で100人にアンケートを行い、その回答結果の上位の項目を当て合うという形式。通常は2チームによる5人1組の家族対抗で行われた。「丸の内のOL100人に聞きました。答えは7つ」のような文頭で始まる。答えを発した後の「あるあるある!」という観客の声援も話題に。勝利チームはハワイ行きを賭けた「トラベルチャンス」に挑戦し、その獲得点数によって5人中何人がハワイに行けるかが決まった(行けなくなる人数が出るたびに、「見送り」と書かれた旗を持たされた)。劇場のような広いセットで関口宏が颯爽と移動するスマートなMCのスタイルと、日常生活に密着した大衆性のある問題や解答者とのギャップも味があった。もともとはアメリカの『ファミリー・フュード』というクイズ番組を日本風にアレンジした番組である。ちなみに、マスコットキャラクター「百太郎」の正体はキツネである。

⇒あるあるある

クイズブーム

【くいずぶーむ】 文

主として「クイズ番組が多い」ことを指していう言葉。実をいえば、多くの場合、この言葉は実態を伴わない。日本では、70年代辺りから、それぞれの番組のテイストこそ変わるものの、毎週放送されるクイズ番組の数はさほど大きく変動していない。そのため、いつの時代であっても「昨今はクイズ番組が花盛り」「クイズ番組が多くて、クイズブーム真っ只中ですね」などといわれるが、そのほとんどは錯覚である。裏を返せば、日本はクイズ番組に対する注目度がおしなべて高いともいえる。

クイズプレイヤー

【くいずぷれいやー】 ?

クイズに答える楽しさを知っているすべての人のこと。

クイズ文化の社会学

【くいずぶんかのしゃかいがく】 文

2003年に出版された書籍のタイトル。クイズやクイズ番組について、社会学の面から分析した論集。石田佐恵子・小川博司編。日本のテレビクイズ史やクイズ番組の視聴者の精神分析など、興味深い論点が掲載されている。ある意味では、本当の「クイズ本」である。

クイズボウル【くいずぼうる】 文

アメリカなどで採用されているクイズ形式のひとつ。チーム戦で行われる。1953年から70年に放送されたアメリカのクイズ番組『College Bowl』に端を発し、番組終了後もアメリカを中心に発展してきた。チームメンバーのひとりが早押しクイズに正解すると、そのチームで相談しながら3問のボーナス問題に挑戦できるというのが一般的なルール。

クイズマジックアカデミー

【くいずまじっくあかでみー】 ？ 文

KONAMIおよびそのグループ会社によるクイズゲーム。2003年に稼働を開始し、2012年には「世界で一番問題数が多いトリビアビデオゲーム」としてギネス世界記録に認定された。略称は「マジアカ」。本作以前にもクイズを扱うアーケードゲームは存在したが、オンライン環境を通じて問題が追加できる点や自分以外のプレイヤーと対戦できる点が新しかった。また、本家アーケード版の他、携帯ゲーム版、ニンテンドーDS版、中国語版なども開発された。競技クイズ界への影響も大きく、本作をきっかけに生まれたクイズ用語やクイズサークル、有力プレイヤーなども存在する。⇒青問　⇒ギネス世界記録　⇒緑問

©Konami Amusement

クイズ屋【くいずや】 ？

クイズプレイヤーが、自分たちの属性をコミカルに表現するときに使う言葉。「屋」という接尾語が付くが、特にクイズを生業としているクイズ作家のような人々を指すのではなく、「(我々のような) クイズを趣味としている者」という意味で、あくまで1人称として用いる。

クイズラ【くいずら】

『高校生クイズ』の初期のマスコットキャラクター。怪獣のような姿をしていることから「クイズ」と「ゴジラ」を合わせた命名と考えられる。兄弟番組『アメリカ横断ウルトラクイズ』のクエスチョンマーク同様、番組のアイコンとして機能し、早押しボタンを押すと立ち上がるパネルにも、同番組のスポンサーのキャラクターであるライオンちゃんとともに描かれた。全国を10ブロック前後に分けて行われる野外の予選会場にもクイズラのアドバルーンが浮かんでおり、これを見ると当時のクイズ好き高校生は「夏がやってきた！」と感慨に耽ったものである。

QUIZ ROOM SODALITE

【くいずるーむ そーだらいと】 ? 文

東京都文京区にある、日本初のクイズ専門店。早押しクイズの常設スペースとして『シューイチ』(日本テレビ) や『モヤモヤさまぁ～ず2』(テレビ東京) などの情報番組で取り上げられた。フリープレイの他、クイズ作家やイントロクイズ王が「プレゼンター」として企画を務めるイベントも行われる。

クイズ歴 【くいずれき】 ?

クイズをするようになってから経過した年数。大会によっては、「クイズ歴5年目以下のみ出場可」などの制限を設けることがある。様々な大会が開かれ、プレイヤーの層が厚くなった現在では、どの時点からクイズ歴にカウントするかで迷いが生じることがあるため、クイズ歴として数える起点が「クイズサークルに入ったとき」「クイズの勉強を始めたとき」など、いつからなのかを明示してくれる大会もある。

Google Earth

【ぐーぐるあーす】 文

Googleが提供するバーチャル地球儀システム。世界中の様子を衛星写真でみられるため、海外の内容を問うクイズによく用いられる。このシステムが日本に紹介されると、クイズ作家はすぐに俯瞰の映像から世界遺産などを当てるクイズを考案し、2000年代の後半からはビジュアルクイズの定番となった。

空席待ちクイズ

【くうせきまちくいず】 ?

クイズ形式のひとつ。早押しクイズは解答者の数だけ早押しボタンがあるのが原則だが、この場合解答席（早押しボタン）が少なく、解答権のない残りの人たちは後列に並んで待たなければならない。勝ち抜け者または失格者が出るごとに人を補充していく。黎明期には『アメリカ横断ウルトラクイズ』の「早起きクイズ」や「早食いクイズ」など、何かの課題を先に成し遂げた順に解答席に着くことができるなどの趣向で行われ、待っている側のじれったさ、やきもきとしている表情などが見所だった。クイズ大会でもしばしば行われ、事前のペーパークイズなどで序列のついた解答者が一列に並び、次々に解答席に着いていく。早押しボタンに着ける人数がダイナミックに変動する形式もあり、その場合は「ローリングクイズ」などと呼ばれることもある。いずれにせよ、多数の参加者が早押しボタンに着けるメリットがあり、大会序盤の早押しクイズなどで行われることが多い。

クエスチョンマーク

【くえすちょんまーく】 ? 文

クイズの問題文の末尾に欠かせない記号。日本語では「疑問符」、俗語では「はてなマーク」と呼ばれ、古来「耳だれ」とも呼ばれる。クイズプレイヤーやクイズ作家は、日夜パソコンのキーボードの「？」キーを数えきれないほど叩いている。JIS規格の場合、「？」と同じキーにクイズでよく使われる「・(中黒)」や「／（スラッシュ)」が同居しているのも面白い。

草クイズ【くさくいず】

メディアによるクイズ番組に対し、クイズ愛好家が自らの手で運営するクイズの場を指す俗称。一般の人にクイズ大会が存在することを説明する際、「オープン大会」という呼び名では分かりづらいことから、「草野球」になぞらえて分かりやすく伝えるために生まれた言葉だと考えられる。競技クイズの規模が大きくなり、実際に早押しクイズを体験できる店舗が生まれた昨今、だんだん使われなくなった言葉でもある。「草」という言葉にネガティブなイメージを持つクイズプレイヤーには、この言葉を好まない者も多い。**⇒オープン大会**

草野仁【くさのひとし】

クイズ番組も担当した司会者のひとり。元NHKのアナウンサー。ユーモアを交えつつも冷静沈着な進行ぶりで知られるが、『世界ふしぎ発見！』(TBS) では、何とか正解に近いヒントを聞き出そうとする解答者と、何とかギリギリの線を保とうとする草野との軽妙なトークも人気であった。番組内で登場する、草野仁を模した「ヒトシ君人形」も有名。『史上最強のクイズ王決定戦』(TBS) では荘厳な雰囲気のなかで、特に奇を衒わない司会・進行を務め上げた。**⇒世界ふしぎ発見！**

クラシエフーズ

【くらしえふーず】文

「ねるねるねるね」や「甘栗むいちゃいました」などの商品で知られる、日本の食品メーカー。菓子・パン分野で「クイズ」「QUIZ」を商標登録している。

グランドスラム

【ぐらんどすらむ】?

本来はトランプの「ブリッジ」で完勝することや、ゴルフやテニスの４大大会をすべて制覇すること、野球の満塁ホームランのことを表す言葉。クイズ番組では、90年初頭に『ウルトラクイズ』『ＦＮＳクイズ王』『史上最強のクイズ王』の３大番組すべてで優勝することをいったが、達成できる人はいなかった。2017年には『超逆境クイズバトル!! 99人の壁』が誕生し、自分の得意ジャンルで大人数を相手に早押しクイズで全問正解し100万円を獲得することを「グランドスラム」といった。基本問題の競技クイズ大会「abc」では、ひとつの回で「ペーパークイズ１位」「個人戦優勝」「団体戦優勝」を達成することをいう。なお、老舗のクイズサークルにも「グランドスラム」という名前のものがある。おそらく、その語感がクイズ愛好家を惹きつけるのであろう、なにかとクイズに縁が深い英語である。

車・バイク【くるま・ばいく】?

80年代から90年代にかけて、ゲームセンターのクイズゲームが華やかなりしころ、多くのゲームに搭載されていたジャンルのひとつ。クイズを覚えたての中高生にとって鬼門となる分野だった。特定の車種を当てるクイズでは、選択肢に「アルファベット・数字・ハイフン」を組み合わせただけの無機質な文字列が並び、中高生の100円玉が空しく消費されていった。

クロスワードパズル

【くろすわーどぱずる】?

雑誌や新聞などに載っているパズルのひとつ。タテのカギ・ヨコのカギから導きだされるワードを、マス目の中に埋めていく。そのワードにまつわる知識が必要であることから、「パズル」という名前が付いているものの、どちらかといえば「クイズ」に限りなく近い。一方、有名な「あるなしクイズ」については、知識よりもひらめきが重視されることから、「クイズ」という名前が付いているものの、どちらかといえば「パズル」に近いといえる。**⇒パズル通信ニコリ**

黒ひげ危機一発

【くろひげききいっぱつ】 文

タカラトミー（旧トミー）から販売されているロングセラーのおもちゃ。樽に剣を刺していき、海賊が飛び出たら負けになるパーティーゲーム。本来は「飛び出させた人の勝ち」であったが、『クイズ・ドレミファドン！』の途中のゲームコーナーで使用され、海賊が飛び出たらボーナス得点がゼロになるというルールが広まったため、ゲームそのもののルールも「飛び出させた人の負け」に変更となった。なお、本来の四字熟語は「危機一髪」であるが、このゲームの名称と、『007ロシアより愛をこめて』の日本初公開時の邦題である『007 危機一発』は「発」が正しいので注意が必要である。

グロ問

【ぐろもん】

グロテスクに感じられるほどに難しい問題のこと。主にクイズゲームの世界で使われる。特に正解率が少ない難問・奇問のことを指す。たとえば「チリの最高峰で、南米大陸でアコンカグアに次いで２番目に高い山は？（正解：オホスデルサラード）」の類。数問ワンセットで行われる試合で、逆転可能な最終問題に超絶なグロ問が出題されるとその分ショックが大きい。**⇒エグい問題**

黒柳徹子

【くろやなぎてつこ】

日本の女優。『世界ふしぎ発見！』での高正解率でも知られる。この番組に対する情熱は深く、図書館で歴史の本を読み漁って勉強していた際、ある本の背を見て取ろうとしたところ、偶然にも黒柳と番組スタッフの手が同時に伸びた、という都市伝説も有名である。また、トーク番組として長寿を誇る『徹子の部屋』の放送開始当初は、関根勤（当時：ラビット関根）が司会を務めた「フラッシュクイズ」というクイズコーナーがあったというトリビアも有名。

け

傾向【けいこう】

クイズの出題内容の方向性を指す言葉。大会のコンセプトや出題者のクセによって異なり、あらかじめ問題例を提示することでプレイヤーに傾向を知らせるクイズイベントもある。傾向を感じ取ることは、クイズに正解するための大きなヒントになる。たとえば、まだ問題の答えが絞り切れていない段階でボタンを押した場合などに「この傾向なら、ストレートに作品名を答えるのではなく、ひとひねりして作者の名前が正解だろう！」などと鼻を利かせて答えることがある。

傾斜【けいしゃ】

難易度の傾きを指す言葉。近年の「abc」などの競技クイズ大会では、ペーパークイズが簡単な問題から始まり、徐々に難しい問題になるように並べられている。また、早押しクイズも、予選は易しめの問題、中盤のラウンドはふつうの難度、決勝戦は難しめの問題などと使い分けることがある。このように難易度がなだらかになるよう問題を並べることを「傾斜をつける」という。

京浜急行【けいひんきゅうこう】

『99人の壁』で、レギュラー開始当初から注目された小学4年生（当時）、栗原叶が得意としたジャンル。その愛嬌たっぷりの挑戦ぶりと、主宰・佐藤二朗との絶妙に噛み合わないトークで人気を博し、2019年には京浜急行の始発駅である品川駅に２人の顔写真が載った広告が掲出された。

元素【げんそ】

物質のもととなる基本的な成分。酸素はO、鉄はFe、といった類を「元素記号」という。幼いころからクイズに親しんでいる人のなかには、小学校のころから元素記号になじんできた人が多いと思われる。実際のクイズでは、元素名、発見者名、元素名の由来となった人名や地名など、様々な角度から出題される。特に早押し問題では、元素記号や原子番号が読まれれば答えが確定することが多いため、優先的に覚えるプレイヤーもいる。

限定【げんてい】

クイズの答えをひとつに絞ること。早押しクイズの作成においては、別解を出さず「限定する」ことが主要なルールのひとつとされる。クイズの問題文のなかで、正解をひとつに限定する部分のことを「ポイント」「確定ポイント」と呼ぶ。たとえば「ノーベル賞を受賞した日本の科学者で、iPS細胞の開発で知られるのは誰でしょう？（正解：山中伸弥）」という問題の場合、ノーベル賞を受賞した日本の科学者は複数人いるが「iPS細胞の開発」という情報によってひとりに絞られる（「～ですが」と展開する場合を除く）。このような情報を入れることを「限定する」という。いまいち答えが絞られない問題を指して「限定が甘い」誰もが納得するようなうまい絞り込みができている問題を指して「限定が効いている」などとも。「落とし」と近い概念だが、限定の場合は機械的に正解をひとつに絞ること、落としの場合は正解者が出るような限定ワードを入れるニュアンスが含まれる。
⇒落とし　⇒確定ポイント

恋人選び【こいびとえらび】

『なるほど！ザ・ワールド』のオーラス（最後）の定番だったクイズ形式。世界各地の人々に日本の有名タレント８人の顔写真を見せて、誰が好きなタイプかを当てるという８択クイズ。２段上がれるジャンピングチャンスの１問で、最下位の４番席から解答権があった。大抵の場合はこの問題に正解すれば優勝であり、よく番組自体は「毎回の逆転劇にスタジオが盛り上がった」と評されるが、そりゃそうなるだろ（笑）。何にせよ良き時代であった。⇒オーラス

高校生クイズ

【こうこうせいくいず】

1983年から日本テレビ系で毎年放送されているクイズ特番。正式タイトルは『全国高等学校クイズ選手権』。別名「クイズの甲子園」。同年の大晦日に『アメリカ横断ウルトラクイズ』の兄弟番組として生まれ、本家終了後も毎年継続して放送されている。当初は夏と冬の年２回開催であり、全国を数ブロックに分けて行う大規模な予選大会と、趣向を凝らした全国大会からなる一大イベントであった。『ウルトラクイズ』同様に、この番組から生まれた発明的なクイズ形式は多い。初代司会は福留功男であり、２代目・福澤朗、３代目・ラルフ鈴木、４代目・桝太一、５代目・安村直樹と、10回の節目ごとに司会者が交代する伝統はいまも引き継がれている。全国各地の鉄道や名所を使ってクイズを行ったり、知力だけで競ったり、本家同様にアメリカを横断したりと、時代によって様々な形式が展開されるが、一生のうちに数回しかチャンスがない大型クイズ番組として、高校生の熱い友情や青春、チームワークが見られる夏の恒例番組となっている。

広辞苑【こうじえん】

クイズ番組で問題の出典にされることの多い国語辞典。その知名度から様々な番組の判定基準として利用されるが、意外に載っていない言葉もある。『広辞苑』を使ったクイズも様々で、語釈を見せて見出し語を答えさせたり、近接する語のうちひとつを空欄にして当てはまる言葉を推測させるものなどがある。また、編者である「新村出」自体もクイズベタである。⇒国語辞典　⇒ん坊

降車ボタン【こうしゃぼたん】？ 文

路線バスの座席ごとに設置されている、乗客が次の停留所で降りる意思表示をするためのボタン。クイズ王は、早押しクイズのトレーニングのために誰よりも早く降車ボタンを押す訓練を欠かさない。ルールは人によるが、「次は……」のアナウンスで、降りる停留所の１文字目が聞こえたときに押すのが多数派であろう。まれに他の乗客に「次は……」の前で押されてしまうと憮然としてしまうが、決して表情に出してはならない。同義語に「ファミレスの店員を呼ぶボタン」があり、猛者になると店内に流れる有線放送のＢＧＭを利用してイントロクイズの訓練をすることもある。その場合、必然的に注文が増えることになる。

公正取引委員会
【こうせいとりひきいいんかい】文

日本の行政機関。公正で自由な経済活動を司る。1970年代、クイズ番組の賞金・賞品の高騰を受け、国民の射幸心を煽るとしてフジテレビ系『クイズ・キングにまかせろ！』に厳重注意を発した（この番組のトップ賞は世田谷区の3LDKのマンション。当時の価格で、贈与税込みで1000万円)。この一件がきっかけで、クイズ番組の賞金に規制が設けられるようになった。⇒賞金

コース別【こーすべつ】

クイズの大会や例会で、プレイヤーを複数の組に分け、異なるクイズ形式で競わせる方式。参加者が自分の得意なコースを選ぶのが普通だが、勝ち抜けている者の顔ぶれを見ながら「誰がどのコースに行きそうか」などを考え、苦手なメンツが薄そうなコースを検討するなど心理戦的な展開も生まれる。主に、人数が30人前後にまで絞られた、大会の中盤あたりで行われることが多い。

ゴールデンハンマー
【ごーるでんはんまー】

『100万円クイズハンター』の後半、ハンターチャンスで威力を発揮するアイテム。前半20問のジャンルパネルのどこか１枚に隠れており、ゴールデンハンマーを獲得すると、ハンターチャンスのコーナー内で１問のみ解答権を独占できる。フジテレビ系『第24回オールスターものまね王座決定戦』(1992年) では、笑福亭笑瓶がクイズハンター司会・柳生博のものまねをした際に、オチの部分でゴールデンハンマーを出したことで有名。審査員の野口五郎は「笑瓶さんは、いい所に目を付けましたね。あの番組……見ちゃいますよね」と評した。
⇒100万円クイズハンター

国語辞典【こくごじてん】文

ある国の言語を扱う辞典。対象となる言語だけでなく、実質的にはその国で普及している外国語も取り扱われる。クイズの出典

として使われる他、問題文の言い回しの調整やウラ取りの際にも便利である。近年ではオンラインデータベース『コトバンク』が普及したこともあり、調べ物の利便性がさらに高まった。クイズ作家のスマートフォンには、国語辞典のアプリがインストールされていることも多い。**⇒広辞苑　⇒日本国語大辞典**

国際クイズ連盟

【こくさいくいずれんめい】 文

International Quizzing Association（IQA）。イギリスに本部を置く、クイズ文化普及のための団体。各種世界大会を開催する他、各国支部と連携し、様々な地理的・文化的背景をもつ人々がクイズを通して交流できるようにしている。日本には、国際クイズ連盟日本支部（Japan Quizzing Association。JQA）が置かれており、国際大会の日本会場の運営や、海外のクイズ情報の発信を行っている。

国民クイズ **【こくみんくいず】 文**

杉元伶一原作、加藤伸吉作画のマンガ作品（1993～95年）。近未来の日本で、カリスマクイズ王の影響で従来の政治体制が崩壊。クイズに正解することで様々な権利が得られる「国民クイズ体制」が敷かれる、というストーリー。明るいクイズマンガを期待して手に取ると、作品のディストピアっぷりに打ちのめされる。

杉元伶一／加藤伸吉『国民クイズ』（太田出版）

国民の祝日

【こくみんのしゅくじつ】 ？

クイズになりやすい題材のひとつ。昭和末期は「一年365日のうち、国民の祝日は何日ある？（正解：12日）※月の数と同じという面白味があった」「こどもの日の次にくる祝日は？（正解：敬老の日）※当時は6月～8月に祝日が無かったため」などが基本問題であった。多答クイズの定番問題であるが、「元日」を「元旦」、「建国記念の日」を「建国記念日」と解答した人の正誤をどうするか毎回悩みどころである。そこで「正式名称でお答えください」や「〇〇の法律に書いてある名称でお答えください」などの文言とともに、「元旦」「建国記念日」は不正解とすることが多い。現在では年間16日に増え、名称が変わったり、日時が流動的であったりなどするため、一時期よりは出題頻度が減った感がある。

語源 **【ごげん】 ？**

言葉の起源やその意味。たとえば外国語の語源としては、フランス語で「稲妻」→エクレア、イタリア語で「礼拝堂風に」→アカペラなど、「へえ！」と思える由来のものが多々あるため、クイズにもよく出題される。一方で、面白い語源には諸説がつきもの。興味深いが正確とまではいえないなどの理由で、出題を諦めることもよくある。

子育てクイズマイエンジェル

【こそだてくいずまいえんじぇる】 ? 文

ナムコが1996年にリリースしたクイズゲームシリーズ。プレイヤーは娘をもつ親になり、25歳まで子育てをする。クイズに正解すると養育費が貯まり、答えた問題のジャンルによって娘の性格や進路が決まっていく。たとえば、恋愛やファッションに関する問題に正解すると「いろけ」パラメータが上がっていき、スポーツやアウトドアに関する問題に正解すると「わんぱく」パラメータが上がる、という要領。クイズプレイヤーがこのゲームをやると、なぜか娘は「オタク」のキャラクターになることが多い。娘が就く職業も、農婦・プログラマー・風俗嬢と、多種多様である。

児玉清

【こだまきよし】

俳優・司会者。NHK大河ドラマや黒澤明の映画などに出演。1975年に始まった『パネルクイズ アタック25』の司会進行を36年にわたって担当した。解答者が正解したときの「その通り！」「結構！」という温かい掛け声が印象的で、博多華丸のものまねがブームになっていたころは、それを意識して普通に「正解！」と言うようになったというエピソードもある。また、不正解のブザーは児玉自らが押した。番組の特性上「一度として同じ展開になったことがない」と本人も語っているとおり、自身も４色の戦いを楽しみつつ、温かみと熱のこもった進行を見せた。「アタックチャンス」前には収録が一時中断するが、その収録現場では４人の解答者に飴を配るのが恒例で、出場者に対する気遣いが溢れていた。読書家としても知られ、番組進行中には児玉自身のアドリブによるクイズの一口解説がなされることもあった。**⇒博多華丸　⇒アタックチャンス**

こちら葛飾区亀有公園前派出所

【こちらかつしかく
かめありこうえんまえはしゅつじょ】 文

1976年から2016年まで『少年ジャンプ』に連載された秋本治のマンガ作品。クイズを題材とする話が複数みられ、なかでも第50巻「クイズDEお金もちの巻」は有名。クイズ大会で賞金を得るために、主人公の両津勘吉が「クイズこの道20年というベテラン」のクイズ王にテクニックを教えてもらい、実際にクイズ番組に挑戦するというストーリーである。作中のクイズ王の家は呼び鈴が三択クイズになっており、正解すると玄関が開く。玄関に入ると、言葉を喋る九官鳥のような鳥に多答クイズを出され、両津は「ウルトラ兄弟」の名前を８つ見事に答えて入館を許された。クイズ王の応接室は早押しクイズ番組のセットのような作りで、常にテレビカメラに見られる仕掛けになっている。意外に使えるアドバイスも満載で、ある世代以上のクイズプレイヤーは『こち亀』50巻だけ所持していることもありがちである。

秋本治『こちら葛飾区亀有公園前派出所』(集英社) ©秋本治・アトリエびーだま／集英社

誤答

【ごとう】 ?

クイズで答えを間違えること。またその間違った答え。一般には「お手つき」とともに言われることが多い。大抵の場合、１回休み・×が付く・即失格などのペナルティを伴う。なお、かつてはパソコンで「ごとう」と入力しても「誤答」と変換されなかったが、近年では日本語入力システムの進化か、直接変換が可能となった。ただ、いまだに「多答」は一発変換できず「多い」「答え」と1文字ずつ変換しなければならない。なぜだろう。**⇒お手つき　⇒ペナルティ**

ごめん

『ネプリーグ』で、チーム5人が多答クイズにひとつずつ答える「ファイブボンバー」のコーナーで聞かれる言葉。難しいものから答えるべき1番手の解答者が、一番簡単なものしか答えられない場合に、つい口に出してしまうことが多い。たとえば「太陽系の惑星の名前。英語で5つ答えろ」という問題が出た場合、1番手が「ウラヌス！（天王星）」などと難しいものから答えるとカッコよく、チームにも貢献できるが、パニックで頭が真っ白になると「ごめん、アース（地球）」などと言ってしまう。でも正解は正解なので、本来は謝る必要はない。ネプチューンの3人のなかでも知識量を誇る名倉潤がよく言う。似たようなシチュエーションに『Qさま!!』の「プレッシャーSTUDY」における「ごめんなさい、1番！」というコールがある。　**⇒プレッシャーSTUDY**

コラム【こらむ】?

クイズの問題集は、市販される本であっても個人が頒布するものであっても、1000問近く掲載されているクイズの合間に、クイズ番組の裏話や、著者の人となりを知ることができる「コラム」が載っていることが多い。問題集を読む主要な動機はクイズを勉強することだが、クイズプレイヤーにはなぜか「コラム」から先に読む者が多く、場合によっては、クイズの答えは覚えていなくてもコラムの内容だけは覚えている読者までが生み出される。

これを何と読む!?

【これをなんとよむ！？】

『ウルトラクイズ』の「バラマキクイズ」で、問題ではなく「ハズレ」が入っていた場合、司会者である福留功男が嬉しそうに解答者に叫ぶフレーズ。疑問文ではなく反語的表現であり、「読めないだろ？ さあ、もういっぺん走ってこい」のニュアンスが含まれる。3回以上「ハズレ」を持ってきた場合は、このフレーズの前に「ごめん！」が付くことが多い。類義語として、福澤朗の「ハにズレると書いて何と読む？」がある。こちらのほうが、より解答者をおちょくるニュアンスが含まれている。**⇒バラマキクイズ**

コンプライアンス

【こんぷらいあんす】 文

本来の意味は「法令遵守」。ただし現代では、広く社会のモラルを守ることも意味する。日本では1990年代末から特に重視されるようになり、メディアで取り扱われる内容にもそれまで以上に倫理性が求められるようになった。クイズ番組には、問題が出されてそれに答えるという型があり、トーク番組等に比べると炎上を招く事態が起きにくい。また、単なる娯楽に留まらず教養の入り口にもなりうることから、企業としてもスポンサーにつきやすい。このような事情もあり、コンプライアンスの時代においてもクイズ番組はメディアの主要コンテンツのひとつとして生き残っている。

古今東西クイズ関連作列伝

クイズは世の中のあらゆるものが題材になる遊びであり、クイズ自体もまた様々な媒体で扱われる。この『クイズ語辞典』でも多くのクイズ関連作を立項したが、選に漏れたものが多数ある。このコラムでは、本書の見出しで扱わなかったクイズ関連作について、ごく一部ながら紹介していく。みなさんのお好みの作品がみつかれば幸いである。

文・近藤仁美

マンガ

ハイスクール！ 奇面組
(集英社 1982〜1987年)

新沢基栄のギャグ・コメディ。コミックス版15巻「クイズで変態の巻」では、奇面組がまさかのクイズ対決を繰り広げる。対戦相手は、クイズマニアの青海棚（せいかいだな）高校。名前の時点でもう突っ込みどころ満載だが、メガネ率100％の絵面もすごい。

ピンポン☆ブー
(芳文社 2012〜2015年)

クイズ研究会あるあるを知りたいならこれ！ 作者の藤島じゅんは大学のクイズサークル出身で、クイズの問題集の表紙絵を手掛けたこともある人物。扱う世界はディープだが、さくっと読める4コママンガで親しみやすい。

ピンポンラッシュ！
(白泉社 2017〜2018年)

『S・A』『声優かっ！』で知られる南マキの作品。食いしん坊の主人公・青島陽（あおしま ひな）が豪華な学食に惹かれてクイズの名門校に入学、個性的な仲間たちと切磋琢磨していくというストーリー。恋愛要素もあり、学園物としての楽しみも詰まっている。

番外編

年末の風物詩

越後製菓CM

高橋英樹扮する越後侍が、クイズ番組風に「正解は、越後製菓！」と連呼する。早押し機に見立てた鏡餅がどことなくかわいらしい。なお、2022年にはゲーム『ウマ娘 プリティーダービー』がこれを彷彿とさせるCMを発表し、本来コラボではなかったものの相乗効果で盛り上がった。

小説

湯殿山麓呪い村
(KADOKAWA 1980年)

山村正夫の推理小説。主人公の滝連太郎は、クイズ番組で賞金稼ぎをする考古学者。本作は後にシリーズ化され、1984年には永島敏行主演で映画にもなった。発表から30年以上経ったいまでも復刊や新装版が出る人気作である。

風が強く吹いている
(新潮社 2006年)

三浦しをんの青春駅伝ストーリー。作中で箱根駅伝を目指すメンバー・坂口洋平は、大のクイズ番組好き。知識は豊富ながら小心者ゆえに番組に出たことはないという、どこかプレイヤー心をくすぐるキャラクターだ。マンガ・映画・舞台と、メディアミックス多数。

十津川警部 東京―神戸 2時間50分 そして誰もいなくなる
(文藝春秋 2014年)

西村京太郎のヒット作・十津川警部シリーズの1冊。キャッチコピーは「前代未聞のクイズ付きエンタメ小説」。優勝候補が不可解に脱落する賞金付きクイズ大会の調査を通し、息もつかせぬミステリと良質な問題が展開される。

児童書

それいけズッコケ三人組
(ポプラ社 1976年)

言わずと知れた那須正幹の人気シリーズ。第1作では、主要キャラクターのモーちゃんがクイズ番組に出演することになり、その結果で「ズッコケ三人組」という呼び名が初登場する。往年の名トリオの誕生に、まさかクイズが関わっていたとは！

エリートジャック!! ミラクルガールは止まらない!!
(小学館 2014年)

宮沢みゆき著／いわおかめめ原作・イラスト。マンガ原作ながら、ストーリーは小説版の完全オリジナル。第2話「クイズ王に挑め！真の天才決定戦！」では、主人公の超天才少女・相川ユリアと、高校生クイズ王が対決する。果たして激戦を制するのは……？

クイズ研究会チームスリー
(金の星社 2022年)

まはら三桃作、とろっち装画の痛快友情ストーリー。あわて者の冴、あがり症の利斗、マイペースな一歩が、「クイズ研究会チームスリー」を結成して最強ライバルに挑む。作者自身の「クイズは世代を超えて楽しめます」というコメントのとおり、親子で楽しめる1冊。

ザー【ざー】？

クイズ形式のひとつ。勝ち抜けまでが数段階に分かれており、第１段階では１問正解、第２段階では２問正解……というふうに、設定されたノルマをクリアしていく必要がある。ノルマを達成したプレイヤーは、「ザー」と言って次の段階に進む。「ザー」が発動すると、他の参加者の得点は０点になる。この様子を水に流すイメージになぞらえて、この形式の名称になった。なお、この形式では、猛烈に正解を積んで最終段階まで到達し、あと１問正解すれば最後のノルマを達成できる「グランドリーチ」の者が、初めての正解者に「ザー」を発動されてリセットされる瞬間が見物となることがある（「ザー」を受けた側は気の毒だが、もう一度ノルマ達成に向けて奮起をするのだ）。長めの時間があるフリーバッティングなどで、適度なノルマを設定して行われることが多い。**⇒フリーバッティング　⇒リーチ**

さあみんなで考えよう！
【さあみんなでかんがえよう！】

『クイズ世界はＳＨＯＷ ｂｙ ショーバイ!!』で、司会の逸見政孝と渡辺正行がシンキングタイムの前に発した掛け声。第１回放送で、唐突に逸見がこのフレーズを発したときはスタジオが爆笑に包まれた。後に番組全体のキャッチフレーズとなり、「さあ、みんなで考えよう！店長のイッツ・ミー（「それは私」の意味）こと、逸見政孝です」というオープニングがおなじみとなった。**⇒クイズ世界はＳＨＯＷ ｂｙ ショーバイ!!**

最【さい】？

最も〇〇なもの、一番〇〇なもの、を指す接頭語。クイズでは、最大・最小・最多・最年少・最高峰など、頻繁に「最〇〇」なものが取り上げられやすく、特に大きいほうのベクトルである「重厚長大」なものを問う傾向が強い。これは、ある分野や物事について一番のものを知りたいという人間の欲求により、クイズに関わる者が興味を持ちやすいためと思われる。**⇒ギネス世界記録　⇒コラムP162〜163**

最終問題【さいしゅうもんだい】？

クイズ番組やクイズ大会で、その勝負における最後の問題。バラエティ要素が強い場では、最終問題で突然得点が100倍になるなど、茶番の逆転劇が起こることもある。

サイドアウト【さいどあうと】

クイズ大会で使われる用語のひとつ。１対１で対戦するクイズで、一方が誤答をした場合に他方に解答権が移ること。バレーボールのサーブ権の移動を指す用語になぞらえてこう呼ばれる。決勝戦の場合は特に「問題を読み切って相手に解答権が移る」というフレーズが使われる。別名「相手振り」とも。**⇒読み切って相手に解答権**

再放送【さいほうそう】

一般には、テレビやラジオで一度放送した番組を再び放送すること。転じて、近年のクイズシーンでは、一度行った大会や企画を別の場で再度行うことを意味する。多くの場合、東京と大阪など、参加者の地域が全国各地に散っている場合に、多くの人に楽しんでもらいたいという意図で行われる。再放送が予定されている大会では、その問題はもちろん、企画の内容などを他人に伝えることのないよう、プレイヤーとしてのマナーが厳重に求められる。繰り返し公演が行われる「リアル脱出ゲーム」などのイベントでも、謎の内容や答えをネットなどに書かないことが重要で「ネタバレ禁止公演」という言葉もここ10年で流布した感がある。クイズでも謎解きでも、ほとんどの参加者はこのマナーを守っている。

座学【ざがく】

過去問を集めた問題集を読み込むなどして机に向かってクイズの勉強をすること。クイズ大会に出場して経験を積む実践的な訓練に対して、一問一問をストイックに頭に刻み込む、野球の素振りのような精神がそこにある。基本的には問題集などを用いて行われるが、近年ではAnkiやQuizletといったデジタルツールの活用もみられる。

THE QUIZ【ざ・くいず】

2007年に出版された椙本孝思《すぎもとたかし》のサスペンス小説のタイトル。クイズ特番に集められた人々が、勝てば1億円・負ければ死というゲームに挑む。後にマンガ化やドラマ化もされた。

椙本孝思『THE QUIZ』
（アルファポリス）

作問【さくもん】

クイズの問題をつくること。クイズに限らず、受験問題や検定試験の問題を作成することをいうこともある。

差し上げる【さしあげる】

一般的には「与える」の謙譲語だが、クイズの場ではしばしば問題を読むことを意味する。クイズの出題者が自己紹介する際には、往年の『アップダウンクイズ』から現在の『アタック25Next』に至るまで「問題を差し上げます。〇〇です」など、出場者に対して問題を提供させていただくという姿勢を崩さない。あくまでもクイズの出場者が答えることを尊重するという姿勢が表れている動詞であり、奥ゆかしい日本文化が凝縮した言葉ともいえる。⇒問読み

差し込み【さしこみ】

クイズの企画者が特定の参加者に有利な問題を途中で出すこと。不公平さから避けられることもあるが、初心者が集う企画などではあらかじめ各参加者の得意ジャンルを聞いておき、その範囲からの出題を交えることで、参加者全員がなにかしら正解できる状態をつくることもある。また、意図的ではないものの、解答者が重要な局面で得意ジャンルの問題を引いたときに、周りから「差し込みだ!!」などと言われることもあるが、これは半分は解答者の勝負強さを称えるジョークであることが多い。

雑学【ざつがく】？ 文

雑多な知識。主に面白さ優先で集められた、系統立っていない情報のまとまり。早押しクイズでは、問題文の前振りに興味深い事柄を入れたいときなどに利用される他、雑学自体がテーマとなる番組も存在する。主に人の興味を引きやすい通俗的な内容であるために、バラエティ番組では好まれるが、解答者の賢さを見せるタイプのクイズ番組では避けられる傾向にある。⇒アカデミック

雑学王【ざつがくおう】

テレビ朝日で放送されたクイズ番組シリーズの総称。2000年代半ばに爆笑問題の司会で『芸能人雑学王No.1決定戦』という特番で放送された。視聴率20%を超える人気を誇り、2007年以降は同じテイストで『今すぐ使える豆知識 クイズ雑学王』『雑学王』のタイトルでレギュラー放送された。この番組で出題される雑学クイズは、身の回りにありながら、気付きそうで気付かない理由を問うものが多かった（「横断歩道の両端にある白いペイントの縦線が消えた理由」「缶コーヒーのプルタブが左右非対称である理由」など）。一時期は、年越し特番として放送されるテレビ朝日の看板番組にもなった。収録ではMCの太田光の喋りが長く、クイズに入るまでに1時間かかったというエピソードも微笑ましく語り継がれている。⇒解答P185

佐藤二朗【さとうじろう】

劇団ユニット「ちからわざ」を主催する俳優・脚本家。『超逆境クイズバトル!!99人の壁』で「主宰」としてクイズ番組のMCに初挑戦した。MCとして現れるやいなや、突如として「フジテレビ、バカヤロー！」と叫び、100人のコロシアムが盛り上がったことから、この言葉も名フレーズとなった。各ジャンルに特化し、そのジャンルを愛する挑戦者に寄り添う司会ぶりを見せ、99人に囲まれた挑戦者の早押しボタンが点灯すると、ときにはその挑戦者よりも喜ぶシーンも見られた。挑戦者に心優しい進行とは裏腹に、番組ルールを全く理解していないことも多く、総合演出の名前を出して「おい千葉、この場合ってどうするんだっけ？」と本番中にアタフタするのも名物であった。レギュラー第1回目には、佐藤二朗を心より愛する女子高生が、ジャンル「佐藤二朗」で5問中3問目まで勝ち進む大健闘を見せた。

THE突破ファイル

【ざとっぱふぁいる】

2018年から放送されている日本テレビのクイズバラエティ番組。司会は内村光良（ウッチャンナンチャン）。実際に起きた出来事を題材に、驚きの工夫やひらめきでピンチを突破した方法を学んでいく。解答者が答えるのは、その突破方法。正解の場合は司会の内村が「突破！」と宣言し、あまりにひどい解答を出した場合は画面から消されることもある。なお、この番組では出題用の再現ドラマが特に人気で、出演者の芸風を活かした演出や意外な人物の好演が話題となっている。

サドンデス【さどんです】

もともとは「突然死」を意味する英語（sud-den death）。転じて、スポーツやクイズで、先に得点した側が勝者となりその時点でゲームが終わる形式。敗者が突然決まることからこう呼ばれる。クイズ番組や大会、複数の解答者やチームが同点で並んだとき、１問正解で即勝ち抜け、１問誤答で即敗退というルールで行われることが多い。ちなみに、司会者の草野仁は「サドゥンデス」と発音する。

サバイバル【さばいばる】

クイズ大会などで行われるクイズ形式のひとつ。まずは全員に早押し問題を出し、１ポイント正解でクリア、最後までクリアできずに残った１人が脱落。これをワンセットとして数セット繰り返し、規定人数まで生き残った人がラウンド勝ち抜けとなる。８人から３人が通過するなど、中盤のコース別クイズなどで行われることが多い。⇒**アタサバ　⇒コース別**

サルヂエ【さるぢえ】

2004年から07年まで中京テレビで制作され、日本テレビで放送されたクイズバラエティ番組。当時の「IQブーム」のなかで生まれた番組だがこの番組では正統派に近い「なぞなぞ」を題材とした。猿の惑星からやってきた司会者が地球人の脳の柔軟性を試すためにクイズを出すという設定で、なぞなぞ・アナグラム・暗号など、頭の回転や柔らかさを問う問題が扱われた。最後のひとりに残った人がひらめいた瞬間に司会が「タイムアーップ！」というのが恒例だった。

山号【さんごう】

寺院が冠する称号のひとつ。比叡山延暦寺の場合は「比叡山」、音羽山清水寺の場合は「音羽山」が山号にあたる。もともと寺の多くは山にあり、その山の名をとって呼ばれたことによるという。クイズでは「山号を〇〇〇という△△宗のお寺で～」といった出題がなされることが多く、有名な寺院の山号をまとめて覚えるプレイヤーもいる。

三枝の国盗りゲーム
【さんしのくにとりげーむ】

1977年から86年までテレビ朝日系で放送された視聴者参加型のクイズ・ゲーム番組。司会は桂三枝（現・文枝）が務めた。47枚のパネルで構成される日本地図があり、４人の解答者がパネル（都道府県）を獲り合う、国盗り合戦を模したルール。前半戦はオーソドックスな早押しクイズで、正解すると２つの都道府県を獲得できる。後半戦は「坊主めくり」のコーナーがあり、番組を盛り上げた。パネルが残り８枚になると、４人の解答者は順に１枚ずつ指名し、「坊主」が出ると獲得した領地がすべて没収され、その後「姫」の絵を引いた者がそれらの領地を総取りできるという「運」や「勘」が試されるゲームであった。「坊主」を悪者として扱ったことから、番組開始当初は僧侶から苦情が来たこともあったが、穏便に事は済んだという。

三択クイズ【さんたくくいず】

択一クイズの形式のひとつ。３つの選択肢の中から正解の１つを選ぶ。同じ三択クイズでも様々な傾向があり、大きく分けて「知識量」を試すものと「カン」を試すものがある。前者の場合は大量の三択クイズをペーパークイズ方式で解くことが多く、クイズ番組やクイズ大会の予選などで行われてきた。特に有名な例は『アメリカ横断ウルトラクイズ』のグアム行きの飛行機内で実施された「400問三択ペーパークイズ」であろう。後者の場合は、たとえば首から下をマントで隠した３人の女性が実際に登場し「このうち、本物の女性ボディビル世界一は誰？」という「ホンモノは誰だ？」的な方式で行わたり、「次のうち実際にあったエピソードはどれ？」といった出し方でウソに紛れた正解を見破る形式で出題された。後者の有名な例は『クイズダービー』で出題された三択の問題であろう。**⇒二択クイズ　⇒四択クイズ　⇒三択の女王**

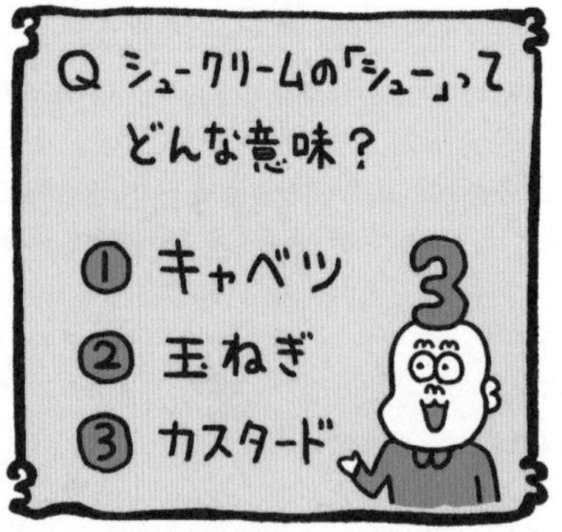

⇒イラスト解答P185

三択の女王【さんたくのじょおう】

『クイズダービー』で、長らく４枠の解答者として活躍した女優・竹下景子のニックネーム。番組内で出題される三択問題の正解率が高かったことから、そう呼ばれた。三択問題になると、得点を賭ける側の出場者も「三択の女王、竹下景子さんに5000点！」といった強気な賭け方がよく見られた。同番組で「宇宙人」と呼ばれるほどの高い正解率を誇ったはらたいらも、巧妙な三択問題については外してしまうことも多かった。**⇒クイズダービー**

さんまのSUPERからくりTV
【さんまのすーぱーからくりてれび】

1992年から2014年までTBS系で放送されたバラエティ・クイズ番組。明石家さんまの冠番組で、様々なコーナーがあったが、なかでも80歳以上の高齢者が参加するコーナー「ご長寿早押しクイズ」が名物だった。３人のお年寄りにクイズを出し、見ている者には予想もつかない珍解答で楽しませてくれたが、ときには人生観を考えさせる深い解答も見られた。特に面白い解答を出したご長寿の解答者は「名人」と称された。なおこの番組のスタジオ全体もクイズ番組となっており、浅田美代子や長嶋一茂らが天然の解答をして会場の笑いが起きた場合には、さんまの裁量によって「おしい」「ナイスボケ」などの人形が置かれた。

地頭【じあたま】?

本来「クイズ」と「頭の良さ」は別物であるが、その人の本当の頭の良さを指して使われることの多い言葉。クイズに強い人が地頭が良いとは限らないが、地頭の良い人はクイズに強くなる傾向がある。なお、2018年から数年間、『高校性クイズ』は「地頭力（じあたまりょく）」をテーマにしていた。日本史用語の「地頭（じとう）」と同じ漢字を書くがまったくの別物であり、これを読み間違える人はそもそも地頭がそんなに良くない。

CIE【しーあいいー】文

第二次世界大戦後、日本の民主化を進めたGHQの内部組織。 正式名称は「Civil Information and Educational Section」で、日本語では「民間情報教育局」と訳された。日本に「クイズ番組」を持ち込んだことで知られる。日本の民主化にクイズが使われたのは、家族皆で考えられ、子どもが大人より先に正解することもあるといったクイズの性質が、戦前の家父長制度を崩すのにうってつけだったためともいわれる。

シード【しーど】?

前回優勝者や成績上位者たちが、その次の回で最初の数ラウンドをパスして、途中から参加できる制度のこと。また、トーナメント戦では強い人同士が1回戦で当たらないように組み分けをすること。クイズ大会では、主に予選のペーパーテストで上位だった参加者が、その後の数ラウンドを飛ばして先のラウンドに進めることがある。ただし、早押しクイズでは、シード選手は最初に参加するクイズのラウンドでは指が温まっていないことがあり、前のラウンドから地道に勝ち進んできた参加者との対決では「勢い」の意味で不利になる場合も往々にしてある。**⇒思い出シード**

ジェスチャー【じぇすちゃー】?

声を出さず、身振り手振りでお題を表現し、その内容を当てさせるクイズ。日本のテレビ草創期には、映像で情報伝達ができるようになったことを活かして、1953年から68年にNHKで『ジェスチャー』というクイズ番組が放送された。この番組は人気を博し、なかでも、いったんジェスチャーを区切って別の話題に移るときなどに使われる「置いといて」という動作が一世を風靡した。あの、箱を移動させるように両手を横に動かすポーズである。ジェスチャーのお題は、短い単語をスピーディに答えさせるものから、長い文章を答えさせるものまで様々であるが、「置いといて」が使われるのは後者のパターンである。

Jeopardy!【じぇぱでぃ!】

1964年に放送を開始したアメリカのクイズ番組。3人の解答者が早押し形式で対戦する。この番組のクイズ問題は、日本で一般的な疑問文形式ではなく、事実を提示するかたちで用意されている。反対に、解答者は疑問文形式で答えなければならない。たとえば、「それは世界で一番面積が大きい海です」という出題に対して、解答者は「太平洋とはどんな海でしょう?」と答えれば正解となる。ちなみに、2011年にはIBMのスーパーコンピューター「Watson(ワトソン)」がこの番組で勝利し、機械が人間のクイズ王に勝った! と話題になった。⇒Watson

司会【しかい】

進行を司る人、またその役割。「MC」とも呼ばれる。クイズ大会では、場を盛り上げつつも主役である解答者の邪魔にならないことが求められ、クイズ番組では、解答者のキャラクターを引き出したり、司会の裁量で得点が変動したりと、盛り上がりとバランスを保ちながら番組を引っ張っていく役割が求められる傾向にある。

時事問題【じじもんだい】

最近数ケ月の間に起こったニュースや話題を取り上げる問題。学校の勉強では地歴公民の教科などで、直近の経済ネタや国際ネタを押さえることで対応できるが、クイズでは社会だけではなく芸能やスポーツなどを含め、より幅広い内容が扱われる。大きなスポーツの大会や、お笑い・芸能の賞レースの結果にまつわるものはクイズに頻出する。日々刻々と変化していくものが対象となるため、プレイヤーのなかには時事問題をハナから諦め、比較的答えが変わりにくい分野で点数を取ろうとする人もいる。
⇒年末年始

史上最強のクイズ王決定戦
【しじょうさいきょうの くいずおうけっていせん】

1989年から95年にかけて、TBSで放送されたクイズ特番。第7回までは『ギミア・ぶれいく』の枠内で、第8回からは『THEプレゼンター』という特番枠で放送された。格式の高いクイズ日本一決定戦を謳っており、出題されるクイズも古くから出題されているオーソドックスな問題が多くを占めた。視聴者の目を惹きつけたのは、特に決勝戦のカプセルクイズと、クイズ王のキャラクターであろう。カプセルクイズは、2人の挑戦者がそれぞれカプセルの中に入り、超難問を答える形式であり、視聴者は問題の意味すらも分からないまま次々と答えを出していくクイズ王の姿に度肝を抜かれたものだった。余談だが、このカプセルクイズは、1978に放送されたクイズ王決定戦の元祖といえる『輝け!クイズ日本一』(日本テレビ)の決勝をリバイバルさせた形式である。レギュラー回では、初代チャンピオンに水津康夫が輝き、読書によって培われた博識さが番組の格を高めた。第2代チャンピオンは西村顕治で、水津とは対照的に、迫力ある早押しの技術とガタイの大きさで視聴者に鮮烈な印象を残した。「アマゾン川で」の問題文だけで「ポロロッカ!」を正解したシーンは、クイズ王を象徴的に物語るエピソードとしていまも語り継がれる。ストロングスタイルな形式ゆえ、第1回から第9回までの優勝者は水津・西村・水津・水津・西村・西村・西村・西村・水津と固定的であった。10回目に当たるグランドチャンピオン大会では新星の小林聖司が優勝したが、その後、90年代後半に入るといわゆる「クイズ王ブーム」は終焉を迎えてしまった。この番組は、現在まで続くクイズ王特番や競技クイズのフォーマットを確立したものともいえ、また本番組で使われた早押しクイズ向けの文体は、クイズプレイヤーが鎬を削る競技クイズの文体にいまなお受け継がれている。⇒**大橋巨泉VSクイズ王　⇒ポロロッカ**

私情最大アメリカ横断ウルトラクイズ

【しじょうさいだいあめりかおうだん うるとらくいず】 文

スポーツライフ社から刊行された、福留功男の単行本のタイトル。『史上最大！アメリカ横断ウルトラクイズ』の第7回（1983年）の旅をベースに、海外リポーターを務める福留がどんな気持ちで番組と向き合っていたのか、番組で何を伝えたかったのか、参加者とどのように接していたのかなどの舞台裏を、福留の「私情」を交えながらエッセイ風に綴った本。カナディアン・サンセットで旅のすべてが燃え尽きていくシーンは圧巻。この本を読めば、ウルトラクイズがただのクイズ番組ではなかったことが様々なエピソードから読み解ける。ちなみに第2部は「テレビ・エッセイ論」になっており、著者の考える当時のメディア論が窺い知れる。

地蔵 【じぞう】 ?

クイズで1問も正解できないまま終わること。解答権を取ることもなければ正解を積むこともない様子を、道端にある地蔵がずっと動かずにいる様にたとえた言葉。昭和の時代には「やきとり」といわれた。

視聴者参加型

【しちょうしゃさんかがた】

クイズ番組の形態のひとつ。ラジオ、テレビ、インターネットなど媒体は多岐にわたる。かつては官製ハガキに「住所・氏名・年齢・職業・電話番号を書いてこちらの宛先まで」というフレーズが応募要項の呪文のように唱えられていた。ネットやSNSの普及につれて、出演する側のリスクが増えてきた側面も否めない。ただ、いつも見ているあのセットで、自分がまさに戦っている！ という高揚感もまた視聴者参加型クイズ番組の醍醐味のひとつであることは間違いない。

視聴者目線

【しちょうしゃめせん】

クイズを制作する際に、クイズ作家や演出スタッフが大事にする目線のひとつ。「番組内で活躍する人たちの凄さを見せる」「問題を視聴者に一緒に解いてもらう」という二律背反的な命題に応えるため、日夜、スタッフたちはアイデアを凝らしている。近年読み上げ式のクイズが減り、ビジュアル要素を高めたクイズが増えているのも、視聴者の世代の移り変わりとその目線に応え続けた結果のひとつであるといえる。

市町村合併

【しちょうそんがっぺい】 ?

日本で明治時代から何度か行われてきた地方公共団体の区画を変更する改革。クイズに一番大きな影響を与えたのは、1999年以降の「平成の大合併」であろう。これにより、市町村の数が3232から1821に減少し、「日本で最も面積の大きい市は?」の正解が従来の「いわき市（福島県）」から「高山市（岐阜県）」に変更になったり、「日本にある2つの『せんだい市』は宮城県と何県にある?」が成立しなくなったり（従来の正解は「鹿児島県（川内市があった）」）、かつての定番問題の内容変更や消滅が余儀なくされた。**⇒省庁再編　⇒ソ連崩壊**

実況【じっきょう】

実際に試合が行われている状況、またこれを伝える役割の人。クイズでは、主に得点状況や勝負の見どころを、周りの者に分かりやすく伝える役どころのことをいう。『ウルトラクイズ』などでも挑戦者の様子を実況するシーンがあったが、本格的なクイズ実況という職務を務めたのは『Qさま!!』での清水俊輔アナ（テレビ朝日）が最初だと思われる。近年はabcなど規模の大きいクイズ大会で実況係が置かれることもある。**⇒清水俊輔**

実際にやってみようクイズ

【じっさいにやってみようくいず】

クイズの出題パターンのひとつ。指定された内容を解答者が実際にやってみることで正解となるクイズ。たとえば、有名な銅像のポーズやスポーツの技、アニメ・特撮キャラクターの決めポーズなど。基本的にバラエティ色の強い場で行われ、解答者にとっては小っ恥ずかしさを犠牲にして正解を獲りに行く胆力が必要となるが、観戦者にとっては真面目な場が突然お笑いになる面白さや、正確な再現が意外と難しいポーズに沸く機会となる。なお、出題者のなかには「焼きそばパンを買ってきてください」などと言って解答者をコンビニに走らせ、自分の腹を満たす猛者もいる（買ってきた人には1点入る）。

次点【じてん】 ?

クイズ大会の予選ペーパークイズで、勝ち抜けのボーダーラインに一歩届かず、勝ち抜け最下位の次の順位だった人。紙一重で本選を逃すだけあって、大変悔しい。ペーパークイズが同点の場合、近似値クイズの差で決まることも多い。なお、大会によってはあえて次点を発表することがある。ほんの少しの差で勝負の明暗が分かれた厳しさと、あと一歩だった人の健闘を称える役割を同時に担う演出である。**⇒近似値クイズ**

篠沢教授に全部

【しのざわきょうじゅにぜんぶ】

『クイズダービー』のフレーズのひとつ。最終問題における篠沢秀夫教授の倍率（オッズ）は「16倍」～「20倍」であることが多かったため、掛け金が少なくなった挑戦者が一発逆転を期待して行う玉砕戦法として機能した。教授は多くの場合不正解であるため、挑戦者の金額パネルが空しく「パタパタパタ……」と0点に戻るシーンが見られたが、教授が奇跡の正解を成し遂げた場合は「10万点」を超える挑戦者もあり、司会の大橋巨泉も興奮しながら番組のエンディングを迎えたものだった。**⇒はらたいらさんに全部**

清水俊輔 【しみずしゅんすけ】

テレビ朝日のアナウンサー。オリンピックやWBCなど同局のスポーツ中継を担当する他、『クイズプレゼンバラエティーQさま!!』では進行を務め、チーム戦「プレッシャーSTUDY」以降、熱のこもった「クイズ実況」という新たな分野を開拓した。番組全体のルールや進行は清水アナにほぼ任されている。「学力王」では1問で多数の誤答が発生した場合など、階段の昇り降りに関して複雑な場面が多々あるが、その際の交通整理は見事。まさしく番組の「縁の下の力持ち」的な存在。清水本人は「さまぁ～ずさん、優香さん、高山さんにとにかく楽しく気持ちよく番組に臨んでもらうため」と謙虚な姿勢を見せる。

シミュレーション

【しみゅれーしょん】

クイズ番組の制作で、本番で使用する可能性がある形式や問題を、事前に人を集めてやってみる作業のこと。主にリハーサル室などを借り切り、若手芸人や事務所所属のアルバイトなどを呼んで、実際に形式が成立しているかどうか、問題の方向性や難易度は適切かなどを確認する目的でクイズ大会のような実験が行われる。「ウラ取り」と並んで、テレビクイズの「二大時間がかかる作業」といっても過言ではない。シミュレーションを繰り返し、ちょうどよい難易度や展開のスピードを掴み、面白い形式を追求していくことで、新たな番組の魅力が生まれる。そういえば、昔はよく「シュミレーション」という誤植を見かけたが、最近はあまり見かけなくなった。

締め切り 【しめきり】

あらゆる分野の作家を追い立てるもの。クイズ作家も例外ではなく、日々これを気にしながら生きている。午前4時半に発注・同日午前7時に提出、といった無茶なスケジュールを提示されたのが（筆者の）最高記録。ちなみに、そのメールを読んだのは午前9時であった。気力・体力の充実と、無理なときには断る勇気が必要。

ジャジャン！【じゃじゃん！】？

クイズ関係者が一般の人に「なにか問題出して！」と言われたとき、出題前にほぼ必ず入れられる合いの手。クイズ番組の出題SE（サウンドエフェクト）を意識したものと思われる。誰かが「ジャジャン！」と言うとその場のほぼ全員がクイズに答える態勢になってしまうため、無理矢理にでもクイズを捻り出さなければならない状況に追い込まれる。なお、「1問だけお願い！」と言われて始まったはずなのに、その場の誰かが満足するまで終わらないことも多々ある。

ジャストミート【じゃすとみーと】

元日本テレビのアナウンサー、福澤朗が生んだ名フレーズ。『プロレスニュース』(日本テレビ）を担当した福澤が、視聴者に分かりやすくプロレスを伝えるため、技が炸裂したときに叫んだことから生まれた。この言葉は福澤自身のニックネームにもなり、福留功男の後を継いだ『第15回アメリカ横断ウルトラクイズ』以降は「ニューヨークへジャストミート！」が合言葉となった。同年、東京ドームでの福澤の登場シーンでは「ニューヨークへ、ジャストミーーーーーーーーー（以下略)」と一息で叫びながら、相当の距離を走り中央のステージに登場する離れ業を見せた。だがこれは、福留の突然の引退宣言で東京ドームのほとんどの挑戦者が落胆しているなか「最大級のアウェー」状態で登場しなければならない場面であり、本人曰く「願わくば、あの『ジャストミーーー（以下略)」の一息の間に、失神したかったんです」とのこと。また、登場前は「この場から離れられるのであれば、何億でも積みます」とも思ったという。このエピソードからも、『ウルトラクイズ』を引っ張っていく海外リポーターとしての重責、福留のカリスマ性が当時どれほどのものだったのかが窺い知れる。**⇒ニューヨークへ行きたいかー！　⇒ファイアー**

ジャンピングチャンス【じゃんぴんぐちゃんす】

『なるほど！ザ・ワールド』の番組後半にある、1問正解すれば解答席を2段上がれる逆転コーナーの名称。また、ダウンタウンのかつての漫才「クイズネタ」のなかで、松本人志が突如として叫ぶフレーズでもあった。松本「ジャンピングチャーンス！次の問題に正解しますと、あなた（浜田）は明日からフィリピン人になれます」「なりたないわ！」というシュールなボケを初めて聞いたときは衝撃が走ったものだった。

ジャンル【じゃんる】？

クイズで出題される分野を表すフランス語。往年の『クイズグランプリ』によって「芸能・音楽」「文学・歴史」「科学」など5ジャンル制が確立した。出題者やクイズ作家によってジャンルの分類法は異なるが、総合的な知識を求めるクイズ大会の場合は、どのジャンルもバランスよく採用して出題することが求められる。一方で、特定のジャンルのクイズだけを出す「ジャンル限定大会」も存在し、好きな分野のクイズに思いきり取り組むことができる。⇒青問　⇒緑問

羞恥心【しゅうちしん】

『クイズ！ヘキサゴンⅡ』から生まれた男性3人組のユニット。つるの剛士、野久保直樹、上地雄輔が組んだ。番組内の難読漢字を読ませるクイズコーナーで、タレントの上地雄輔が「羞恥心」の漢字を「さじしん」と読み、それに呆れた司会者が命名したのが由来。2008年にリリースした同名のシングルCDはオリコンデイリーチャート1位、年間ランキング（アーティスト別）でも1位を獲得し、社会現象と評されるほどの人気となった。『現代用語の基礎知識2009』にも「おバカキャラ」として項目が掲載された。ちなみに当時『ヘキサゴンⅡ』に続いて20時からオンエアされていたバラエティ番組『はねるのトびら』では「悲愴感」というパロディユニットまで誕生（ロバート山本・アンガールズ田中・ドランクドラゴン鈴木の3人からなる）。こちらのシングルCDもオリコン5位を記録した。⇒Pabo ⇒アラジン ⇒ヘキサゴン

自由の女神【じゆうのめがみ】

アメリカのニューヨークにある銅像。日本ではクイズの象徴的な存在のひとつ。『アメリカ横断ウルトラクイズ』ではニューヨークが決勝地に設定され、番組を象徴する存在となった。第4回（1980年）からは後楽園球場の第1問目の○×クイズが「自由の女神」にちなむことが恒例となり、1問目を突破したい参加者の間では徐々に女神に関するデータが共有され、最終的にはほぼ調べ尽くされたのでは？という状態にまでなった。『ウルトラクイズ』終了後も、『高校生クイズ』決勝戦で自由の女神を臨む船上が舞台になったり、「女神の作者」「手に持っているもの」「足で踏んでいるもの」などがクイズの題材になったりと、日本のクイズは、自由の女神となにかと縁の深い関係にある。
⇒解答P185

宿題【しゅくだい】

家で取り組むよう学校から与えられる課題。そこから派生して、クイズ番組の制作現場で、次の会議までに作成してくるように求められるクイズの案。クイズ会議が長引いた場合「では、この件については来週までの宿題にしましょう」などと言われ、作家は家での作業が増えることになる。業界外の人に「今日何してた？」と聞かれ、うっかり「宿題やってた」と答えると、「大人なのに？」と半笑いされる。

10回クイズ【じゅっかいくいず】？

ある言葉を10回言わせてからクイズを出題し、不正解を誘う遊び。模範的なやりとりはA「ピザって10回言って？」、B「ピザ、ピザ、ピザ……」、A「（自分のヒジを指さして）ここは？」、B「ヒザ！」、A「残念、ヒジでした」、B「やられたー」。当時の小学生たちはこの有名問題をうかつに出題すると、答えを知っている相手が「ピザ、ピザ、ピザ……ヒジ！！」と途中で急に正解を言ったりするため、悔しい思いをしたものだった。「ミリンって10回言って？」からの「鼻の長い動物は？」で「（キリンではなく）ゾウ」という10回クイズも定番だが、ひねくれたヤツに出題すると「天狗」とか「アリクイ」とか適当に答えられてその場が終わる。もともと1987年に『鴻上尚史のオールナイトニッポン』で生まれ、番組公式のクイズ本が発売されると大ベストセラー化。書店には類書がこれでもかと発売されていた。

出典【しゅってん】？

情報の典拠となる文献。クイズでは、特に問題内容の根拠となる資料をこう呼ぶ。近年、情報の正確さへの関心が高まり、クイズプレイヤー間で行われる大会でも問題提出時に出典を書くことが求められるようになってきた。また、クイズ番組においては、不測の解答が出た場合や挑戦者から物言いがついたときなどに備え、出典をまとめた分厚い紙資料が用意されるのが通例である。なお、愛好者同士が行うクイズ大会では、問題は出したいが出典にこだわりたいわけではない（正直めんどくさい）ため、出典欄がWikipediaやコトバンクで埋め尽くされることがよくある。コトバンクはともかく、Wikipediaは出典には適さない。

⇒Wikipedia　⇒ウラ取り

首里の馬【しゅりのうま】文

2020年に出版された高山羽根子の小説。主人公は、遠い土地の人に向けてオンラインでクイズを出題する「問読者（トイヨミ）」。クイズが扱われる作品であることから、本作が第163回芥川賞を受賞したときにはクイズプレイヤーの間で話題となった。**⇒問読み**

高山羽根子『首里の馬』（新潮社）

旬【しゅん】？

食べ物がよく取れて味のよい時期。転じて、クイズ問題を出すのにふさわしい時期。そのとき話題のトピックはもちろん、オリンピック前にはオリンピック関連の問題、12月にはクリスマス・お正月関連の問題というふうに、季節感や時事性を感じられる素材が選ばれる。一部の番組では「イマ感」とも呼ばれ、これがあるかないかで問題の採用率が大きく変わる。

賞金【しょうきん】文

クイズ番組で、得点や成績に応じて獲得できるお金のこと。視聴者参加型クイズ番組では、かつて優勝賞金の上限を100万円としていたが、1996年に規制が緩和され1000万円に引き上げられた。早速『決戦！クイズの帝王』（テレビ東京）では10週勝ち抜くと1000万円のルールが適用されたが、後に日本民間放送連盟は自主規制として上限を200万円とした。最高賞金1000万円が話題となった『クイズ＄ミリオネア』に「テレフォン要員」として4人を置いていたことや、同じく『タイムショック21』が5人編成のチーム戦だったことは、5等分すると1人あたりの最高賞金が200万円になるという計算に基づくルールであったと考えられている。**⇒公正取引委員会**

省庁再編【しょうちょうさいへん】？

2001年に実施された政治機構の再編。この年、1府22省庁が1府12省庁になり、かつての「総理府」が「内閣府」に、「大蔵省」が「財務省」に、「文部省」が「文部科学省」に名称が変更されるなどした。これはクイズの世界にも多大な影響を及ぼした。たとえば「日本の地図などの測量を行う『国土地理院』は何省の管轄？（正解：建設省）」というちょうどいい問題の正解が「国土交通省」に変わったため、問題と正解の両方に「国土」が入っていることから出題の必然性がなくなり、定番問題としては消滅。しかし、「漢字5文字で書ける省の名前5つ」を答える多答クイズや、「1885年の内閣制度から一度も名前が変わっていない唯一の省＝外務省」など新たな切り口の問題も誕生した。**⇒市町村合併**

情報センター出版局
【じょうほうせんたーしゅっぱんきょく】文

1990年代初頭の空前の「クイズ王ブーム」のころ、各番組で優勝したクイズ王たちは、この出版社から完成度の高いクイズ本や問題集を出版した。草分けとなったのは第13回ウルトラクイズ優勝者・長戸勇人による『クイズは創造力＜理論篇＞』であり、続編の『同＜問題集篇＞』『同＜応用篇＞』とともにクイズ本として異例のベストセラーを記録した。後にFNSクイズ王の永田喜彰、TBSクイズ王の水津康夫、ウルトラクイズ王の能勢一幸、立命館大学クイズ研究会（RUQS）による『クイズ全書』シリーズが続々と出版され、当時全国のクイズ王予備軍たちは日々書店を巡って新刊を探し回った。現在「クイズベタ」とされる問題は、この出版社が出した問題集が礎となっているものが多い。ちなみに、椎名誠の作家デビュー作『さらば国分寺書店のオババ』も同出版局から出されたベストセラーである。**⇒クイズは創造力**

諸説あり【しょせつあり】

雑学やうんちく、クイズの補足情報などで、出典がひとつに定まらないときにテロップ表示されるフレーズ。多くの場合、先頭に「※」がつく。慎重を期す番組づくりで重宝されるフレーズであるが、むやみに多用するとSNSなどで指摘されてしまう。同義語とまではいかないが、類義語に「※この後、スタッフが美味しくいただきました」があり、こちらは昨今見かけることは少なくなった。

初日【しょにち】？

早押しクイズで、ある解答者がそのラウンドで初めて正解を出すこと。「ようやく初日が出ました」といった使い方をし、しばしばMCが「この調子で気持ちを楽にして頑張ってください」などと続ける。相撲用語に由来。

ショートケーキの日

【しょーとけーきのひ】

日本の記念日のひとつ。「毎月22日は『ショートケーキの日』という記念日になっていますが、その理由は何でしょう？」という良問で有名。ヒントとして「カレンダーを思い出してください」「ショートケーキの特徴といえば？」など段階的に情報が出しやすいことも良問たるゆえんである。ただし、いまやショートケーキの日は有名になりすぎて、安易にこのクイズを出すと即答され、あまつさえ「こんなの知ってるよ！」と怒られるリスクもあるため、併せて「じゃあ、ドレッシングの日が8月24日なのはなぜでしょう？」というネタも仕込んでおくとよい。⇒解答P185

地雷【じらい】

クイズプレイヤーが使う符丁のひとつ。早押しクイズにおける悪質な「ひっかけ問題」に近く、誤答を避けるのが非常に難しい問題のこと。易しい問題群のなかに突出して難しい問題が挿入されたり、パラレル問題で普通ならありえない方向に分岐したりする問題などがこれにあたる。出題者と解答者との関係性によっては笑いに昇華できる場合もあるが、基本的には歓迎されず遺恨が残ることが多い。よほどの出題意図と伏線回収がない限り、地雷問題の出題は避けた方が無難である。⇒パラレル

シルエットクイズ

【しるえっとくいず】

クイズの出題形式のひとつ。ある物や人物を影絵で表現し、それが何であるかをあてる形式。『アップダウンクイズ』では週替わりのゲストをシルエットとヒントから早押しで当てる、番組中盤の目玉コーナーのひとつだった。「シルエット」は、フランスの財務大臣エティエンヌ・ド・シルエットの名に由来する。かつては影絵で表した肖像画が最も安上がりであったため、国の財政難で倹約を求めていた彼の名で呼ばれるようになった。

審議【しんぎ】

クイズの答えや判定に疑義があるとき、一旦勝負の流れを止めるなどして判断すること。かつては「出題者は神」という原則で、企画者によって即座の判定が下されることもあったが、インターネットの普及後は携帯やパソコンを使ってより多くの情報から判断できるようになった。いずれにせよ、正解が曖昧にならない正確なクイズをつくりたいものだ。⇒QAR　⇒判定基準

シンキングタイム

【しんきんぐたいむ】

クイズの答えを考えるために与えられる時間。クイズ番組では原則として5秒。近年の競技クイズの場では事前に「○秒」なのか「○カウント」なのかを、はっきりルールで告げることが多い。これは早押しクイズにおいては、答えが思い浮かんでいなくてもボタンを押し、シンキングタイムのわずかな時間を使って正解を導き出すテクニックが重要であるためである。これによりシンキングタイムがどれほどの時間幅であるかが大きな意味を持つようになった。⇒カウント

シングルチャンス

【しんぐるちゃんす】 ?

早押しクイズの解答ルールのひとつ。早押しで2番目に押した人にも解答のチャンスがあることを「ダブルチャンス」というが、それが定番形式となった結果「最初に押した1人にしか解答権がない」という当初のルールのことを「シングルチャンス」と呼ぶようになった。いわゆるレトロニム（携帯電話に対する「固定電話」、モンゴル人力士に対する「日本人力士」のような言葉）の一種。**⇒ダブルチャンス**

人工芝【じんこうしば】

後楽園球場や東京ドームのグラウンドに敷かれている、天然ではない芝生。当初の『アメリカ横断ウルトラクイズ』ではグラウンドからスタートしていたが、参加人数が増えるにつれて、1問目の○×クイズは「三塁側」「一塁側」のスタンドに分かれる形式になった。間違えた方のスタンド席は即座に敗者席となるため、一度もグラウンドに降りられずに帰宅することになる。そのため、クイズの内容よりも「人工芝を踏みたい」という願望が生まれ、「人工芝を踏む」ということが同番組のステータスとして機能した。

慎重かつ大胆に

【しんちょうかつだいたんに】

『アタック25』の初代司会者・児玉清の番組内の名フレーズのひとつ。児玉は、解答者に対して多少自信のない問題でも果敢にアタックすることを推奨したが、特に「アタックチャンス」前の数問については、間違えると数問休みとなることから「慎重かつ大胆に」という言葉で4人の解答者を温かく励ました。

す

Zoom【ずーむ】 文

ZoomビデオコミュニケーションズによるWeb会議サービス。2020年代初頭に新型コロナウイルス感染症が流行した際、オンラインでクイズを行う方法として急速に使用されるようになった。チャット欄に書き込みを入れると誰が一番早かったかが分かることから、早押しクイズの手段としても使用できる。また、通信環境のせいでチャット早押しが不利になる人もいたこと、ビデオ通話の強みが活かせる形式であったことから、Zoomを使ったボードクイズも流行した。いずれにしても、会議用サービスがこのような使われ方をするとは、開発陣は思ってもみなかったことだろう。なお、オンラインでクイズを行う方法としては、コミュニケーションツールSkype、チャットアプリDiscord、オンラインクイズツールQoxを使ったものもある。

ズームアウト問題

【ずーむあうともんだい】 ?

映像クイズの出題形式のひとつ。クイズ番組『Qさま!!』学力王の早押しクイズでは勝負どころで出題されることが多い。ある静止画の一部分にカメラが寄った状態からスタートし、徐々にカメラが引いていく過程を映像で見せ、何の写真なのか、または矢印の先にいる人物が誰なのかを早押しで競わせる。途中に正解を一気に絞り込むポイントやヒントが盛り込まれているため、ある意味「押しのポイント」のセンスが如実に表れるクイズ形式であるともいえるだろう。

スタジオ【すたじお】

クイズ番組の収録が行われる場所。視聴者参加クイズ番組の場合や、タレントになって初めて解答者として参加する場合、「テレビで見たセットと同じだ！」と感動する人も。テレビ局以外にも、一般に「砧スタジオ」と呼ばれるTMC（東京メディアシティ）や「生田スタジオ」など、人気番組が収録されているスタジオは数多い。

スタジオサブ【すたじおさぶ】

主にスタジオの2階にあるスタッフ用のスペースのこと。収録が行われるフロア全体に指示を出す「総合演出」や「チーフディレクター」などのスタッフが座る中央の座席のことを特に「卓（たく）」と呼ぶ。スタジオの全テレビカメラが撮っているシーンを映す複数のモニター画面や、音声を流す機材、クイズ番組の場合は正誤判定のマシンが置かれることもある。リハーサルと本番の合間には、各所スタッフが大急ぎでお弁当（ロケ弁）を食べる風景もおなじみ。

スッキリ【すっきり】

『IQサプリ』の番組内で使用されたフレーズ。頭の柔らかさを問う問題に対して、特に納得感や爽快感があった場合に使われた。反対語は「モヤッと」。一般のクイズ番組における「正解」と同じ位置づけの言葉で早押し問題などで正解すると「スッキリ！」というSEとともに、解答席から「スッキリ」と書かれたヒマワリ（スッキリフラワー）が飛び出した。「IQ最強決定戦」などの個人戦では、「現在の1位は、5スッキリの今田耕司さん」など、正解ポイントを表す単位としても使われた。**⇒モヤッと**

捨て問【すてもん】

難問すぎる・苦手分野すぎるなどの事情で、記憶したり答えようとしたりする優先順位が低い問題のこと。よく受験で試験問題に取り組む際に使われる言葉だが、クイズの場でも使われ、正解可能な問題に時間を割くことで効率的に点数を取っていこうという考えから設定される。

ストップ・ザ・ミュージック
【すとっぷ・ざ・みゅーじっく】

1951年から58年まで放送された、中部日本放送（CBC）のラジオクイズ番組。CBCは民間で初のラジオ放送を行った局で、『ストップ・ザ・ミュージック』はその初日のお昼から放送された。お題となる音楽のレコードが逆再生や早回しで流れ、曲名が分かったら「ストップ！」と発言して解答権を得るという、一種の早押し形式の音楽クイズ番組だった。日本の民放クイズ番組の第1号、視聴者参加型クイズ番組の第1号といえる。ちなみに、この番組の下敷となったのはアメリカの番組『Stop the Music』であった。

頭脳王【ずのうおう】

日本テレビ系で放送された特番。2011年に第1回が放送された。この番組独特の形式・ジャンルの出題が多く、制作スタッフでは「頭脳王の問題はクイズの枠に収まらないもの」という認識が共有されていたため、あえて「クイズ番組」とは名乗らなかった。正式タイトルは『最強の頭脳 日本一決定戦！頭脳王』。人気を博した『高校生クイズ』の「知の甲子園」路線を思いおこさせるが、学校や年齢の枠を取っ払って日本一を決めた。視聴率を取る目的の他、集結した8人が凄い人たちであることを印象づけるために、解答者の名前よりも「東大医学部の天才」や「数学オリンピック金メダリスト」などの二つ名が強調される演出がなされた。優勝賞金は100万円。後の『東大王』(TBS) は、この番組のアイデアや出題を受け継ぎ、東京大学というエッセンスを足したコンセプトで始まったと思われる。

頭脳指数【ずのうしすう】

日本テレビ系のクイズ・ゲーム番組『マジカル頭脳パワー!!』で使われた指数。問題を通して頭を使っている印象を持たせることに一役買った。当初は「発想力」「ユーモアセンス」「知識」「計算力」の4つの項目で独自に算出していた。時期によって用法に違いがあるが、一般的には問題の難易度を表す数値で、番組側が用意した模範解答どおりに答えられると、その問題の頭脳指数がそのまま得点として与えられた。頭脳指数が1000点を突破すると、世界七不思議をめぐる「マジカルミステリーツアー」を獲得できたが、所ジョージが最終コーナーの「早押しエラーを探せ！」で慎重になってしまい、990点で留まって悔しがるシーンも見られた。⇒マジカル頭脳パワー!!

ズバリ【ずばり】？

クイズの問題文に使われるフレーズのひとつ。正解を導く重要なポイントがすぐに提示される短い問題を出すときに、冒頭につける決まり文句。この言葉を入れておくことで、前振りなしで問題の核心に入っても、解答者を変に動揺させずに済む。例題として「ズバリ、来年の干支は何でしょうか？」のように出される。この問題を夏から秋にかけて出すと、解答者は虚を突かれ、一瞬時が止まったようになることが多い。なお「ズバリ」がつくからといって、簡単な問題とは限らないので注意が必要である。例「ズバリ、1京（けい）は何ケタ？（正解：17ケタ)」

スフィンクス【すふぃんくす】文

エジプトにある建造物。頭は人間・胴体はライオンの生き物として神話に登場する。旅人に対して「朝は四本足、昼は二本足、夜は三本足で歩く動物は？」という謎をかける伝説があり、エディプス（オイディプス）がその謎を解いたといわれる。そのため、クイズを題材とするお堅い本の表紙から、子どもが親しむクイズゲームのアイコンやなぞなぞ本の表紙まで、様々な場所に登場する。

スポンサー【すぽんさー】文

番組やイベントを支援する個人・団体。『日立　世界ふしぎ発見！』『ライオンスペシャル 全国高等学校クイズ選手権』のように、番組名に社名が入っているスポンサーを「冠スポンサー」と呼ぶ。なお、スポンサーが製薬会社1社の場合、紳士協定により賞金10万円までしか出せない。そのため、挑戦者が10万円を上回る賞金を獲得した場合、超過分は寄付に回されることがある。ロート製薬提供の『クイズダービー』(TBS）では、10万円を超えた分の賞金が同局のカンガルー募金に寄付されていた。また、クイズ番組では、競合するスポンサーの商品名などは表立って使用できないため、クイズ問題やフレーズなどに影響を与えることも稀にある。**⇒ファイアー！　⇒カンガルー基金**

スミス【すみす】

「鍛冶屋」を意味するファミリーネーム。英語圏で最も多い名字であることから、西洋人の名前を問うボードクイズなどで答えがわからないときに、少しでも正解率を上げようと「スミス」と解答するプレイヤーがいる。これを逆手にとって、あえて「スミス」を正解にして盛り上がりを図る問題も存在する。なお、経済学者の「アダム・スミス」のように、ある程度有名な人名をフルネームでなく「スミス」と答えた場合、やや微妙な空気になることもある。

スラッシュ【すらっしゅ】？

早押しクイズで、ボタンを押したタイミングを指す符丁。90年代以降のクイズ大会の記録集などでは、クイズの問題文の途中、ボタンが押された箇所をスラッシュ（／）で区切ることが多い。そのため、2000年あたりから、競技クイズの世界でボタンを押すタイミング自体のことを「スラッシュ」と呼ぶようになった。ここからの派生で、ボタンを押す行為を「スラッシング」ということもある。クイズの勉強に際しては、記録集を見ながら誰がどこでスラッシュを入れたかを研究して問題を覚えていくプレイヤーもいる。

スラムドッグ$ミリオネア
【すらむどっぐ みりおねあ】文

2008年に公開された、監督ダニー・ボイル、原作ヴィカス・スワラップの映画。スラム出身の青年ジャマールがインド版『クイズ＄ミリオネア』に出場、自身の経験をもとに難問を突破していくが、その出自を理由に不正を疑われてしまうというストーリー。

擦り合わせ【すりあわせ】

クイズ作家の世界で使われる用語のひとつ。クイズ問題とその正解を、ウラ取りやリサーチ資料と照らし合わせて調整すること。また、クイズスタッフと演出スタッフの間で意見を交わし、番組で求められるクイズのテイストに落とし込む作業のこともいう。正確で無駄のない問題文を組み立て、可能な限りの別解を用意するためにも、また各所スタッフがクイズの面白味を共有して演出に活かすためにも、重要な作業工程のひとつである。⇒ウラドリ　⇒分科会　⇒磨く

スリーヒントクイズ

【すりーひんとくいず】

クイズの出題形式のひとつ。特定の物事に対して3つのヒントが出され、何にまつわるものかをあてる連想クイズ。第1ヒントで答えた人は高得点、2番目のヒントで答えた人はやや低めの得点、というふうに、どの段階で正解したかによって得点に差が設けられるのが通例である。『象印クイズ ヒントでピント』はスリーヒントこそなかったが、画面表示されるヒントの数によって「2分割」「4分割」「16分割」などと呼んだ。いずれもヒントがひとつオープンするたびに獲得できる点数が1点ずつ減っていくルールだった。

スルー【するー】

早押しクイズで、誰もボタンを押さないまま出題時間が終わること。「通り抜ける」という意味の英語「through」に由来する。日本テレビの大型クイズ番組では「キャンセル」とも呼ばれた。学生系とよばれるクイズや難問サークルといった場所では、スルーが連続したまに正解が出る程度という超難度ぶりを楽しむものもある。一方で、テレビのクイズ番組の場合、スルーになった問題は、オンエアではカットされることが多い。なぜなら、スルーの場合は得点状況が動かず、よほど面白い情報の入った問題でもない限り、放送尺がもったいないためである。

世紀末クイズ

【せいきまつくいず】 文

フジテレビ系で放送されたバラエティ番組『笑っていいとも！』の90年代の人気コーナーのクイズをまとめた書籍。正式タイトルは『世紀末クイズ〜それ絶対やってみよう〜』。全3巻。番組では、司会のタモリが出題者となり、ウッチャンナンチャンやダウンタウンらが解答者になった。「法則クイズ」や「指し棒クイズ」など、とんちやダジャレ、頭をひねって解くクイズが多く、早抜け方式であったため先に抜けた者は思いきり優越感に浸れた。1991年、コーナーの好評を受けて扶桑社から書籍化され、第1弾は93万部を突破するなど大ベストセラーに。全国の小学生が学校に持ち込み、休み時間や昼休みの思い出を彩るアイテムとなった。

正誤判定【せいごはんてい】?

クイズで、解答者が出した答えが正しいか誤っているかを判定すること。また、その係の人。クイズ番組では判定時の音から「ピンブー」「ブーピロ」、または略して「正誤」などという。サークルの企画など、仲間内で楽しむクイズでは出題者が自ら務めるのが一般的で、オープン大会やクイズ番組など、比較的規模が大きい場では専用のスタッフが用意される傾向がある。クイズというゲームは、事前に模範解答や別解をどれだけ詳細に用意しても、実際にはそのとおりに答えてもらえない場面が多々あり、正解の基準を把握している問題責任者に近い者が担当する必要があるためである。このような事情から、規模の大きい場で正誤判定を任されることには、一種の名誉が伴う。クイズ番組でも独特の緊張感がある役職であり、押し間違いは絶対に許されない他、番組やコーナーごとにどのような「間」で判定音を鳴らすのが適切か、瞬時の判断力が求められる。

星座【せいざ】?

様々な形に見立てた星の並びがある、境界線で区切られた空の領域のこと。星座には古今東西色々なものがあるが、国際天文学連合が1928年に定めた全天88星座が特に有名。クイズの出題範囲になるのも主にこの星座で、ひらがな1文字の星座→や座・ほ座・ろ座、実在する地名がもとになった唯一の星座→テーブル山《さん》座、88星座のなかで最も大きいもの→うみへび座、など様々な題材が扱われる。なお、従来の88星座でなく近年NASAなどの研究チームが定めた星座のなかには、ゴジラ座・富士山座・星の王子様座などがある。

正式名称【せいしきめいしょう】?

略称や俗称に対し、公に正しいと認められている名前。商品名に対する一般名称も含めることが多い。金魚すくいに使う薄い紙を張った道具は「ポイ」、マジックテープの一般名称は「面ファスナー」、ボールペンの正しい英語は「ボールポイントペン」、といった類。クイズでは、正式名称そのものを答えさせる問題の他、「正式名称を〇〇という～」という前振りでの出題がしばしばなされるため、主だった組織や法律の正式名称を覚えておくと正解率のアップに繋がりやすい。「独占禁止法」や「ラムサール条約」の正式名称は適度に長いため、クイズ王が答えて「凄い！」となる用の問題として定番化している。⇒解説P185

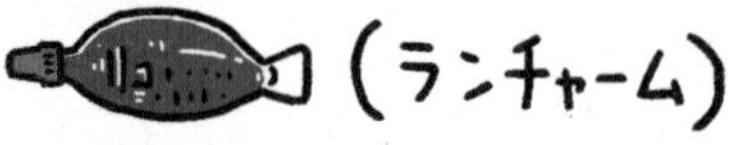

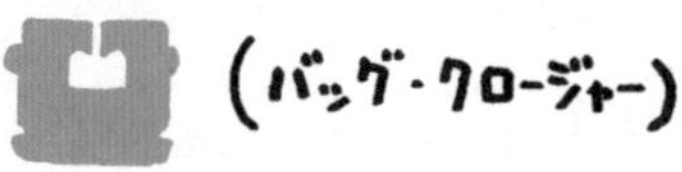

正解率【せいかいりつ】?

ある問題に正解できた人の割合。正答率とも。出題内容の難易度をわかりやすく提示するのに有効な数値。クイズ番組においては、本番でほどよく正解が出るように、実際の解答者ではない人を対象に事前にクイズを解いてもらって正解率を算出する。具体的には、問題の難しさを示すための「東大生正解率」や、難易度の度合いを示すための「一般正解率」などがある。**⇒シミュレーション**

制服【せいふく】 文

特定の集団の人が着るユニフォーム。日本のクイズ番組では、しばしば学校の制服を模したものが衣装として使われる。これは、社会の多様化により人々の共通知、つまり、かつてクイズ番組を下支えしてきた「常識」が薄まったことによって起きていると考えられる。常識は薄まっても義務教育はまだ存在するため、クイズ番組の設定を学校や教室のような世界観にすることで、物事を学ぶ姿勢を示したり、番組内で扱われる内容が現代人として押さえておきたい知識であることを暗に表すのである。

成文化【せいぶんか】

クイズ用のネタを、きちんとした問題文に仕上げること。この作業を雑に行うと、せっかく面白い問題でもうまく意図が伝わらず、思ったように正解してもらえないことがある。結局、問題作成に大事なのは「国語力」だとつくづく思わされる。**⇒磨く**

精密機械【せいみつきかい】 ？

時計やカメラなど、高度な加工技術が必要であったり、高精度の動作を行ったりする機械。クイズ関連では主に早押し機のことを指す。大事な道具であるゆえ、クイズ大会では「早押し機は精密機械ですので、落としたり水を近づけたりしないようご注意ください」と説明がなされることが多い。また、宅配便で早押し機を送るときに「早押し機」と書いても不思議そうな顔をされるため、カッコ書きで「精密機械」の言葉を添える通な使い方もある。

世界遺産【せかいいさん】 ？

世界の文化や自然のなかでも、人類共通の財産として守っていくべきと認められたもの。その内容によって「文化遺産」「自然遺産」「複合遺産」の３種類に分けられ、この事実そのものも「世界遺産を大きく３つに分けると～（正解：複合遺産）」という名数問題で出題されやすい。最初に指定された世界遺産、登録が抹消された世界遺産、ビジュアルクイズで「何という世界遺産？」など、様々な切り口でクイズに出題される。また近年では、漢字検定や英検の他、「世界遺産検定」もクイズ番組では立派な肩書として機能する。**⇒名数問題**

⇒イラスト解答P185

世界一周双六ゲーム

【せかいいっしゅうすごろくげーむ】

1980年から86年にかけてテレビ朝日系で放送された、毎週4人が競う視聴者参加型クイズ番組。朝日放送アナウンサー・乾浩明の「クイズとサイコロでお楽しみいただきます、世界一周双六ゲーム」といった軽快な進行が特徴的だった。日曜19時で『アップダウンクイズ』の真裏の放送であり、当時のお茶の間では相当なチャンネル争いが起きたものと思われる。早押しクイズに正解すると、世界地図をモチーフにした双六上を、サイコロで出した目の数だけ進むことができる。東京を起点として50マスの都市を進んでいき、最終的に東京まで一周できたら海外旅行を獲得できる。止まると特別な賞品がもらえる「ラッキー都市」や、止まると東京まで戻されてしまう「ガックリ都市」、近道できる「飛行機」、1番のソウルから29番のモスクワまで一気に進める「オーロラコース」など双六の盤面はバラエティに富んでいた。当時の地理好きの小学生はこの番組を熱中して見るあまり、「1番ソウル」「2番ウランバートル」……「49番アンカレッジ」「50番ホノルル」と各都市とその番号を覚えてしまい、番号をいうと反射的に都市名を答えられる者も多くいた。なお、出題される早押しクイズも綺麗な日本語で新鮮な題材が多く、いわゆる「いい問題」が揃っていたクイズ番組として評価が高い。**⇒ガックリ都市　⇒いい問題**

世界ふしぎ発見！

【せかいふしぎはっけん】

1986年から放送されているTBS系のクイズ番組。正式名称は『日立 世界・ふしぎ発見！』で、日立グループによる一社提供番組。世界の文化や歴史に関するクイズを、現地取材とスタジオトークで展開する。ちなみに、この番組の第1回放送で扱われた内容は、古代エジプトであった。以来その取材回数は90回ほどに及ぶ（2023年9月現在）。古代のロマンから最新の科学的発見まで、扱われる内容は幅広い。なお、この番組のCMで「この木なんの木〜」でおなじみの木は、モンキーポッドという種類。「モンキーポッド」自体もクイズでよく問われる。**⇒草野仁　⇒黒柳徹子**

世界まるごとHOWマッチ

【せかいまるごとはうまっち】

1983年から90年までTBS系で放送されたクイズ番組。大橋巨泉が司会を務めた。世界各国のVTRが流れ、各地の珍しいもの、珍しいサービスなどの値段を当てるという内容。レギュラー解答者の石坂浩二やビートたけしと、司会の大橋巨泉の毒舌混じりのトークも人気を博した。得点体系は巨泉の趣味であるゴルフになぞらえ、ピタリ賞だった場合には「ホールインワン賞」、値段が近かった場合には「ニアピン賞」、数字が2桁違った場合には「ロストボール」と呼ばれた。ホールインワン賞を獲得、またはニアピン賞を10本とると世界一周旅行を獲得でき、ロストボールの場合はニアピン賞を1本減らされた。また、この番組では各国の通貨単位を使って解答するルールだったため、シンキングタイム時にその国の紙幣が紹介され、たとえば「こちらは1エスクード。〇〇円です」と説明された（解答者は電卓を使って解答の値段を書いた）。番組を見ていた地理好きの小学生などは、ブラジル＝クルゼイロ（当時）、スペイン＝ペセタ（当時）、ギリシャ＝ドラクマ（当時）など、各国の通貨に異様に詳しくなった。しかし、EU統合により「ユーロ」が登場し、あのころのちょっとした思い出が消えた。⇒解説P185

責任押し【せきにんおし】

早押しクイズで、特定のプレイヤーが責任を持ってボタンを押すこと。その人物が周囲から得意ジャンルとして認知されている内容や、明らかに関係が深いと思われる事柄が問われたときに発生する。責任押しが発生するような内容のクイズは、特に「責任問題」ともよばれる。社会人生活で責任問題といわれるとドキッとするが、クイズにおいては「この分野ならあなただね」といったニュアンスが含まれるため、周囲から「責任問題だぞ～」と言われつつ見事答えられたときには、ちょっと嬉しそうな顔をする人もいる。

0次予選【ぜろじよせん】

クイズ大会の会場にたどり着くまでの関門のことを指すシャレた符丁。会場で実際に行われる予選よりも前の段階であることからこう呼ぶ。寝坊で遅刻、人気大会のためエントリーする前に定員が埋まった、参加したい大会なのに仕事で不参加確定、といった状況は特に「0次予選敗退」といわれる。

全員スタンドアップ【ぜんいんすたんどあっぷ】

『オールスター感謝祭』で使われる定番フレーズのひとつ。この番組ではクイズに間違えた人が座っていくため、解答権を復活させる場合には参加者を立たせる必要がある。そこで、各クイズピリオドをリスタートするごとに司会の今田耕司と島崎和歌子が、揃ってこの言葉をコールする。そのとき鳴らされる「♪テーレーレー」も耳に残るサウンドである。また、クイズ大会などでも、たとえば敗者復活戦などで参加者が全滅してしまった場合などに、司会が全員を復活させるために『感謝祭』をマネして同フレーズを言うことがある。そのとき、起立する側の参加者が（誰に頼まれたわけでもなく）勝手に「♪テーレーレー」と合唱する謎の様式美が見られることがある。
⇒テーレーレー

全日本クイズリーグ【ぜんにほんくいずりーぐ】

通称はAQL（All Japan Quiz Leagueの略）。2017年に始まった、競技クイズの全国的な大会。イベントのコンセプトは、「全国のクイズファンが、自らの手で、みんなでつくる」。そのため、参加サークルはクイズに答えるだけでなく、問題を持ち寄って他チームの対戦時に出題する。2022年大会には延べ2500人以上が参加し、開始から数年で屈指の大規模大会に成長した。

そ

双月高校、クイズ日和

【そうげつこうこう、くいずびより】 文

青柳碧人の小説。個性豊かな高校生たちがクイズ同好会を立ち上げ、全国大会を目指すというストーリー。著者の青柳は早稲田大学クイズ研究会出身。『浜村渚の計算ノート』『赤ずきん、旅の途中で死体と出会う』などの作品で知られ、クイズ番組『Qさま!!』の出演経験もある。文庫版では、巻末に作者と福留功男による対談が掲載されている。

青柳碧人『双月高校、クイズ日和』(講談社)

俗に

【ぞくに】 ？

クイズの問題文に使われる、代表的な文節のひとつ。辞書的な固い言葉ではないが、世間一般にいわれている事象を問いたい場合に「俗に何という？」などと使われる。なお、早押しクイズで「俗に」で始まる問題は、定番の問題であることが多いため「『俗に』と読まれたら直後にボタンを押せ！」というテクニックが使われることもあった。例としては「俗に、目のすぐ下にあるほくろのことを何という？（正解：泣きぼくろ）」のような問題の類。俗な言い回しであることから問題文も短くならざるをえず、文章も定型化されることが多いため編み出されたテクニックであったといえる。この場合「俗に、目の／…」で「泣きぼくろ」を答えるのがセオリーであるが、実は「俗に『目の下一尺』のものが美味しいといわれる魚は何？（正解：タイ）」という問題も過去に出題例があり、「俗に、目の／」では限定できない。「策士、策に溺れる」ことのないよう、テクニックだけに走らず真摯に一問ずつ答えることが大切だ、と思わされる戒めのエピソードである。なお、往年の『タイムショック』では「俗に、『ちちんぷいぷい』っていうのはどんなとき？（正解：痛いとき）」など「俗に」で始まる問題が多数出題された。短くてユーモアがあり大衆的なクイズ問題に重宝するフレーズであるといえる。**⇒特に**

ゾスラ

【ぞすら】

近年のクイズプレイヤーが使う符丁のひとつ。「ゾーンスラッシュ」を略した言葉。早押しクイズで、ゾーンに入ったかのように神がかったタイミングでボタンを押すこと。**⇒スラッシュ**

そっちかー

クイズプレイヤーが誤答した後に、問題の続きを聞いて、つい口にしてしまう言い訳のひとつ。正解の候補が二択にまで絞れていて、正解ではないほうを答えたときに言いがち。「問題。オーストラリアの首都は／」「シドニー！」ブー！「オーストラリアの首都はキャンベラですが、オーストリアの首都はどこでしょう？という問題で、正解は『ウィーン』でした」「そっちか！」など、もはや二択ですらなかったときにも言い訳として機能する。あまりに多用すると、MCや観客から「どっちだよ！」というツッコミが入る場合もある。

その通りです浅井さん

【そのとおりですあさいさん】

『ヒントでピント』の司会者・土居まさるが発した記憶に残るフレーズ。番組最後の、16個のヒントからひとつの正解を導く「16分割クイズ」では、男性軍キャプテンの浅井慎平（カメラマン）が鬼のような強さを誇った。そのため、ヒントがわずか2～3枚しかオープンしていない状態で浅井慎平のボタンが点くと、女性軍からはため息が漏れ、男性軍は早くも勝利を確信し、あまつさえ司会の土居まさるも解答を促す際に「ここで押しちゃった…その通りです、浅井慎平さん！」と勝手に正解と決めつけるようなコールを行った。あくまでもユーモアとしてのフレーズではあるが、確かにその後の浅井慎平の正解率は高かった。

反ると痛い博士

【そるといたいはかせ】

『快脳！マジかるハテナ』の推理クイズの正解となった人物。「ハイソかたるせいと」を3×3の正方形に横書きし、縦読みするだけという、推理ドラマ仕立てのクイズとしてはあまりに稚拙な仕掛けだったため、なんやかんやと波紋を呼び、この問題がオンエアされて以降専門職であるクイズ作家数人が番組構成に名前を連ねることになった。**⇒マジかるハテナ**

ソ連崩壊 **【それんほうかい】**

1991年、ソビエト社会主義共和国連邦が分裂し、複数の国に分かれた歴史的な出来事。ロシアの首都「モスクワ」、ウクライナの首都「キエフ（現キーウ）」、バルト三国の首都はそれまでもクイズに出題されていたが、ソ連崩壊によりクイズプレイヤーは首都をあと10個も覚える必要性が生じた。また、ノーベル賞受賞者や宇宙飛行士の数を数える際に、ソ連時代の記録も含むかどうかをその都度検討しなければならなくなり、いろんな意味で歴史的な出来事であった。

旧ソ連を構成していた15ヵ国

国名	首都名
ロシア	モスクワ
ウクライナ	キーウ
エストニア	タリン
ラトビア	リガ
リトアニア	ビリニュス
ベラルーシ	ミンスク
アゼルバイジャン	バクー
カザフスタン	アスタナ
タジキスタン	ドゥシャンベ
ウズベキスタン	タシケント
トルクメニスタン	アシガバット
アルメニア	エレバン
キルギス	ビシュケク
ジョージア	トビリシ
モルドバ	キシナウ

※外務省HP（令和5年）

そんなことより

クイズの問題文で、客観的で真面目な情報を並べた後、一転して、主観たっぷりの見解に持ち込むときに使われる言い回し。「そんなことより」が出てくると、クイズの知識よりも出題者の独断と偏見を期待する気持ちに切り替わる。例題として「旭化成ポリフレックスが開発した、調味料の小袋にまつわる商品技術で、そんなことより魔法のように切れたためしがないのは何？（正解：マジックカット）」など。この場合、ぶっちゃけ筆者の開け方が下手なだけであり、周りでは魔法のように切れている。

本当にあった！

クイズプレイヤーの生態

文・近藤仁美

FILE.1 旅先でクイズベタを食べがち

桜がゆ・いきなり団子・がめ煮……世の中には「それどんなの？」と知りたくなるような食べ物がたくさんある。この手のものはやはりクイズにもよく出るので、プレイヤーのなかには、旅先でオモシロ郷土料理を口にするのを楽しみにしている人もいる。

ただし、クイズに出る情報だけを頼りに現地に行くと、思わぬ落とし穴に遭遇する。たとえば、青森県のいちご煮。プレイヤーにとっては、「アワビのエキスなどで濁った吸い物に黄金色のウニが浮かぶ様が朝靄《もや》にかすむ野イチゴのように見えたことから名づけられた、青森県八戸市周辺の郷土料理は何でしょう？」といった問題でおなじみなのだが、「いざ実食！」とばかりに料理屋に入るなり頼むと、ほぼ確実に怪訝な顔をされる。それもそのはず、この料理は現地ではいわゆるシメなのだ。板前さんにそう教わりながら、いちご煮を食べる許可（？）が出るまでその店で飲む時間は、小っ恥ずかしいが楽しい。

FILE.2 早押し機がかさばる

日本の競技クイズでおなじみの早押し機。大会では基本的に有志で持ち寄るが、直前まで練習に使ったり精密機械ゆえ輸送に不安があったりするため、たいてい指定された場所まで手運びをする。これが、とにかくかさばるのである。全体を操作する親機、プレイヤーが押すボタン（子機）、それらを繋ぐコードなど、パーツが多く重量もある。そのため、袋に入れた早押し機を時々持ち替えながら電車に乗っていると、しばしば中身をいぶかしむ視線を感じる。

こうして早押し機を運ぶと、会場に着いたときにはすっかりひと仕事終えた気分だ。ボタンをセッティングし、１日クイズを楽しみ、建物を後にしてふと気づく。……早押し機忘れた!! 一度気持ちが切れた後の早押し機は、かさも重さも数倍増しだ。大変めんどくさいので、最初から忘れずに持って帰りたい。

思いおもいに趣味を楽しむクイズプレイヤーたち。
そんな彼らには、クイズに携わるがゆえの独特の生態がある。
ここに挙げたのは、筆者が実際に体験または見聞きした
クイズ関係者たちのエピソードだ。もちろんこんな人ばかりではないが、
クイズの一諸相としてご笑覧いただきたい。

FILE.3「クイズ王！」と言われるとちょっと複雑！

自己紹介などでクイズに関わっているというと、なぜか決まって「よっ！クイズ王！」と言われがち。そのたびに、「適当だなぁ」と思いつつ、場の雰囲気を壊さないようあいまいに笑って済ます。

「クイズやってんの？ なにか1問出してよ！」もあるあるの展開。この言葉が出ると気楽な場が（本人にとってだけ）急に緊張感あふれるものとなるため、社会人になりたてのころには苦労する。一方、働きはじめて長くなると、相手が話題を振ってくれていることや周囲に印象づけてあげようと気を遣っていることにも気づくため、どうにかノリよくやりきろうという気持ちになってくる。気持ちが変われば結果も変わる。囃されて出した1問で新しいプロジェクトが決まったりもするのだから、侮れない。

FILE.4 クイズに出る場所に行って、自殺志願者と間違われる

クイズには、様々な景勝地が出題される。日本三名瀑のひとつ「華厳の滝」や、源義経の愛犬が置き去りにされて吠え続けたという「犬吠埼」など、プレイヤーなら一度は問題文でふれる観光地がいくつもある。当然そこに行ってみようとする人もいるのだが、実際に出かけると時折自殺志願者と間違われる。というのも、「クイズに出るあの場所に行こう！」という考えの場合、その日の天気や景色が見やすい時間といった条件は自然に二の次になる。結果として、一般的な観光客とはずれたタイミングで訪れることになり、「あの人はもしや……」と心配されるのである。それにしても、クイズに出る僻地がわりと自殺の名所なのはなぜなのか。かまわず行くが、たまにおっかない。

ターンオーバー

【たーんおーばー】

クイズ大会の「abc」(2003年〜)から始まった、予選ペーパークイズの結果発表の方法。原則として通過者は48人であり、それを4組に分けて発表されることが多い。まずはステージの脇から、通過者の名前と順位が書かれた紙を持った12人のスタッフが登場する。そして「予選順位の数字」が書かれた面をこちらに向けて並び、参加者たちは固唾をのんで見守る(上位で通過する自信のある人も、内心はドキドキする時間である)。司会の「ターンオーバー!」の掛け声とともに、その紙がくるっと裏返され「通過者の名前(学年・所属校)」がこちら側に向けられて発表、会場は大きな歓声とどよめきに包まれる、という流れで行われる。ターンオーバーとは英語で「裏返す」という意味のイディオムだが、ただ紙を裏返すだけにとどまらず、1年をクイズ大会にかけてきた参加者たちの努力の結晶が凝縮された一瞬でもある。⇒abc ⇒ペーパークイズ

対策【たいさく】？

クイズ番組やクイズ大会で出そうな問題や形式を研究して、事前に勉強すること。よく「傾向」という言葉とともに使われる。日本では、『ウルトラクイズ』最大の難関である「○×クイズ」などを勝ち抜けるために、問題のクセを仲間うちで分析しあって共有しようと、大学のクイズ研究会が誕生した経緯がある。その後は『ウルトラクイズ』に限らず、様々な番組に出るにあたっての勉強会や、有名なクイズ大会で活躍できるように出題形式に即した問題で練習会を行うようになった。その勉強会や練習会のことを「対策会」などと呼び、対策会が独立した大会として著名になっていくこともある。近年では、クイズプレイヤーだけでなく、芸能人が集まってクイズ番組の対策会を行うこともあるという。

ダイジェスト【だいじぇすと】

物事の内容を要約すること、また、要約したもの。英語の「digest」に由来する。また、テレビ番組の制作現場では、収録した内容を端折って短く縮めたものをこう呼ぶ。クイズ番組においては、放送時間に収まらなかった場合や、テンポを大事にしたい場合にダイジェストを挟むことで展開にスピード感を持たせることができる。ただし、その裏返しとして、「あんなに収録が長かったのにちょっとしか映っていない!」と思う出演者がいたり、「どんな問題が出されたのか気になる!」と視聴者にモヤモヤ感が残ったりするなど、英語の「digest」が「消化する」という意味なのに、当事者にとっては「消化不良感」の原因になったりもする。一時期の『クイズ$ミリオネア』では、極端な場合は「第1問から第12問まで」が一気にダイジェストになるような例もあった。

ダイブ【だいぶ】

①主に競技クイズの世界で使われる言葉。早押しクイズなどで、まだ答えが絞り切れていないものの、勝負に出なければ勝てない状況で一か八かの押しをすること。「バカ押し」「ムチャ押し」とは少々ニュアンスが異なり「勝負に出た感」が強調される。**⇒チャージ　⇒バカ押し**　②「泥んこクイズ」で、砂浜に立てられた○と×のパネルに飛び込むこと。人気番組『水曜日のダウンタウン』（TBS）では、「FBI透視捜査官だったら『アメリカ横断ウルトラクイズ』の○×にダイブするヤツ 問題が分からなくても泥まみれにならない説」の検証が行われた。**⇒泥んこクイズ**

タイムショック【たいむしょっく】

1969年に放送を開始したクイズ番組。現在もテレビ朝日系で定期的に放送されている。巨大なアナログ時計のようなセットの中央に1人用の解答席が設けられ、1分間12問のクイズに必答形式で答える。出題と解答を含めると1問あたり5秒間であり、知識量はもとより、頭の切り替えの早さと、時間のプレッシャーに打ち勝つ精神力が要求されるクイズである。出題はしっかり2.5秒～3秒以内と決まっているため、残る2秒～2.5秒の時間をじっくり使って正解を導くことが肝要である。「いま何問目？」「1問目の答えは何だった？」のような、心理を揺さぶってくるようなタイムショック特有のトリッキーな問題も名物である。初代司会者は俳優の田宮二郎で、後に山口崇が2代目を担当した。その後紆余曲折を経て、現在でも中山秀征を司会に『ザ・タイムショック』として恒例の特番として放送され、50年を超える長寿クイズ番組としていまでも人気を誇っている。

タイムレース【たいむれーす】 ?

クイズ形式のひとつ。通常の早押しクイズでは、正解ポイントを積み重ねて一定のポイントに達した順に勝ち抜けとなるが、この形式では「時間制限」が設けられ、その時間内で高い得点を取った者が勝ち、低い得点しか取れなかった者が負ける。クイズ番組ファンの間では『ウルトラクイズ』のイメージが強い形式であると思われるが、大型クイズ番組で行われたのは、1984年の大晦日に生放送された『第3回高校生クイズ』の決勝戦が最初で、当時の番組公式本にも「タイムレース」という言葉が掲載されている。生放送で7分間の間にクイズが40問以上出題され、11ポイントを獲得した都立江戸川高校が優勝し、そのまま年を越した。『ウルトラクイズ』では第11回（1987年）にメキシコのカンクンで「日の出タイムショック」として行われたのが最初であり、不正解はマイナスポイントだったため、0ポイントで勝ち抜ける者もいた。同番組では「水平線を太陽が昇り切るまで」「ホテル名物の5羽のアヒルが1階から屋上に帰ってくるまで」「アメリカ大陸横断鉄道が横を通り過ぎるまで」「何百頭ものウシが目の前を通り過ぎるまで」といった、昼夜や場所を問わない壮大なロケで時間制限が設定された。クイズ大会でも行われることがあるが、問題を読む人は噛むことが許されないため、特に緊張する形式のひとつである。

ダウンタウン【だうんたうん】

日本を代表する漫才師で、お笑いタレント。デビュー当時の代表的な漫才ネタに「クイズネタ」があり、松本が繰り出す「太郎くんが、花屋さんに行きました。さて、何でしょう？」という問題に浜田は翻弄された。関西で絶大な人気を誇っていたダウンタウンが、関東で大きく知名度を上げた番組のひとつは『クイズ世界はＳＨＯＷ ｂｙ ショーバイ』の番組対抗戦であろう。決勝まで残った唯一の関東ローカルにして深夜番組である『ガキの使いやあらへんで!!』チームの2人は、「何を作っているんでしょうか？」の早押しクイズに果敢に挑むも、どうしてもボタン勝負に負けてランプが点かず、最終的には浜田が「壊れるんちゃうかー？」と文句を言いながら解答台の上に乗って、その問題でたまたまランプがついていた『知ってるつもり?!』チームの関口宏に向かって台の上からメンチを切っていた（これが2回繰り返された）。これらの横暴を見ていた逸見政孝の司会ぶりも絶妙で「マジメにやれよ、マジメに！」「この関東ローカル番組が！」といった関西のノリでのやりとりを見せていたが、浜田の「おい逸見、後でウラに来い!!」というガヤを聞いた逸見は嬉しそうにしていた。この一連のやりとりを経て、数年後にダウンタウンは全国区の人気者へと昇り詰めていくことになる。

ダウンタウンDX
【だうんたうんでらっくす】

1993年から読売テレビ制作で毎週木曜日22時から放送されている、ダウンタウンの冠番組。開始当初は大物タレントを招いてのトークが呼び物で、現在でもひな壇でのトークバラエティ番組としておなじみだが、クイズやゲームがメインコーナーである時期もあった。タレントにまつわる街頭アンケートの結果を予測する「イメージレース」や「DX国民投票」、有名人の声だけを聴いて誰の声かを当てる「ヒヤヒヤヒヤリング」、芸能人に五十音で始まる言葉を事前に言ってもらいパネラーが言葉を予想する「クイズ芸能人発想辞典」などがあった。1996年の特番では「発想辞典」の特別版として松本人志の発想を当てるコーナーが実施され、「松本人志の『ぎ』」を当てる問題で、松本は東京の地名を答える傾向にあるというヒントが出されたのち、パネラーはほぼ「ぎんざ（銀座）」と答えたが、松本が発想した言葉（正解）は「ギロッポン」で、「言わねーよ！」的なツッコミとともに場内が爆笑となった。「ギロッポン」という言葉が真っ正面からテレビで流れたのはこのときからだと思われる（※ギロッポンは「六本木」を意味する業界用語）。

⇒お願い！名前を呼んで！

タキシード【たきしーど】 文

男性が着用する夜会用の略式の礼服。また、クイズ王がテレビ局に行くと着用させられる定番の衣装のひとつ。事前にスリーサイズなどを聞かれてオーダーメイドで仕立ててくれることもある。かつては『FNSクイズ王』の決勝戦で解答者が着用し、2010年代は『お願い！ランキング』（テレビ朝日）という深夜番組で「ドライブうんちく」のコーナーを担当する日高大介が毎回ドライブのロケで着用していた。『Qさま!!』の学力王ではタキシードを着用する解答者も多い。その後、クイズ王が着用する衣装も時代によって様変わりしていくことになる。ちなみに「タキシード」とは、ニューヨークにある「タキシードパーク」にちなんでおり、近くにあるクラブの会員たちが着始めたことに由来するといわれる。

択一【たくいつ】?

クイズの出題形式のひとつ。いくつか提示された選択肢のなかから、正解と思われるひとつを選んで解答する。○×クイズや三択クイズなど、選択肢の数や種類によってさらに細分化される。一問一答の知識クイズとは異なり、カンだけを頼りに正解できることから、クイズプレイヤーではない人々や初心者に向けたクイズイベントなどで、敷居の低いクイズとして機能することもある。**⇒二択クイズ　⇒三択クイズ　⇒四択クイズ**

WQC【だぶりゅーきゅーしー】文

①「World Quizzing Championships」の略。世界的なクイズ大会の嚆矢で、2003年から毎年開催されている。8ジャンル240問の筆記クイズで競われ、世界ランキングが発表される。予選を勝ち抜いた有名クイズ王から気鋭の新人まで全世代から33名が本選に進出し、会場となる東京ビッグサイトに集結した。本選は全5ラウンドで構成され、その大がかりで豪華なセットは話題を呼んだ。特に第1ラウンド「ア・ラ・カルト」では、解答者が1名ずつ会場の特設ステージを疾走しながら7問の必答クイズに解答してタイムを競うという、壮大かつ斬新な形式であった。その後、ボードクイズや人物クイズ、通過クイズを経て、決勝はＴＢＳ伝統のアップダウンクイズ形式で２名が激突。決勝の早押し問題は、同番組のMCを務めた唐沢寿明が読んだ。約20年ぶりに復活したクイズ王特番として、クイズ番組史に名前を刻んだのは間違いない。**⇒必答　⇒アップダウンクイズ**②『頭脳の祭典!クイズ最強王者決定戦!!～ワールド・クイズ・クラシック～』の略。2011年にTBS系で放送された。有名なクイズ王から気鋭の新人まで全世代から33人が本選に出場し、会場となる東京ビッグサイトに一堂に会した。

ダブリン【だぶりん】文

アイルランドの首都。一説には「クイズ」という言葉の発祥の地とされる。そのいきさつについては「クイズ」の項を参照。**⇒クイズ**

ダブルチャンス【だぶるちゃんす】?

早押しクイズの解答ルールのひとつ。原則として、早押しクイズは1問につき最初に押した1人にしか解答権がないものであるが、2番目に押した人にも解答権がある形式を総称して「ダブルチャンス」という。『クイズグランプリ』『ドレミファドン！』では押した順番を示す数字が解答テーブルに表示され、1番手が誤答した場合は2番手に強制的にチャンスが生まれた。近年では、1人でも多くの人に早押しクイズの解答権を与えたいとの企画者の思いから、この形式が採用されることがままある。ちなみに、3番手までに解答権がある場合を「トリプルチャンス」、全員にチャンスがある場合を「エンドレスチャンス（略して「エンチャン」）」などという場合もある。ダブルチャンスに関しては、大別すると「カルトQ方式」と「ドレミファドン方式」の2つに分かれる。**⇒カルトQ方式　⇒ドレミファドン方式　⇒エンチャン　⇒シングルチャンス**

ダブルリーチ【だぶるりーち】?

クイズで、あと1回正解すれば勝ち抜けできるが、同時にあと1回誤答すれば失格・敗退となる状態。ダブルリーチの解答者がいると、本人も周りもハラハラする。なお、クイズ以外での「ダブルリーチ」の用法はやや趣が異なり、麻雀で1巡目でリーチをかけたときにつく役（とてもレア）や、ビンゴで複数の列がリーチ状態にあることなど、比較的ラッキーな状況を意味することが多い。**⇒リーチ**

団体戦【だんたいせん】?

クイズ形式のひとつ。「個人戦」の対義語。ルールや状況は様々であり、「一問多答クイズの答えをひとつずつ全部言う」「お題から連想する答えを一致させる」「早押しクイズで全員が1問ずつ正解する」「そもそも予選から決勝までがペア線・団体戦」など。ステージ上で大人数が一緒にクイズを楽しめる利点がある他、同じクイズという趣味で結ばれている者同士の結束力を強めたり、親睦を深めたりする意味合いも帯びている。もし足を引っ張るようなミスがあっても、チームでそれをカバーしあって諦めないことが大事である。**⇒一問多答クイズ**

団体旅行【だんたいりょこう】文

『アップダウンクイズ』から『アタック25』に至る視聴者参加型クイズ番組の旅行の多くは、実は単独やペアで行く旅ではなく、ある放送時期で区切った旅行獲得者による団体旅行（主にパッケージツアー）なのである。当然「クイズ」という共通の趣味を持つ者同士の旅行になるため、旅行中の話題も弾み帰国後も交流が続くことが少なくない。日本初といわれるクイズ同好会「ホノルルクラブ」も、もともとは『アップダウンクイズ』でハワイ旅行を獲得した数人のクイズプレイヤーによって結成された。

短文【たんぶん】?

早押しクイズの文章で、問題文が長いもの（長文）に対して、比較的短いものを総称するクイズプレイヤーの符丁。1990年後半に長文クイズが誕生したことにより、従来テレビで放送されていたような標準的な長さの問題が一転このように呼ばれるようになった。「携帯電話」が生まれて「固定電話」という言葉が生まれるように（このような現象を「レトロニム」という）、「長文」に対するレトロニムであるともいえる。1960年代以降の早押しクイズの問題文の短さには、独特のテンポの良さがあり、問われている内容が分かりやすいといった面があるが、いわゆる「長文」が主流であった90年代後半は、大学のクイズ研究会などでテレビサイズの早押し問題を出すことはある種のタブーであり、「単にサルのような反射神経を試すだけ」「サル問」「指問」などと蔑まれる時代も存在した。不遇の時代を経験しているクイズプレイヤーのなかには、絶対に「短文」という言葉を口にしない者さえいる。当時もテレビサイズの問題文を扱う大会はいくつか存在したが、2003年以降に定期的にオープン大会が開かることで、市民権を取り返した感がある。

⇒長文

端末【たんまつ】

コンピューター用語のひとつ。クイズでは、早押し機の本体を「親機（おやき）」というのに対し、早押しボタン1個1個のことを「端末」と呼ぶ。

ち

地下クイズ【ちかくいず】?

オカルト・裏社会・性など、アンダーグラウンドなジャンルで競われるクイズ。BSスカパー！ およびABEMAのバラエティ番組『BAZOOKA!!!』の企画である「地下クイズ王決定戦」をきっかけに広く認知されるようになった言葉。

チコちゃんに叱られる！【ちこちゃんにしかられる！】

2017年からNHKで放送されているクイズ形式のバラエティ番組。好奇心旺盛な5歳児・チコちゃんが、日常の素朴な疑問を出演者に問いかける番組。クイズに正解すると「つまんねーヤツだな～」といわれ、うまく答えられないと「ボーっと生きてんじゃねーよ！」とチコちゃんに叱られる。決め台詞の「ボーっと生きてんじゃねーよ！」は2018年のユーキャン新語・流行語大賞でトップテン入りした。

ちなみに

「前のことに関連して」という意味の日本語。よく、蘊蓄や雑学を披露するときに、本題を言った後、お得感を出すために「ちなみに」の接続詞を多用しつつ補足蘊蓄を続けていく。また、クイズ番組の正解後の補足情報のことを業界周辺では「ちなみに情報」などということもある。なお、『ウルトラクイズ』の司会として知られる福留功男は、日本テレビ入社後に「ちなみに」ということが多いことを先輩ディレクターに指摘され、この口癖を直すために自分のナレーションを全部カセットに録音し、喋る内容のムダを削ぎ落としたというエピソードも知られる。

知の甲子園【ちのこうしえん】

『高校性クイズ』の第28回から第32回までの全国大会を総称する俗称。従来の高校生クイズが知力・体力・チームワークを要するクイズが多かったのに対して、この5年間の全国大会では特に知力に特化したクイズ形式が行われた。1回戦は全チーム一斉にビデオライターに答えを書く筆記クイズで、「世界の似たような国旗3つ」「よく見る漢字とは少しだけ異なる難読漢字」「世界で3番目に高い山の名前」など、「視聴者にも凄さを伝えやすい超難問」が出題された。2回戦では早押しクイズが行われ、クイズ力をベースとした先読み、テクニックを高校生が存分に披露した。準決勝は、たとえば太陽の温度を与えられた条件から計算したり、孔子の子孫が出題する漢文を読み解いたり、といった高度なボードクイズ、そして決勝は一対一の筆記クイズを行った。いずれの回も話題となり、高視聴率を獲得する一方で、果たして『全国高等学校クイズ選手権』というクイズ番組の意義とは何なのか、という論争が一部では巻き起こった。ただ、この「知の甲子園」に憧れてクイズの世界を志し、実際に活躍した（している）若いクイズプレイヤーがいることは事実である。**⇒ビデオライター**

チャージ【ちゃーじ】

早押しクイズで、他者の勝ち抜けが近いとき、積極的にボタンを押して相手に解答権を与えないようにすること。早くボタンを押すことは、問われている内容が絞り切れずに誤答が発生することと隣り合わせである。それでも、強い相手に最後まで喰らいつこうとする姿勢や、テクニカルに相手の勝ち抜けを防ごうとする在り方に、一種のプレイヤー魂が感じられる行為である。**⇒ダイブ①**

茶番【ちゃばん】

バカバカしい見え透いたやりとりや寸劇のこと。本来は客のために茶をたてて出す役目の人をいう。クイズやバラエティ番組では、『ウルトラクイズ』の成田空港で「ジャンケン撤廃」を掲げる徳光和夫が、結局は本人が裏切るなり福留にやられるなりして「ジャンケン」に落ち着くまでの数分のやりとり（裏をかいてジャンケンではない場合もあった）や、『ぐるナイ』の「ゴチ」における設定金額と同じピタリ賞が出た・出なかったのくだりで、羽鳥慎一アナが「今回、ピタリ賞が、なんと、なんと（中略）出ませんでしたー」という15秒程度の時間で行われるもの（出る場合もある）に代表される。

チャレンジ【ちゃれんじ】?

スポーツで、審判のジャッジに異議があるときにビデオ判定を求めること。転じて、クイズで正誤判定に異議があるときなどに確認を求めること。大会全体の流れを止める行為でもあるため、「チャレンジができるのは次の問題が読みはじめられる前まで」といったルールを定める大会も散見される。**⇒QAR　⇒審議**

超ウルトライントロクイズ【ちょうううるとらいんとろくいず】

『クイズ・ドレミファドン！』の最終コーナーで行われた、イントロクイズの形式のひとつ。当初、流れるイントロは0.1秒で、最初の1音か、1音にすら満たないことも多かった（サザンオールスターズの『いとしのエリー』や、チューブの『シーズン・イン・ザ・サン』に至っては音感が良くないとイントロ自体が聞き取れないことも）。現在ではデジタル機器での編集で出題も容易であるが、当初は録音したカセットテープをハサミで切り貼りし、ちょうどいい難度の長さになるまで試行錯誤を繰り返して問題作成を行っていたという。わずか1音であるがゆえ難易度は高いが、逆をいえば特徴的なイントロが出題されることが多いため、定番のイントロ（沢田研二『勝手にしやがれ』、クリスタルキング『大都会』、平原綾香『Jupiter』など）をあらかじめ押さえておくという必勝法を生み出すことにもなった。**⇒クイズ・ドレミファドン！**

超ウルトライントロヒント【ちょうううるとらいんとろひんと】

『クイズ世界はＳＨＯＷ by ショーバイ!!』で、司会の逸見政孝が解答者に「ヒントがありますけど、一応見ますか？」などと問いかけた後に見ることができるヒントVTR。ただし、その名前から連想されるように、VTRが一瞬ほどの短さであり、何が流れたのか、どの部分がヒントなのかが分かりにくく、解答者は余計に混乱することも少なくなかった。ナレーションの立川志の輔による「超ウルトライントロヒント！　まばたきしてると、見えないよー」といったフレーズも印象的だった。特にイントロとは関係なく音楽が流れることは少なかった。おそらく他のクイズ番組の人気フレーズを面白いからパロディ化して使ってしまおう、のノリから生まれたネームであると推測される。

長大語【ちょうだいご】? 文

やたらと長い言葉。ピカソのフルネーム、タイの首都バンコクの正式名称など、クイズで定番のものがいくつもある。出題されたときにさらっと答えられるとカッコいいが、噛むと突然ダサくなる。

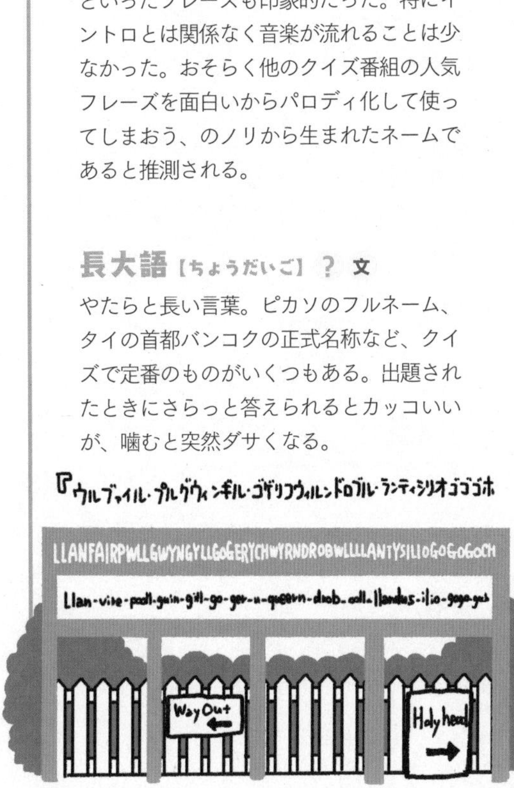

長文【ちょうぶん】？

問題文が長いクイズのこと。前振り・中振り・後限定といった３ブロックでの構成が基本とされる。誕生したのは、テレビのクイズ王番組が軒並み姿を消した1994年頃であり、90年代から2000年代にかけての学生系クイズの主流をなした。問題集によっては１問につき10行以上の長さを持つ問題も存在した。問題文が長い日本語のため、必然的に修飾・被修飾の関係が絡み合うことが多く、問題を聞きながら、何を問われているのか自体を聞き分ける能力が必要であった。生まれた経緯は、物事について本当に詳しい人にしっかり解答権をとってほしいという願いであったという。⇒学生系　⇒短文　⇒デリバティブ

ちょっとした罰
【ちょっとしたばつ】

TBSの演出家・ディレクターの藤井健太郎が手掛ける『クイズ☆正解は一年後』『オールスター後夜祭』などの番組で、出演者が何らかの失敗をした場合に受けなければならない、ちょっと罰ゲームに似たイヤなこと。名レスラーである獣神サンダー・ライガーや、ザ・グレート・カブキが実際に登場し、その出演者になんらかの罰を与える。

知力・体力・時の運
【ちりょく・たいりょく・ときのうん】

『アメリカ横断ウルトラクイズ』のキャッチフレーズのひとつ。クイズの知識はもちろん、バラマキクイズなどに代表される体力や、成田空港のジャンケンに象徴される運が必要であることを、七五調の小気味よいリズムで表した言葉。「時の運」というフレーズは、「勝負は時の運」という諺から取ったものだろう。『高校生クイズ』でも同フレーズが引き合いに出されることがあるが、こちらは「知力・体力・チームワーク」を謳うことが多い。

珍解答【ちんかいとう】

クイズ番組などで、緊張と緩和ゆえに起きてしまう、場を和ませるトンチンカンな解答のこと。遡ると、ガッツ石松が「太陽はどの方角から昇る？」の問題に「右から！」と答えた都市伝説的なエピソードもある。第１回の『高校生クイズ』では「パリのノートルダム寺院が建つ島は何島《なにとう》？」の問題に「エッフェル島《とう》！」と答えた高校生もいた。おバカブームのときの『ヘキサゴン』では数多くの名珍解答が生まれ、また、時間制限のプレッシャーによって『ネプリーグ』や『タイムショック』でもとんでもない解答が生まれることがある。俳優の大泉洋が『タイムショック』の12問目で「チャーシューの生前の鳴き声は？（正解：ブーブー）」に「オギャー！」と答えたのはレジェンド級であるといえる。

珍地名【ちんちめい】文

海外の言語の発音の妙により、響きが珍しく感じられる地名。バヌアツ共和国のエロマンガ島、オランダ王国のスケベニンゲンなど、小学生の男子が喜ぶような地名が定番である。ちなみに、日本の近畿地方の「きんき」は、英語圏などでは「変態」を超えた意味になることで知られる。

日本の珍地名の例

ヤリキレナイ川	北海道
ドコノ森	青森県
昼寝（ひるね）	秋田県
がっかり島	岩手県
こあら	山形県
日本一（にっぽんいち）	福島県
南蛇井（なんじゃい）	群馬県
おもちゃのまち	栃木県
日曽利（ひっそり）	長野県
月（つき）	静岡県
ポンポン山	京都府／大阪府
向津具（むかつく）半島	山口県
サラダ	徳島県
御免（ごめん）	高知県
トロントロン	宮崎県
あやまる岬	鹿児島県

通過クイズ【つうかくいず】？

クイズ形式のひとつ。全体の早押しクイズで規定のポイントに到達した解答者が通過席に進み、通過席で正解されると勝ち抜け、通過席で間違えたり他の参加者に阻止された場合は平場に戻るというルール。『ウルトラクイズ』では準決勝で「通せんぼクイズ」の名前で行われることが多かったが、一般のクイズ大会では大人数で行う通過クイズのときにも行われる。**⇒通過席　⇒通せんぼクイズ**

通過席【つうかせき】？

早押しクイズで、正解すれば勝ち抜けとなる特定の解答席のこと。まずは全体に対する早押しクイズで規定の点数に到達しなければならない。かつては別名「お立ち台」とも呼ばれた。主に日本テレビの大型クイズ番組で使われた用語で、『ウルトラクイズ』準決勝や『高校生クイズ』全国大会1回戦など、勝ち抜けるとドラマチックな場面で使用されることが多かった。**⇒通過クイズ　⇒通せんぼクイズ**

積む【つむ】？

同じ種類のものを上に重ねていくことを意味する動詞。一般的には「レンガ」「苦労」「経験」「契約金」などを積むが、クイズではラウンド上位になるため「点数」「ポイント」を着実に獲得していくことをいう。たとえば、勝ち抜けまでに必要な問題数を述べるときに「あと４つ積めば勝ち抜けだ」などと使う。

手垢問題【てあかもんだい】？

何度も繰り返し、同じような文体で出題される問題のこと。⇒ベタ問

TVer【てぃーばー】文

日本の民放や広告代理店が共同出資した、スマホなどで視聴できる無料動画サービスの名称。テレビ番組などの配信をしているため、リアルタイムで番組が見られない人には便利なメディア。ただ、クイズ番組の場合、昨今では映像問題が主流であり、映像の二次使用はできない関係から、肝心のクイズ自体や、解説VTRなどがカットされてしまい、大事なところがよくわからない事態も多々生じる。

dボタン【でぃーぼたん】文

テレビのリモコンについているボタン。番組によっては、このボタンを押すとクイズの補足情報やプレゼント情報が流れることがあり、インタラクティブ性が増す。また、四色ボタンと呼ばれる「青・赤・緑・黄」のボタンもある。これは視聴者からの情報送信も可能であるため、お茶の間から四択などのクイズやアンケートなどに参加できる利点があり、クイズに気楽に参加できるツールとしても機能する。

テーレーレー【てーれーれー】

クイズ大会などで、敗者復活の際や、全員立ち上がってリスタートする際などにプレイヤーたちがしばしば唱和するフレーズ。クイズ番組『オールスター感謝祭』で、ピリオドごとに出場者が立ち上がる「全員スタンドアップ！」のSEに由来する。⇒オールスター感謝祭　⇒全員スタンドアップ

ですが ？

クイズの問題文によく使われる接続詞のひとつ。「Aはaですが、Bは何というでしょう？（正解：b）」などと使い、前後には基本的に同じ形の反復がある。文末が「何でしょう？」の場合は「ですが」を使い、「何？」で言い切る場合は「では」という接続詞を使うと日本語として綺麗である。
⇒パラレル

徹クイ【てつくい】？

徹夜でクイズをすること。よく大学サークルの仲間内や合宿先で行われる。徹クイ中、すでに寝落ちしていた人が突然ボタンを押し、半分寝言で答えることがある。その正解に周囲は沸くが、本人は再びやすらかに眠り、朝には夜中の一件を覚えていないということもよくある。

出べそ型【でべそがた】

早押しボタンの形状のひとつ。ボタンの形が小さな縦長の円柱で、全体から見ると出べそのような形をしていることから命名された。かつては『ウルトラクイズ』で使われ、クイズプレイヤーがふだん使用する早押し機も、同様の形をしている。人差し指で押す人もいれば、親指で押す強者もおり、なかには中指をストッパーにしながら人差し指で「押し込み」をする人など、様々なフォームが存在する。**⇒押し込み　⇒フォーム**

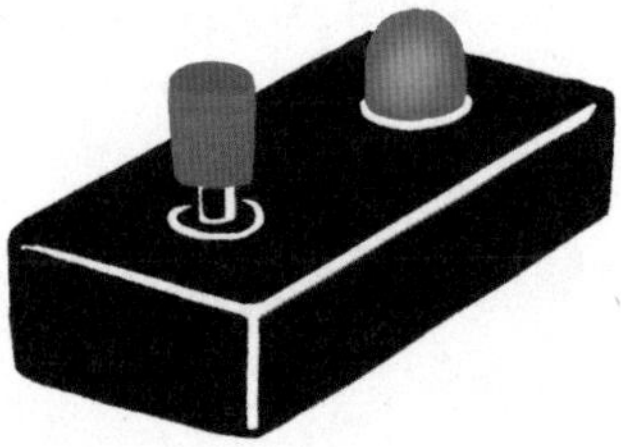

デリバティブ【でりばてぃぶ】

「派生的な」という意味の英語「derivative」に由来する言葉。既存のクイズから派生して新たな問題をつくること。また、そのようにしてつくられた問題。略して「デリ」、動詞化して「デリる」ということもある。デリバティブは問題づくりのヒントになることはもちろん、覚えたい情報を自ら問題化することにより、記憶の定着をはかるのにも役立つ。なお、デリバティブのなかでも、既存問題の前振りでみかけた情報を答えにしたものは、「前振り昇格」と呼ばれることがある。**⇒前振り**

TVガイド【てれびがいど】

①一週間のテレビ番組の情報が載っている雑誌のひとつ。正式名は『週刊TVガイド』で1962年に創刊された。『ザテレビジョン』と並ぶテレビ雑誌として知られ、80～90年のクイズ王ブームのころなどは、放送の時期になると出場者はもちろん、番組を楽しみにする熱心な視聴者も（発売日の）水曜日には書店に走ったものだった。まずは番組の紹介ページを立ち読みでチェックし、自分の写真や名前が少しでも掲載されていようものなら、すぐさま購入したものだった。②『第15回アメリカ横断ウルトラクイズ』でラスト７人まで残った優勝候補、大石禎の愛称。『TVガイド』の記者を務めながらドミニカ共和国まで勝ち進み、自分の体験を自ら記事にした。**⇒ドミニカ共和国**

テレフォン【てれふぉん】

『クイズ＄ミリオネア』で使用できるライフラインのひとつ。分からない問題があった場合、別所に待機している４人の友達や仕事仲間に、電話を使ってその問題と選択肢を伝えて直接聞くことができる。４人は辞書や百科事典、インターネットなど基本的には何を使って調べてもよい。ただし制限時間が30秒間と決められていたため、「問題文を伝える⇒選択肢を伝える⇒調べてもらう⇒確証のある答えを伝えてもらう」のすべての工程をこなすのは至難の業だった。30秒間が経つと、電話の回線は容赦なく切られてしまうため、問題文を伝えきれないまま中途半端にタイムオーバーとなったり、調べても正解が分からず、余った５秒間を「とりあえず頑張れー！」と応援の時間に費やしたりするなど、解答者も観ている者も苦笑いするしかない場面が多かった。解答者は電話をかける前に、あらかじめ問題文を分かりやすく要約し、選択肢も２つ程度に絞って短時間で伝え、調べやすいクイズの場合に使用するのが有効であったといえる。**⇒電話をかける**

天才クイズ【てんさいくいず】

1967年から2004年まで中部日本放送（CBC）で放送された伝説的なローカルクイズ番組。出場するのは東海地方の小学生たちで、約10問の〇×クイズに連続して答えた。全問正解すれば「天才賞」に輝く。男子30人が「ボーイズチーム」、女子30人が「ガールズチーム」として分かれるが、基本的には個人戦である。〇×クイズが出題され、問題文が正しいと思えば「イエス！」の掛け声とともに「〇」と書かれた帽子を、違うと思えば「ノー！」と言いながら「×」の帽子をかぶる。優秀だったチームには「勝組（かちぐみ）賞」として敷島製パンの商品が山ほどもらえた。番組のオープニングで歌われる中村八大作曲のテーマ曲も有名で、東海地方では誰もが歌えるほどの絶大な知名度を誇った。クイズ好きとして有名なＮＨＫの糸井羊司アナウンサーも小学生時代に「天才賞」に輝いた経験を持つ。2012年に『アタック25』に抜かれるまでは日本の最長寿クイズ番組だった。2023年夏にはパンサー向井慧の司会で復活版が放送。1967年に放送された第１回放送の問題は「10円硬貨は、磁石に吸いつく」「世界一長い川は、ミシシッピ川である」などいまとは正解が異なる問題もあり、時代を感じさせる。⇒解答P185

電卓【でんたく】？

正式名称は電子式卓上計算機。計算をするのに用いる一般的用途の他、早押し機代わりにも使える。具体的には、クイズの参加者全員でひとつの電卓に指を置き、問題の答えがわかった時点で自分が指を置いているボタンを押す。どの数字が最初に表示されたかで、誰が一番早く押したかが分かる、という仕組み。創部間もないクイズ研究会で早押しボタンがまだ手に入らないときや、出先で突然早押しクイズをしたくなったとき（どんなときだ）に役立つ。

10 by 10【てんばいてん】？

競技クイズで行われる形式のひとつ。早押しクイズの一形式。もとはクイズ大会・abcの名物企画だったが後に一般化し、クイズのルールのひとつとして定着した。名前の由来は、正解ポイントと誤答ポイントがそれぞれ１～10の範囲で推移し、正解ポイント×誤答ポイントが100以上となったときに勝ち抜けられることから。派生形としては、団体戦で使われる10 by10 by 10などがある。10 by 10 by 10の場合、チームメンバー全員のポイントを掛け合わせた値が1000以上になると勝ち抜けられる。⇒abc

テンポ【てんぽ】？

クイズに必要な要素のひとつ。早押し形式の場合は特に、次から次へと問題が出されるため、場がダレないようなテンポ感が重要である。あまりにテンポが速すぎると解答者も観ている者も疲れてしまうため、時間の長さや状況に応じて、ＭＣやスタッフは臨機応変に緩急を付けることが「見せるクイズ」としては大事なことである。最近はクイズ大会でも、解答者としてではなく観覧専門で来場する人も増えているため、全体の時間配分やクイズ形式のバランス構成をより重視したいものだ。

電話をかける【でんわをかける】

『クイズ！年の差なんて』で見られた番組のオチ。優勝が決まると、勝ったチームは「何人で」「どこへ」「どうする」といった賞品ボードを選び、それに該当する賞品を貰えたが、「どうする」の部分は4択になっており「旅行にいく」は4分の１の確率であった。ハズレパターンの代表が「４人全員で」「ハワイへ」「電話をかける」であり、その場合勝利チーム全員にテレフォンカードが贈られた。類義語に「旅行に行く夢を見る」がありその場合は「枕」がもらえた。

問読み【といよみ】

クイズの問題を読み上げること。また、それを担当する人。滑舌のよさ、適切な抑揚、言葉を正しく読める知識、ときに数百問に及ぶ問題を読み続ける体力など、様々な能力が要求される。出題リスト内で「タレントの決め台詞を本人っぽく言え」という類の指示をみつけ（てしまっ）た場合、自分のキャラと照れを捨て、全力でやりきる胆力も試される。

東急ハンズ【とうきゅうはんず】

新宿区に本社を置く、雑貨を主に扱うホームセンター。パーティーなどで簡易的なクイズ大会を行う場合、早押しボタンや正誤判定マシン、〇×や三択の札、レイやタスキなど、盛り上がりそうなものは大体揃っている。インターネットやAmazonのないころ、クイズイベントなどで「あれがない！」という場合は大抵、「ハンズに行ってこい！」が合言葉となる牧歌的な時代もあった。

東京ドーム【とうきょうどーむ】

東京都文京区にある日本初のドーム式野球場。1988年から92年まで『アメリカ横断ウルトラクイズ』の第１次予選として〇×クイズが行われ、参加総数２万人から成田空港に進める100人を決める舞台となった。６年間の休止を経て復活した『今世紀最後！アメリカ横断ウルトラクイズ』（1998年）ではスタンドの２階席も番組用に開放されたため、ドームを埋め尽くす５万人の超満員による〇×クイズが行われた（それでもドームの会場外には抽選により入りきれなかった挑戦者も多く存在した)。各世代によって「クイズの聖地」にも様々な場所があるだろうが、毎年『ウルトラ』に参加しては成田まで行けなかった挑戦者にとっては、東京ドームや後楽園球場が永遠のクイズの聖地に感じられるであろう。**⇒ニューヨークへ行きたいかー！**

東大王【とうだいおう】

2017年からTBSで放送されているクイズ番組。当時の東大生ブームを踏まえ、数多くあった「東大生番組」のひとつとして誕生した。日本テレビ系の『頭脳王』を彷彿させる番組タイトルを持つ。記念すべき特番の１回目では「日本の最高学府＝東京大学」と紹介され、番組名に「東大」を冠する番組で「あるあるミス」をおかすというお茶目な番組である（最高学府とは「大学」一般のこと)。同番組で放送されるクイズは、主に他のクイズ番組で過去に人気となった形式・企画や、アイデア性の高いクイズを踏襲したものが多い。

東大寺学園【とうだいじがくえん】

奈良県にある私立の高校。正式には東大寺学園高等学校。初めて都道府県別対抗・初めて決勝の舞台が富士山頂となった『第6回高校生クイズ』(1986年)で優勝。翌年の「第7回」でも決勝で9ポイントまで達しての準優勝と輝かしい戦歴を誇った。当時のクイズ形式や参加チーム数からすると、この「あわや2連覇」は奇跡に近いものがあり、当時は学校案内の公式パンフレットにも、他の部活の全国大会の実績と同様に「高校生クイズ　優勝・準優勝」と書かれたことで知られる。第8回以降の大会では、偏差値とは関係なく、番組内の戦歴だけで「今年も奈良県の代表は、名門・東大寺学園高校」といったナレーションが読まれた。初めてクイズ番組で名前を轟かせた「高校名」として意義深いものといえる。

冬虫夏草【とうちゅうかそう】

クイズ王の永田喜彰が、準決勝ボルティモアの通過席で絶叫した正解。「中国では強精薬とされ、料理にも使われているもので、冬の間は虫で、夏になると草／……」のポイントで正解した。本人曰く『ミスター味っ子』を読んでいて知った知識だとのこと。この勝ち抜けアンサーにより、2時間以上に及ぶ「激戦！通せんぼクイズ」に終止符が打たれた。永田のハンドルネームは、この正解に由来して「とうちゅう」であり、いまでもそのニックネームで親しまれている。⇒ボルティモア　⇒通せんぼクイズ

読点【とうてん】

日本語の文章に使われる記号。早押しクイズの問題文では、特に慎重に打つべきもの。問題の先がどのように変化するかの指針となることが多い。たとえば1077年に起こった世界史上の出来事「カノッサの屈辱」がらみの事項を聞く場合、「1077年、」と西暦の年号で読点が打たれると「その年に起きた出来事の名称」が正解になるのがセオリーだが、「1077年に（起こった）」など助詞が続く場合は、「カノッサのある国＝イタリア」に派生したり、「グレゴリウス7世」「ハインリヒ4世」など当事者の人名が問われたりする可能性が高い。一般に日本語で読点が打たれるところは「無音」と認識されるが、コンマ1秒を争う早押しクイズでは「読点の間（ま）」も重要な「音声」のひとつである。

通せんぼクイズ
【とおせんぼクイズ】

クイズ形式のひとつ。別名「通過クイズ」とも呼ばれる。初めて行われたのは『第5回ウルトラクイズ』(1981年)準決勝、4人から2人が勝ち抜ける形式で行われた。4人に対する早押しクイズで3ポイントを取ると「通過席」に進出、そこで「通過クイズ」に正解すれば一気に勝ち抜けだが、不正解の場合は0ポイントとなって元の解答席に帰ることになる。なお、通過クイズでは他の3人にも解答権があり、通過席に立った人よりも早く答えられた場合は「阻止」として、再び平場での早押しクイズに戻る。同番組では準決勝で行われるのが定番となり、ニューヨークへの決勝進出をかけた熾烈な早押しクイズが見所であった。なかでも、第5回（ノックスビル）と第13回（ボルティモア）の通せんぼクイズはハイレベルな名勝負としていまもなお語り継がれている。緩急ある緊張感の面白さから、一般のクイズ大会でも「通過クイズ」の名前で行われるようになり、ラウンドに拘わらず「全体の早押しクイズから抜け出して通過席に立ち、連続正解すれば勝ち抜

け」という形式で広く行われる。**⇒通過クイズ　⇒ボルティモア**

得点表示【とくてんひょうじ】

クイズ企画やクイズ大会で、参加者の得点を表示すること。またその係。地味な役割と思われがちだが、得点表示の正確さ・スムーズさは、会場の雰囲気を大きく左右する。また、表示に誤りがあると訂正その他のやりとりで参加者の集中が途切れがちになるため、注意が必要である。このような性質があることから、誰に頼まれたわけでもなく率先して得点表示を引き受けるのは、たいていいいヤツだ。なお、近年では人力で得点を計算せず、プログラムを組んで対応する場合もある。

特に【とくに】？

クイズの問題文によく使われるフレーズのひとつ、専門用語を問う場合や、ある事柄のなかでも特定の範囲に収まるものを解答として要求する際に用いる言葉。前者の例としては「侮辱罪や名誉棄損罪のように、被害者からの訴えがなければ起訴できない犯罪を特に何というでしょう？（正解：親告罪)」、後者の例としては「マラソンランナーのなかでも、専門的なトレーニングを受けずに趣味で走る人のことを特に『何ランナー』というでしょう？（正解：市民ランナー)」などが挙げられる。**⇒俗に**

所ジョージ【ところじょーじ】

タレント・お笑い芸人。『マジカル頭脳パワー!!』では、トップ頭脳賞に輝くことが多かった。番組名物であった「居残り早押しクイズ」では、誰よりも早く正解を出し、また頭文字とその位置から何を表しているのかを当てる「マジカルコイン１文字クイズ」では、問題VTRが流れる前に「こいのぼり」を正解する伝説を残した（番組のオンエア時期とクイズの特性から逆算したものと思われる）。その一方で、瞬時に答えを言わなければならない「マジカルシャウト」で出題された「『さ』で始まる…鉄棒の技！」という問題に「さしみ回転！」と謎の答えを残したこともある（本人曰く「食べ物」でくるため「刺し身」を予想していたとのこと）。「あるなしクイズ」の本命として小学生の視聴者のライバルとなりつつ、司会の板東英二との対立構造を演じたりするなど、90年代日本テレビの高視聴率クイズ番組の盛り上げ役として欠かせない存在であった。

都道府県【とどうふけん】？

日本の行政区画のひとつ。日本で初等教育を受けた人にとってはおなじみの概念であることから、老若男女に通じやすい話題として、あらゆるかたちでクイズに登場する。たとえば、生き物の名がつく都道府県→群馬・鳥取・熊本・鹿児島、隣接する都道府県が最も多い都道府県→長野、関東地方には含まれないが首都圏には含まれる都道府県→山梨、という具合である。

飛ぶ【とぶ】

クイズで失格になること。麻雀用語で持ち点がマイナスになることに由来する。なお、あと1回誤答したら失格となる状態を「飛びリーチ」という。**⇒ダブルリーチ**

ドボンクイズ【どぼんくいず】

クイズ形式のひとつ。ある条件にあてはまる選択肢が複数提示されるが、そのなかにひとつだけ誤りの選択肢が含まれており、それを選ぶと誤答扱いになる、というルール。下の問題の場合、ドボンは栃木市。実在する市だが、栃木県の県庁所在地は宇都宮市である。

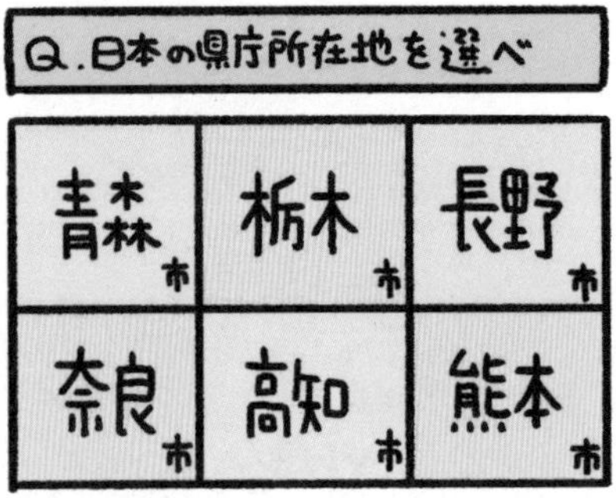

トマト戦争【とまとせんそう】

『アメリカ横断ウルトラクイズ』で行われたクイズ形式のひとつ。アメリカ・コロラド州の高地・ツインレークスで行われた町おこしイベントを利用したもので、地元コロラドチームと他州のチームが収穫後の腐ったトマトを投げ合って対戦した。『ウルトラクイズ』の参加者はトマト弾の飛び交うなかを塹壕にある早押し機まで走り、クイズに答えなければならなかった。途中で適宜、酸素吸入のタイムがあるなど、健康面に留意して行われた。ちなみに、このときのトマトは当たると異様に痛かったという。それもそのはず、地元に頼んでおいたトマトは冷凍保存されており、これを知ったスタッフたちが挑戦者にケガをさせてはいけないと収録早朝から冷凍トマト6000個を総出で湯につけて柔らかくした、というエピソードが残っている。『第13回ウルトラクイズ』(1989年)で行われたこのクイズの話題性は高く、翌年度「リクエストNo.1」として第14回でも行われた。なお、『ウルトラクイズ』でトマト戦争の回が放送されると、全国の小学生たちが公園や運動場などで遊び、真似をした。そして叱られた。

ドミニカ共和国【どみにかきょうわこく】

①カリブ海にある共和国。アメリカ大陸発見500年を記念して、『第15回ウルトラクイズ』(1991年)では7人から6人が通過するチェックポイントに設定された。行われたクイズ形式は、コロンブスにちなんだ「新大陸獲得クイズ」と銘打ったいわゆる封鎖クイズ。早押しクイズに正解すると、他の解答者1人の解答権を封鎖することができ、自分以外の全員が封鎖された人が勝ち抜けとなる。これを6回繰り返し、最後の戦い(2人⇒1人)で1人になってしまうと敗者となる。クイズに強い者から封鎖される傾向にあったため、事前の予想通り、本大会の本命・対抗と目されていた実力者2人が最後まで残る波乱となった。残った2人は「クイズオタク」と呼ばれた能勢一幸と、「TVガイド記者」の大石禎。壮絶な早押しクイズが繰り広げられ、最後の問題を窮地で正解したのは能勢だった。このクイズの後、番組のスタジオセットに戻ったが、総合司会や観覧席の数人が涙したほどの激闘であった。この戦いはいまでも伝説

のひとつとして語り継がれている。⇒**TVガイド** ⇒**孟浩然** ⇒**封鎖クイズ** ②似たような国名に「ドミニカ国(首都:ロゾー)」があるが、その「ロゾー」が答えとなる早押しクイズで前ブリとして使われる国。例)「カリブ海の国で、ドミニカ共和国の首都はサントドミンゴですが、ドミニカ国の首都はどこ?」のようになる。

とも呼ばれる【ともよばれる】?

クイズの問題文に使われるフレーズのひとつ。正解となるものの起源や語源などがはっきりとは断言できないが、情報が面白くて盛り込みたい場合などに重宝する言葉。類義語に「とされる」「とされている」などがある。いずれも「である」と言い切らないことにより、たとえ複数の説があったとしても問題文が誤りにならないようにする効果がある。「一般に」も同様のはたらきをすることが多い。ただし、稀に特定の出典を問題文に盛り込んで「〇〇には〜と書いてある」と思いきる場合もある。⇒**一般に** 例)糸を引く様子から「畑の納豆」とも呼ばれる、アオイ科の野菜は何?(正解:オクラ)※オクラの呼び名には、他にも同じく粘性に由来する「アメリカネリ」などがある。

どや顔【どやがお】?

クイズに正解したあと、あまりすることは推奨されない表情。関西の用語で「どうだ」のことを「どや」といい、したり顔のことを「どや顔」などというようになった。蘊蓄や雑学を披露するときには、決してこの顔をしてはならないが、ヒール役のときは絶妙に腹の立つ表情をつくる技術もまた必要となる。この言葉は『M-1グランプリ2006』で、審査員の松本人志がフットボールアワーの漫才を評するのに使用して以来、全国的に広まった。⇒**蘊蓄**

ドライバーズポイント
【どらいばーずぽいんと】

モータースポーツで、順位に応じて与えられるポイント。転じて、クイズのラウンドごとに順位に応じて参加者に与えられるポイント。略してDPとも。ドライバーズポイント制は、サークルの例会など、小規模なクイズの集まりで採用されることが多い。大規模な大会のように一度負けたら即敗退という形式で人を振るい落とすのではなく、ラウンドごとにポイントを貯めて準決勝や決勝への進出者を決めることで、その場にいる人全員が長くクイズに参加できる。

トラベルチャンス

【とらべるちゃんす】

『クイズ100人に聞きました』の勝利チームがハワイ行きをかけて挑戦する最終コーナー。空港の搭乗ゲートの行き先表示板にあったような「パラパラパラ…」というフラップを模した機械で判定される。司会の関口宏がこのコーナーに移行する際、「○○さん一家が、賞金△△円を獲得して、トラベル、チャンス！」と言うのが恒例であったが、そのフレーズとともに時折みせた華麗なるターンも話題となった。

トランプ【とらんぷ】

代表的なカードゲームのひとつ。もともとは英語で「切り札」という意味。チーム分けを行ったり、クイズで正解した人が引いて出た数字を得点にしたりと、仲間で集まって気軽にクイズをするとき、あればなにかと便利なツール。

トランプマン【とらんぷまん】

『なるほど！ザ・ワールド』で90年代に登場した名物キャラクター、マジシャン。解答席を決めたり、優勝賞品をかけたゲームを行ったりするときに登場し、彼が操るカードの中からホンモノを見分けるゲームに解答者が挑戦した。原則として、一切喋らない。本編とは関係ないマジックを披露する部分で風船を割ってしまうなど、お茶目な失敗もしばしば見られた。『第28回オールスターものまね王座決定戦』の準決勝では、ビジーフォーのグッチ裕三がトランプマン、モト冬樹が布施明のものまねで『君は薔薇より美しい』に挑戦したが、グッチもネタの途中でマジックに失敗してしまい、奇しくも本人のクセをなぞる結果となった。なお、後にトランプマンは「ご本人登場」も果たした。

トリビア【とりびあ】文

trivia。豆知識や雑学を意味する英語。もともとはラテン語で「三叉路」を意味する言葉だったといわれ、日本では主にフジテレビ系『トリビアの泉 ～素晴らしきムダ知識～』で知名度が上がった言葉と思われる。クイズでは、トリビア的な内容がよく扱われる。そのため、クイズに強い人は様々な雑学知識を持ち合わせている傾向がある。

Trivial pursuit
【とりびあるぱすーと】？ 文

1980年代にアメリカで開発され、世界に広がったボードゲーム。各参加者は色違いの「カマンベール」と呼ばれるコマを選び、スゴロク形式で進んでいく。止まったマスに応じたクイズに正解すると、１ジャンル制覇。最終的に、「地理」「娯楽／趣味」「歴史」「アート／文学」「自然科学」「スポーツ／レジャー」の合計６ジャンルを制覇することで勝利となる。

ドレミファドン形式
【どれみふぁどんけいしき】 ？

早押しクイズの「ダブルチャンス」の形式のひとつ。最初にボタンを複数人が押した場合、その時点で押した人の着順が決定され、１番手の解答者が誤答した場合は、強制的に２番手に解答権が回ってくる。クイズ番組『クイズ・ドレミファドン！』の「イントロクイズ」で採用された形式の答えであることから、この呼び名がある。問題が分からないのに、他人の早押しボタンにつられて押してしまうと、２番手で解答権が回ってきたときに悲劇を味わうことが多い。そのため、お手つきに厳しいルールに採用されがちな形式であるといえる。**⇒ダブルチャンス　⇒２チャ判**

泥んこクイズ
【どろんこくいず】 ？

クイズ形式のひとつ。日本テレビ系『アメリカ横断ウルトラクイズ』で生み出れた発明品。いまなお大勢のテレビファンの記憶に残る、○×クイズが出され、砂浜に立てられた○と×のパネルのどちらかに飛び込んで、間違うと泥んこになるクイズ形式。1980年の『第４回ウルトラクイズ』のグアムで初めて行われ、後に同番組の名物クイズとなった。兄弟番組の『高校生クイズ』では九州大会の決勝で行われることが多く、有明海の泥に飛び込んで早押しボタンを目指すスタイルで行われた（2010年代にはハワイなどでオリジナルに即したダイブの○×クイズ形式も行われた）。いずれにせよ、野外のセットで大掛かりに行われることが多かった。見た目には楽しいが、セットを組み立てる作業（設営）や、景勝地を汚さないように泥を片付けるスタッフの苦労たるや、凄まじい体力と工夫が必要とされたという。

ドン！
【どん！】

クイズで、各参加者の解答内容や判定結果を一斉に見せるときの掛け声。『クイズダービー』で解答をオープンする際に大橋巨泉が発した「せーの、ドン！」や、オッズを発表するときの「倍率ドン！」などに代表される。出題時の掛け声としては、番組タイトルにもなった『クイズ・ドレミファドン！』があり、イントロが流れる前に司会の高島忠夫が「ドレミファドン！」を連呼し、イントロが短くなるたびに「ウルトラドン！」、「超ウルトラドン！」と発した。勢いがあり、歯切れのよい擬音語として効果的である。**⇒倍率ドン**

直木賞【なおきしょう】？ 文

正式には直木三十五賞。日本文学振興会が主催する、大衆小説に与えられる賞。受賞作や受賞者はしばしばクイズの題材となる。2022年下半期には、クイズ関係者の間でも話題となった小説『君のクイズ』の著者（小川哲）が『地図と拳』でこの賞を受賞した。⇒芥川賞　⇒君のクイズ

中山秀征【なかやまひでゆき】

かつて「ABブラザーズ」を結成していたお笑いタレントで、現在は司会者。愛称は「秀ちゃん」。昭和の名番組である『タイムショック』『ドレミファドン！』の現代版の司会をともに務めている。テンポの良い進行を受け継ぎ、「〇〇さん、絵的には反則です」など、やや業界用語の匂いのする独特のフレーズで場を和ませる。

なぜ角を取らない？【なぜかどをとらない？】

『アタック25』で、問題に正解してパネルを指定する際、せっかく角（カド）を取れるチャンスがあるにも拘わらず、それを見逃してしまった解答者をたしなめる児玉清の反語的なフレーズ。特に、ゲーム中盤過ぎ、ナナメに挟める状況にある複雑な盤面で、角に気づけないことが多かった。また、実際のスタジオセットではパネルのサイズがテレビで見るよりも遥かに大きく、しかも緊張する本番で見逃してしまうのは仕方ない面もあったといえる。2000年代に入るとともに、このフレーズは放送されないことが多く、司会者の変遷とともに「ほー、そっちを取った？」などとフレーズも変わっていった。

なぜ山【なぜやま】？

クイズプレイヤーの間で使われる符丁のひとつ。「『なぜ山に登るのか』と聞かれて『そこに山があるから』と答えたイギリスの登山家は誰でしょう？（正解：ジョージ・マロリー）」という問題の略。昭和の時代によく出題された定番のクイズで、問題の出だしに特徴があり、なおかつ定型化していたことから、現在ではベタ問題の代名詞として（半ば冗談めいて）使われる。よくよく考えると、インタビューの質問の途中が早押しの確定ポイントになっており、マロリーの名言のほうは飛ばされがちである。マロリー自身が「なぜ山」というクイズ語を聞いたらと思うと、いろいろな想いが駆け巡る。⇒ベタ問題

謎【なぞ】？

知識クイズに対し、専門知識を使わずひらめきなどを頼りに解く問題。「謎解き」とも。また、言葉遊びのようにとんちを効かせて解く問題を「なぞなぞ」という。謎解きやなぞなぞはクイズの近隣業界であるため、クイズ作家はしばしばこれらの作問も行う。

ナチュラル知識

【なちゅらるちしき】 ？

実生活のなかで自然に得た知識。クイズで覚えた「クイズ知識」とは、しばしば対比するかたちで用いられる。クイズプレイヤーには、クイズ知識で勝ち上がる人もいれば、ナチュラル知識で他人が答えられない問題をとっていく人もいる。ナチュラル知識による神がかった頭ハネは、ときに観戦者が沸く要素にもなる。⇒頭ハネ

7〇3×【ななまるさんばつ】 ？

クイズ形式のひとつ。早押しクイズで、7問正解で勝ち抜け、3問不正解で失格という形式。7と3の語呂合わせで「なみ」と呼ばれることもある。1989年以降『ギミア・ぶれいく／史上最強のクイズ王決定戦』の準決勝で行われ、その後も競技クイズで一般的なルールとして定着した。正解を「〇」、不正解を「×」とする方法は、勝ち抜けまでの正解数と失格までの不正解数を簡単に表示できるクイズ形式の名称として使われるようになり、「5〇3×」「3〇2×」などと使用する。

ナナマル サンバツ

【ななまるさんばつ】 文

2010年から20年まで『ヤングエース』に連載された、杉基イクラの漫画作品。高校のクイズ研究会に入った主人公・越山識が、クイズを通して仲間と成長していく物語。アニメ化・舞台化もされた人気作で、この漫画をきっかけにクイズを始めたという若手もいる。なお、作品名は、競技クイズで一般的なルールである7〇3×に由来する。

杉基イクラ『ナナマル サンバツ』(KADOKAWA)

何を作っているんでしょうか？

【なにをつくっているんでしょうか？】

『クイズ世界はSHOW by ショーバイ!!』の看板コーナーとなった「早押しクイズ」の出題内容。同コーナーで出題VTRを流すときのMCの掛け声でもある。番組の当初は「書き問題」のみで構成されていたが、開始3年目の1990年、何を作っているかを当てる早押しクイズが登場し、一躍人気コーナーとなった。このフレーズを聞くと、ビゼーの『カルメン』(出題BGM）が脳内で自動再生されてしまう番組ファンも多いことだろう。珍しい正解としては「東京ドーム」や「SHOW by ショーバイのボードゲーム」などがあった。

生放送【なまほうそう】

事前収録ではなく、リアルタイムで中継されるテレビなどの放送形式。クイズ番組では『オールスター感謝祭』に代表される。深夜番組や年末年始のクイズ特番などで行われることも多く、入念なリハーサル、問題内容のチェック、適切なテロップ表示のタイミングを必要とする（生放送に限らないが)。特に、一瞬の判断が要求される「ピンポンブー」の正誤判定は、独特の緊張感が走る。何かのハプニングが起きた場合、MCが「これが生放送の醍醐味です」などとフォローすることも往々にして見られる。

並べ替えクイズ

【ならべかえくいず】 ?

与えられた選択肢を指定された順番に並べ替えるクイズ。たとえば、「人口の多い国トップ5を、1位から順に並べなさい」といった類の問題。また、文字を並べ替えて言葉をつくるアナグラム問題も、並べ替えクイズと呼ばれることがある。**⇒アナグラム**

成田空港【なりたくうこう】

『アメリカ横断ウルトラクイズ』で第2次予選が行われる場所。第2回以降、クイズではなく「ジャンケン」が行われた（第10回のみ「腕ズモウ」が行われた）。100人のうち半分の50人の勝者がグアム行きの飛行機に乗ることができた。なお番組が始まった1977年には成田からグアム行きの国際線が出ていなかったため、第1回大会のみ羽田空港がジャンケンの舞台となった。

なるほど！ザ・ワールド

【なるほど!ざ・わーるど】

1981年から1996年までフジテレビ系で放送された人気クイズ番組。毎週、海外レポーターが各国に取材に赴き、そこから出題されるクイズに対して、司会の愛川欽也からヒントを聞き出しながらじっくり答える番組。『クイズ・ドレミファドン！』（1976〜）の生みの親である王東順プロデューサーが、『ドレミファドン』のコンマ1秒を争う緊迫感あるテンポに対して、ゆったり推理しながら答えられる番組はないか、という側面から考案した。番組名に日本語と英語が同居していたり、セットが左右対称ではなく階段状になっていたり、当初は違和感があったが後に大ヒットにつながるアイデアが詰まっていた。同番組からは「お待っとさんでした！」「はい！消えた」「ひょうきん由美」「アグネス、いまなんて言った？」「オーラスは恋人選び」などの名フレーズが生まれた。最高視聴率36.4％を記録（ビデオリサーチ）。**⇒オーラス　⇒恋人選び　⇒はい、消えた！**

難易度【なんいど】 ?

ものごとの難しさの度合い。クイズにおいては難易度設定が特に重要で、特別な意図がない限り誰も答えられない問題を出してもつまらない。そのため、一般的には、その場の参加者にとって勝負が成立するほどよいレベルの問題が求められる。難易度感覚を養うには、様々な問題に複数回ふれる必要がある。適切な難易度判断ができることは、ある種クイズの経験値のバロメーターともいえる。

難読漢字【なんどくかんじ】 ?

読むのが難しい漢字。「紅娘（てんとうむし）」「紐育（ニューヨーク）」「孑孒（ぼうふら)」「鹿尾菜(ひじき)」など、クイズで定番となっているものが多々ある。正解の「読み」は誰でも知っているものなのに、漢字が難しい問題が特に好まれる。その性質から難易度の上限が撤廃されることが往々にしてあり、時には日本の国語辞典や漢和辞典には載っていないものまで出題されることがある(ウラ取りが大変である)。なるべく正解が出たときに視聴者が驚けて納得できるような問題を出すよう心掛けたいものである。

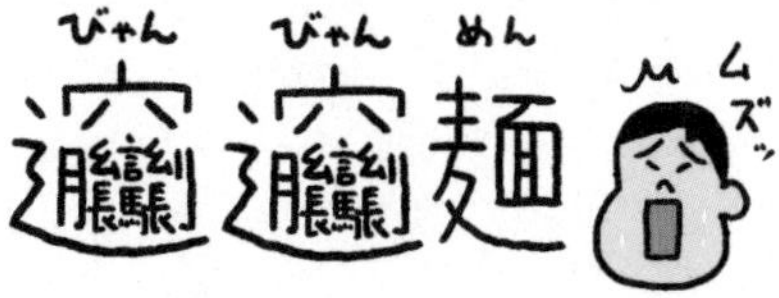

南北戦争【なんぼくせんそう】

『第10回アメリカ横断ウルトラクイズ』(1986年)の第3週以降で行われた、壮大なスケールを誇ったルートの総称。11名が南北戦争の激戦地「アトランタ」に勝ち残り、早押しクイズで抜けた順に「北米ルート」か「南米ルート」を選ぶ。各コースの定員は5名で、1名が脱落した。「北米ルート」は「天国コース」とも呼ばれ、オーランド→マイアミ→ナイアガラと遊園地や観光名所を巡ったのに対し「南米ルート」は「地獄コース」とも呼ばれ、ラパス→チチカカ湖→リオデジャネイロと、アンデス山中の高地を通過しながら、空気が薄い環境のもとクイズが行われた。それぞれのルートで5人中1人が勝ち残り、最終決勝地のニューヨークで北米と南米のチャンピオンが激突し、歴代屈指とも評される1対1の決勝戦が繰り広げられた。この回は当時のクイズ番組としては珍しくギャラクシー賞を受賞し、現在でも横浜市の「放送ライブラリー」という施設で映像を見ることができる。

二重音声クイズ

【にじゅうおんせいくいず】

クイズ形式のひとつ。2人の出題者が同時に別々の問題を読み上げ、双方を聴き分けて2つの正解を答えるという超難問。それぞれのクイズは出題のポイントのタイミングが絶妙にずらされているのが特徴。また、2問のクイズの正解が韻を踏んでいる遊び心もある(例「北大西洋条約機構をアルファベット4文字で何という?」と「水戸の名産で、大豆を発酵させた糸を引く食べ物は?」で、正解は「NATO」と「納豆」、など)。テレビで最初に行われたのは『第12回ウルトラクイズ』(1988年)の南米大陸最南端「フェゴ島」であった。類似の企画に、10人が別の問題を同時に読み上げて10問とも答える「聖徳太子クイズ」があるが、一度に全問正解を出すのはほぼ不可能であり、「多くの正解を出した人の勝利」というルールで行われる。

二十の扉【にじゅうのとびら】

1947~60年にかけてNHKラジオで放送されたクイズ番組。アメリカの番組『Twenty Questions』をもとにCIEの指導で制作され、メインの出演者もこの組織が面接していた。内容は、聴取者から集められたお題について司会者に質問し、司会者の回答をもとに答えに近づいていくというもの。質問20個以内に正解できればよいことからこの番組名がある。司会の藤倉修一のセリフ「ご名答」は当時流行語にもなった。なお、藤倉は第1回紅白歌合戦も白組司会を務めた。

二東三文【にそくさんもん】

『クイズ！ヘキサゴンⅡ』では様々な珍解答があったが、その代表的な例のひとつ。「物の値段が安いことを、漢数字の『二』と『三』を使った四字熟語で何というでしょう？」という問題（正解は「二東三文」）に、自信満々に「二〜三十円」と答えた解答者がいた。確かに「物の値段が安い」「漢字4文字」と条件を満たしており、その絶妙なズレ加減が爆笑を読んだ。わざとらしい珍解答は場をしらけさせるが、真剣であるがゆえに生み出される珍解答は場を爆笑させることを象徴的に示している。⇒**やりに行く**

二択クイズ【にたくくいず】？

択一クイズの形式のひとつ。2つの選択肢のうち正解の1つを選ぶ。「A」と「B」の2つから当てるクイズと、ある命題が正しいかどうかを当てる「○×クイズ」の2つに大別される。前者は、特に間違えやすい2つの言葉を比較させるクイズで使われることが多く（「さわりだけでも」などというときの「さわり」の意味に近いのはどっち？　A：曲のイントロ　B：曲のサビ　というような問題）、主に札上げやビデオライターなどで解答する。後者は「オリンピックの五輪マークは、一筆書きができる。○か×か？」のような、身近な題材なのに判断に迷うような場面で活きることが多い。なお、「さわり」の正解は「B：曲のサビ（一番キモとなる場面のこと）」、「五輪マーク」は「○（一筆書きできる。ちなみに、あの五輪マークが「W」の形に並んでいるのは、World（世界）の頭文字から）」。⇒**三択クイズ**　⇒**四択クイズ**　⇒**ビデオライター**

⇒イラスト解答P185

二択を外す【にたくをはずす】？

クイズプレーヤーが解答時におかしやすいミスのひとつ。○×などの二択問題に限らず、早押しクイズなどで答えが2つまで絞られた末に間違った判断をすることを指すことが多い。これが頻繁に起こる人は「勝負弱い」といわれても仕方がない。⇒**そっちかー**

2チャ判【にちゃはん】

早押しボタンの機能のひとつ。早押し機は、通常は最初にボタンを押した人を判定するためのものだが、機種によっては瞬時に2着、3着……と押した順番を判定できるものがある。1人目の誤答ブザーが押されると、2番目に押した人のランプが自動的に光る。2着判定のことを「2チャ判」「にちゃ」、3着判定のことを「3チャ」という俗語もある。なお、一般に「さんちゃ」といえば「三軒茶屋」を指すが、「3着判定」が頭に浮かんでしまう人はクイズにどっぷりハマりすぎかもしれない。⇒**ダブルチャンス**

ニックネーム【にっくねーむ】

クイズ番組のなかで、司会者が解答者がつけるあだ名のこと。視聴者にとってなじみ深いニックネームが良しとされる。特に『アメリカ横断ウルトラクイズ』では、福留功男がニックネームを付ける名手であり、それによって挑戦者の人気が増した例も数多い。同番組で最初に広く普及したニックネームは「第3回」で優勝した「ブッチャー」であろう。翌年「第4回」では女性挑戦者が成田空港でのジャンケンで、対戦相手から「必勝」と書かれたハチマキをもらい、以降「ハチマキ娘」の愛称で呼ばれた。後にウルトラハットにハチマキを巻いて勝ち進む快進撃を見せ、ウルトラ史上唯一の女性優勝者となった。その後も「メガネカマキリ」「バルタン星人」「ネクラ」「林真理子」「考えすぎのコンピューター」「九州男児」「ミニラ」など、硬軟織り交ぜたニックネームを付けた（ミニラは福澤朗が命名した）。テレビクイズの見せ方はクイズプレイヤー自らが開くオープン大会にも流入し、大会の終盤などに参加者のキャラクターを立てたい場面でニックネームを使うようになっていった。2010年代以降の大会では「二つ名」とも呼ばれることが多々あり、ある特定のラウンドに勝ち残ると与えられる「称号」のような役割を果たすため、参加者が勝ち進むモチベーションのひとつにもなっている。**⇒キャッチフレーズ**

日本人はフルネーム

【にっぽんじんはふるねーむ】

90年代に入り、徐々にクイズ大会が競技化するなかで生まれた独特のルール。正解となる人物が日本人の場合、フルネームでの正解を求めることをいう。特にありふれた名字の場合、それだけでは人物が特定できないから生まれたといわれる。これに対して、西洋人はファミリーネームのみで正解となることが多い。そのため、ボードクイズなど答えが分からない場合は（数が多い）「スミス」と書くお約束も生まれた。ただし複合姓の場合、姓の一部のみ答えると不正解と判定されるので注意が必要。このルールが競技クイズの世界に普及するにつれて「日本人などアジア圏の人物はフルネーム」などと事前に参加者に通達されるのがクイズイベントでは一般的になっている。なお、従来のクイズでは（特にスポーツ選手などは）名字のみで正解となることが常であった。ただ、90年代以降でも、『アタック25』『高校生クイズ』などクイズ番組によっては、このルールを適用する場合もある。『アタック 25』の事前説明では「基本的に人名の場合は特定できるように答えてください。よく『ルーズベルト大統領はどうするのか？』という質問があるのですが、安心してください。出ません（笑）」という関西発の番組らしいノリもあった。なお、国際的なクイズ大会では、どの国の人が答えになる場合でも、基本的にファミリーネームのみで正解となる。たとえば、李白もブルースリー（李小龍）も「李」と答えれば正解である。**⇒スミス　⇒解説P185**

二人羽織クイズ

【ににんばおりくいず】

寄席などで見られる「二人羽織」のように、解答権を取る人と問題に答える人が異なるクイズの形式。本家二人羽織では見当違いでちぐはぐな動きを楽しむが、クイズの二人羽織では「自分のパートナーならこの問題のこの部分で早押しボタンを押したらきっと答えられるはず」といったチームワークが見所となる。たまにあり得ない位置でボタンを押され、チームメイトがびっくりした顔になるのも面白い。

日本国語大辞典

【にほんこくごだいじてん】 文

小学館が刊行する、日本唯一の大型国語辞典。珍しい漢字の綴りや言葉の初出まで載っているため、商用クイズのウラ取りでは『広辞苑』などの中型辞典よりもこちらを出典とすることが多い。しばしば「日国（ニッコク）」と略され、クイズ番組の会議で言葉の定義などを確認するときには、「日国にはなんて書いてある？」「ちょっと日国を見ておいて」などと指示される。

日本PTA全国協議会

【にほんぴーてぃーえー ぜんこくきょうぎかい】 文

日本各地のPTA（保護者と教職員による教育組織）から構成される全国組織。かつて、テレビ番組に関する意識調査の一環で「子どもに見せたい番組」や「子どもに見せたくない番組」を発表していた。「見せたい番組」には、クイズが学びのきっかけになることを期待してか、『Qさま!!』『平成教育委員会』などがランクイン。なかには『ヘキサゴンⅡ』のように「見せたい番組」「見せたくない番組」の両方に選ばれたコンテンツもあった。なお、「見せたい番組」「見せたくない番組」の発表が行われなくなった理由は、本来様々な調査をしているにも拘わらず、これらばかりがクローズアップされがちであったためだといわれる。

ニューヨーク【にゅーよーく】

アメリカの都市。『アメリカ横断ウルトラクイズ』の決勝地となったことから「クイズの都」とも称された。決勝戦は10ヶ所以上のチェックポイントを勝ち抜いてきた2人で行い、1対1のシンプルな早押しクイズ（10ポイント先取）が行われた。第1回～第8回は「パンナムビルの屋上」が、第10回・第11回は「自由の女神の足元」が、第12回～第16回は摩天楼の夜景をバックに「遊覧船プリンセス号のデッキ」が舞台となった。なお、第9回では7人から6人が通過する途中のチェックポイントとして認定され、巨大なマラソンクイズのセットを搭載した車が、セントラルパークから五番街をジャックして走るという、いまの時代では考えられないスケールで行われた。また「アメリカ横断」をコンセプトにして行われた第34回～第37回（2014年～17年）の『高校生クイズ』でも決勝地となり、自由の女神が見守る船の上で3チームが早押しクイズによって日本一を争った。

ニューヨークへ行きたいかー！

【にゅーよーくへいきたいかー！】

『アメリカ横断ウルトラクイズ』における、福留功男の名フレーズ。第1次予選の後楽園球場（東京ドーム）に集まった挑戦者を鼓舞するためのフレーズ。クイズ番組におけるコール＆レスポンスの最大のかたち。これを聞かれた挑戦者が右手をあげて「おーーっ！」と応える。フレーズの頭に「どんなことをしても」が付くこともあり、その後「罰ゲームは怖くないかー！」が続く。まだフレーズが確立していない第1回（1977年）では、後に比べると低いトーンでの「隣りの人を蹴落としても、絶対にニューヨークに行ってみるか?」だった。また、決勝地がパリになった第9回では、まずは同フレーズがあり、その後に「パリへも行くぞ!」「おーーっ!」と続き、言葉数のリズムに違和感がないよう工夫された。同番組の予告映像やオープニングでは必ず登場するシーンで、この番組を象徴するフレーズのひとつである。98年に6年ぶりの復活を遂げた際には、東京ドームでの福留の挨拶が続いた後、「それでは、懐かしい、あの言葉をやってみますか?」という言葉で始まり、この儀式を夢見ていた若い挑戦者のなかには涙を堪えられない者も多数いた。⇒**燃えているかーっ!** ⇒**ジャストミート**

濡れてにアワー!!

【ぬれてにあわー!!】

1994年にテレビ朝日系で正午に放送されていた伝説的番組『真っ昼間王!!』の木曜日のコーナー。桂三枝(現・文枝)司会で8チーム対抗のクイズバトル。優勝すれば「ミリオンステージ」に進出、1分間に10問のクイズに答えるコーナーに挑戦できる。放送回数は12回。巷では「視聴率0%のクイズ番組」といわれるが、正式には『真っ昼間王!!』の金曜日の毎分視聴率が底を突いた(0%を記録した)のが正しいらしい。

ネームプレート

【ねーむぷれーと】

クイズ番組で解答席の前に表示される、名前が書かれたプレートのこと。『オールスター感謝祭』や『Qさま!!(学力王)』では、縦長のネームプレートという珍しい形のものを使用する。クイズ大会では、予選のペーパーテストを通過すると配布される、自分の名前やペーパー順位などが書かれた紙のこと。舞台上でクイズに参加する際に自分で解答席の前に掲示する。クイズ大会によってはペーパーテストの順位でプレートの色分けがされている場合もあり、俗に「赤プレ」「青プレ」などと呼ばれ、記念品代わりに持ち帰る人もいる。視聴者参加型クイズ番組の場合でも、スタッフに許可を得れば記念に持ち帰れることが多い。

ネクスト【ねくすと】

近年の競技クイズ大会で、司会が問読みに対して「次の問題を読んでください」の意で発する言葉。おそらくabcという大規模クイズ大会から広まったものと思われるが、その語呂の良さやスピード感から、他大会でも使用されるようになった。

ネプリーグ【ねぷりーぐ】

2003年からフジテレビ系で放送されているクイズ番組。ネプチューンの冠番組である。放送開始から２年間は23時スタートであった。メインとなるコーナーは「ファイブリーグ」で、５文字の正解を、５人１組のチームが１人１文字ずつ書くことで答える。制限時間が迫るにつれてプレッシャーにより正解が出てこないこともあるが、この制限時間も綿密なシミュレーションのもとで生み出された秒数だという。６人で答える「シックスリーグ」では、ことわざ「犬も歩けば□□□□□□」を１文字ずつ書くクイズで、５人目が不正解することで「ぼうにあなる」という衝撃の不正解が生まれてしまったことがある。その他、制限時間内に複数の答えを全員で答える「ファイブボンバー」や、勝利チームが豪華賞品を目指して２択クイズの連続解答を目指す「トロッコアドベンチャー」といった人気コーナーで構成され、夏休みのお台場のイベントでは「トロッコ」は子どもに大人気のアトラクションとなった。「学校の勉強」だけではない「一般常識」をクイズのテーマとして長く続いている長寿番組。

年末年始【ねんまつねんし】？

一年の12月から１月にかけての時期。仕事的にも忙しく、新生活に向けて身体をリフレッシュさせる時期であるが、一年の総決算的なイベントや賞レース、正月のスポーツが集中する時期であり、時事問題を押さえなければならないクイズプレーヤーにとっては頭の痛い時期である。「ユーキャン新語・流行語大賞」「今年の漢字」「M－１グランプリ」「日本レコード大賞」「箱根駅伝」「高校サッカー」「高校ラグビー」……。誰かが問題にしてくれるのを待ち、それをひたすら覚える、という清々しいほど他力本願な姿勢を見せるプレイヤーもいる。⇒時事問題

脳トレ【のうとれ】？ 文

頭の柔らかさやひらめきを問う問題のこと。「脳トレ系の問題」などと使われ、2000年代以降にクイズ番組などで流行した。かつての「頭の体操」、現在の「謎解き」と同じようなニュアンスで用いられる。文字を埋めたり、並べ替えたり、線を引いたり、図形をひっくり返したり、といったパズル的要素を多分に含み、高齢者の脳のトレーニングという意味合いでも使われることがある。時代的にはニンテンドーDSのソフ

トで『川島隆太』シリーズや『レイトン教授』シリーズがヒットしていたころと重なるが、いまでも広い意味での「柔らか系パズル」を指す言葉として使われる。

⇒イラスト解答P185

ノーカウント【のーかうんと】？

問題文の読み間違えや機材トラブルなどにより、クイズの出題が無効になること。ノーカウントになった問題では出題や誤答自体が無かったことになり、出題前の状態に戻ることが多い。略して「ノーカン」という。

ノーペナ【のーぺな】？

誤答のペナルティがないこと。「ノーペナルティ」の略。初心者向けの早押しクイズイベントや、熾烈な押し合いを期待するクイズ企画などで行われる。ペナルティがないとはいえ、ボタンを押すのには案外勇気が必要であることが分かる。⇒ペナルティ

ノーベル賞【のーべるしょう】？ 文

スウェーデンの実業家アルフレッド・ノーベルの遺言から生まれた世界的な賞。「物理学」「化学」「医学・生理学」「文学」「平和」「経済学」の6つの賞がある。ただ、ノーベル経済学賞のみ、ノーベルの遺言ではなく、スウェーデン国立銀行の提案で設立された経緯があり、厳密にはノーベル賞は5部門とする場合もある。クイズではベタ問題の宝庫でもあり、5部門の授賞式はストックホルムで開催されるが「平和賞」のみオスロで開催されること、授賞式はノーベルの命日である12月10日に行われること、日本人が受賞していないのは経済学賞のみであることなど、多くのクイズ問題の題材となる。また「年号」と「部門」のみで受賞者を特定できる猛者も存在する。ちなみに「日本人ノーベル賞受賞者」は多答クイズの定番だったが、国籍の問題が絡むことから近年では出題しにくくなった。なお、『クイズ！脳ベルSHOW』という、ノーベル賞そのものをパロディにしたタイトルのクイズ番組も存在する。

喉から手が出る【のどからてがでる】

『クイズ＄ミリオネア』で井森美幸が1問目で敗退した問題で使われた慣用句。そのときの問題は「次のうち、喉から実際に出るのはどれ？　A：手　B：火　C：星　D：声」であり、井森は「Aの『手』！」と答えて敗退した。いま問題を見ると、少々意地が悪いともいえるが、選択肢のチョイスや順番もよく練られていることが分かる。問題文で一番大切なワードは「実際に」であるが、このような地味な文節をサラッと読まれると、気付かずに聞き逃してしまうことは本番ではよくあることだ。しかし収録現場やオンエアでの井森本人の気持ちは、さぞかし「顔から火が出る」ような思いであっただろう。

はい、消えた！

【はい、きえた！】

『なるほど！ザ・ワールド』から生まれた名フレーズのひとつ。司会者の愛川欽也が発するセリフで、特に番組オーラス（最後）の「恋人選び」の問題で、解答者ペアが間違いの選択肢を選んだときに「黒柳徹子さん、はい、消えた！」のように用いられた。その際、愛川は解答テーブルを叩いて赤いバッテンのランプを点灯させるのがお決まりであった。この点灯が自動だったのか手動だったのかは、いまなお謎のままにしておきたい。⇒オーラス　⇒恋人選び

敗者復活戦

【はいしゃふっかつせん】

クイズ番組やクイズ大会で、一度敗退した人を対象として復活者を決める催し。復活した者は戦線に復帰できるが、他の者より不利な状態からリスタートする場合もある。純粋にクイズの強さを競うものから、体力や運が必要になるものまで、様々な形式で行われる。敗者復活を成し遂げた人は「敗者復活者」と書かれたタスキを着用させられる演出もある。

敗復【はいふく／はいふつ】？

敗者復活戦のことを指す略称。「はいふつ」か「はいふく」か呼び名は人によって異なり、昭和の時代から定まっていない。やや「はいふつ」派が優勢か。

倍率ドン！【ばいりつどん！】

『クイズダービー』で、１枠から５枠までクイズに答える解答者のオッズを発表するときに、司会の大橋巨泉が発した名フレーズ。「倍率ドン！８、９、２、３、６」など、２枠（井森美幸など）のオッズが一番高く、３枠（はらたいら）のオッズが一番低い傾向にあった。最終問題では逆転の要素を持たせるため「倍率ドン、さらに倍！」とオッズが倍に。これにより２枠は20倍になることも多かったが、最後に２枠に賭けることは、10万点に達しない場合の最終手段のひとつであった。大橋巨泉の後を継いだ徳光和夫は、最終問題は「倍率ドン！さらに倍してドン！」と言ったが、少しフレーズの切れが悪かった感は否めない。⇒篠沢教授に全部　⇒はらたいらさんに全部　⇒へうげもの　⇒るろうに剣心

パイロット版【ぱいろっとばん】

番組や作品のお試し版のこと。「パイロット」は「案内」「試行」の意味。受け手の評判やリアクションが良ければ番組のレギュラー化や作品の連載が決まることがあるが、場合によってはパイロット版の回数のみが増えていくこともある。クイズ番組の場合、ルールの軸は残しつつも、あらゆる実験的なクイズを試すことができる場でもある。パイロット版が長引き、実験的なクイズばかりになると一部ファンの視聴者から早くも「迷走」と言われる場合も稀にある。

バカ押し【ばかおし】?

早押しクイズで、答えがまだ全然絞られていない段階でボタンを押すこと。他の参加者に解答権が回らず、せっかく用意した問題が実質的に日の目を見ない原因にもなるため、バカ押しが頻発すると会場の空気がピリつくこともある。**⇒ダイブ①　⇒チャージ　⇒ムチャ押し**

博多華丸【はかたはなまる】

お笑いタレント。漫才コンビ「博多華丸・大吉」のボケを担当する。2005年に『とんねるずのみなさんのおかげでした』(フジテレビ）の「細かすぎて伝わらないモノマネ選手権6」で初めて『アタック25』での児玉清のものまねを披露して優勝、翌年の第7回を含めて初の2連覇を達成した。代表ネタに「児玉清さんが『アタック25』の後半、アタックチャンスを力強く言うときの手の揺れ」がある。特に「児玉清が『アタック25』の進行中、あ、誰も立っていないなと気付き、４人でやっていることを急遽付け足すシーン」というネタでは、「俄然、赤の方が有利になってまいりました。慎重かつ大胆に参りましょう！それでは次の問題。４人です！」とまさに細かすぎるシーンを完コピし、とんねるずの２人や、関根勤、有田哲平（くりぃむしちゅー）の４人を喜ばせた。その間に『R-1ぐらんぷり2005』でも児玉清ネタで優勝を果たしている。2006年には本家『アタック25』の解答者としてコンビで出場し、児玉清と2ショットでの『アタックチャンス！』を披露した。**⇒アタックチャンス**

箱の中身はなんだろな【はこのなかみはなんだろな】

解答者が箱に手を入れ、中身が見えない状態で何が入っているかを当てるクイズ形式。ぬるぬるしたもの、とげとげしたもの、動くものなど、触ったときに大きなリアクションが出る題材が好まれる。準備の手間と普段のクイズの強さにあまり関係がないことから、競技クイズではほとんど行われず、もっぱらバラエティ番組で行われる。なお、この形式では、解答者に中身が見えない一方で観戦者側の箱の側面は透明素材であるのが定番で、ときに感触に叫びながら答えに迷う解答者、若干引いたりニヤニヤしたりする観戦者、双方の表情が見物である。

パズル【ぱずる】? 文

特に知識を必要とせず、ひらめきや試行錯誤で解く遊びのこと。一般的には「クイズ」と呼ばれることも多いが、厳密には異なる。「覆面算」のように長い歴史を持つパズルもあれば、「数独」「スリザーリンク」のようなペンシルパズル、「知恵の輪」のようにパズルの要素を持つ玩具もある。「暗号」もかつてはパズルの一種とされたが、現代では「脳トレ」「謎解き」など、パズルとはまた異なったひとつのジャンルとして確立している。**⇒あるなしクイズ　⇒クロスワードパズル**

パズル通信ニコリ

【ぱずるつうしんにこり】 文

1980年に創刊された、日本で初めてのパズル雑誌。「ニコリ」の名前はイギリスのダービー馬に由来する。世界的に一大ブームを巻き起こしたパズル「数独」の名付け親であり、この名称は当初の名称「数字は独身に限る」を略したものである。基本的には「カックロ」「スリザーリンク」など知識を必要としないペンシルパズルが読者との協力体制によって生み出されているが、レギュラーの季刊誌では、高度な知識を要求されるクロスワード（ビックロ）が掲載される。ただ、基本的にニコリのクロスワードはクイズではなく「パズル」の要素を感じさせる問題も数多い。なお、同誌が2006年に作成したクロスワード『メガクロス』は「出版された世界最大のクロスワード」としてギネス世界記録に認定された。「メガクロス」は66666語の言葉から構成される。2017年には「メガクロス」のカギから作られたクイズを読者が早押しクイズなどで答える「メガクロスクイズ大会」が紀伊國屋書店（新宿）で実施され、大きな盛り上がりを見せた。制作スタッフには『第13回ウルトラクイズ』でグアム、『今世紀最後！ウルトラクイズ』でニューヨークまで進出した者もいる。

ハズレ

【はずれ】

正解するとパネルを選んで得点が入るクイズや、優勝すると何かを選んで優勝がもらえるような番組形式の場合、何も入っていないものを総称して「ハズレ」と呼ぶ。番組ロゴやスポンサーキャラクターがいる場合、そのキャラクターがベロを出しているイラストが添えられることが多い。また、バラマキクイズでは、問題の入っていない封筒がハズレとなったが、問題用紙の代わりに入っている赤いギザギザの枠に白地で「ハズレ」と書かれたハズレ券は、視聴者にインパクトを与えた。**⇒バラマキクイズ ⇒これを何と読む!?**

初

【はつ】 ?

あるものの最初であること。初開催・日本初・初代など、初がつくものは人の興味を引きやすく、よくクイズの題材になる。ちなみに、日本初のクイズ番組は、NHK『話の泉』であるといわれる。**⇒話の泉**

×

【ばつ】 ?

① 不正解のこと。また、不正解のときに解答席に置かれる札のこと。このバツの数によって様々なペナルティがある（「×が3つで失格」など）。別名「バッテン」とも。② ○×クイズの解答のひとつ。出題者の巧妙なウソや、そんなわけねぇだろ的な問題のときに「×」の答えになることがある。

罰ゲーム

【ばつげーむ】

①バラエティ番組のクイズコーナーで、負けたチームが罰として行うもの。「健康には良いが異常に苦い青汁を飲む」などが代表的だが、昨今は様々な事情から見かけることが少なくなっている。②『アメリカ横断ウルトラクイズ』で、主にハワイ以降まで進んだ挑戦者が敗れてしまった場合、現地で受けるペナルティのこと。代表的な系

統に「空港まで歩いて帰る」「現地のイベントなどに参加して恥をかく」「ドッキリに遭う」などがあった。⇒帰国

バッテンマスク

【ばってんますく】

クイズで誤答した場合、ルールによっては着用しなければならないマスク。「バツマスク」ともいう。ごく一般的なマスクの上にビニールテープやプラスチックでバツ印が描かれる。『クイズ・ドレミファドン！』をきっかけに広まり、特にイントロクイズで誤答をすると２人のうち１人がマスクをして解答席の後ろに退かなければならず、押し合いになるがゆえに厳しいルールであった。後には『高校生クイズ』の初期でも、３人１組のチーム戦であることから解答権を封鎖しあうクイズなどで使われた。誤答ペナルティ以外でも、交替制のクイズなどで「解答権がない」ことを視覚的に表す場合に着用することがある。『東京フレンドパーク』では「フール・オン・ザ・ヒル」という曲名当てクイズで、ヒントを出す側がつい口ずさみながら曲を奏でている場合は、スタッフ判断でマスクの着用を促された。同様の効果をもつ小道具としては、早押しボタンに箱をかぶせるなどの措置がある。ただ、解答権がないことが分かりやすくコミカルであり、ある種の悲哀を感じさせる点からも、バッテンマスクは一種の発明であるといえる。

パトランプ【ぱとらんぷ】

かつてはパトカーの行灯などに見られ、現在では駐車場の出入り口付近で見られる赤や青の回転灯。往年のクイズ番組では、解答権を獲った場合、そのしるしとして解答席に設置された赤いパトランプが点灯した。なお、テレビで見ていると分からないが、実際にパトランプを使った早押しクイズで解答権を獲り、台上のパトランプが点灯すると、回転する中の部分が「ウーン、ウーン、ウーン……」と鳴っていて、意外にやかましかったりする。

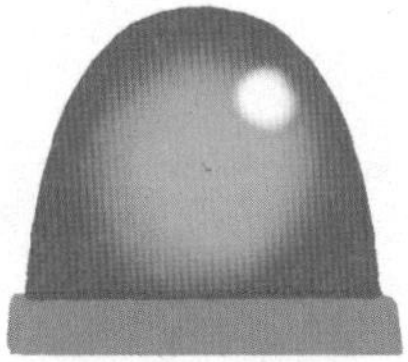

話の泉【はなしのいずみ】

第二次世界大戦直後にNHKラジオで放送が始まったクイズ番組。視聴者から寄せられた問題に対し知識人たちが持ち前の知識や蘊蓄を交えて答えていく形式で、アメリカのクイズ番組『Infomation Please』を下敷きにGHQの一部署であるCIEの指導によりはじまった。本放送は1964年までであったが、2000年代に入ってから『新・話の泉』というリメイク番組も放送された。

花祭り【はなまつり】

1975年4月に放送を開始した『パネルクイズ アタック25』の第1回・第1問目の正解。その問題は「4月8日は、お釈迦様の誕生日です。一般に何祭りというでしょう？」であった。

パネルクイズ アタック25

【ぱねるくいず あたっくにじゅうご】

1975年から2021年までテレビ朝日系で放送された視聴者参加型クイズ番組。通称は「アタック25」、クイズ関係者は「アタック」と呼ぶことが多い。赤・緑・白・青の４人の解答者が早押しクイズを行い、正解すると25枚のうちパネルを１枚指定し、オセロの要領で挟み合い、獲得枚数を競った。白黒テレビからカラーテレビが普及する過渡期に放送が開始され、「色」で競うクイズ番組の先駆け的な存在となった。５×５の25枚で展開されるパネル争いは非常に奥が深く、毎回異なった展開になるため、いまもって「これぞ唯一の攻略法」といったものは存在しない。１番・15番・21番・25番の「角（かど）」は他の色に挟まれないことから、まずは角を抑えることが肝要であった。正解しても「ピンポン」の正解音は鳴らず、司会者の「その通り！」や「正解！」という声で判定される。児玉清の情熱あふれる司会が印象的。２代目司会者は浦川泰幸（朝日放送アナウンサー）、３代目司会者は谷原章介が務めた。なお、番組で使用される問題用紙は縦書き。ダウンタウンの松本人志は『パネルクイズ25』ということが多く、邪魔なものの例えとして「パネルクイズ25で言うたら、22番に違う色が入ってるみたいなもんやな」などとボケることもよくあった。 現在はBSJapanextにて、 番組名の末尾に「Next」を付けて放送されている。

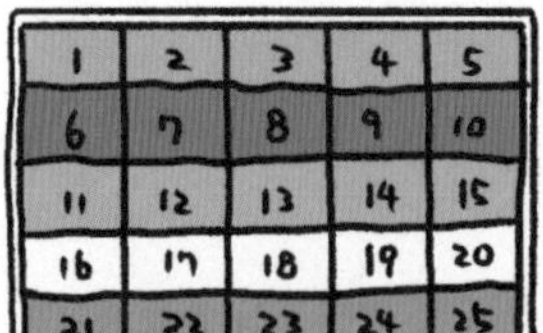

パブクイズ 【ぱぶくいず】 ？ 文

パブやバーで行われるクイズ。1970年代にイギリスではじまったといわれ、同国は現在もパブクイズが盛んな土地である。出題形式は、多くの場合筆記クイズである。日本では、筆記クイズよりも早押しクイズが人気であるため、水濡れに弱い早押し機を飲食の場で使うことは避けられる傾向にあった。しかし近年、日本でもクイズバーが散見されるようになり、公共の場で飲みながらクイズをするという文化が少し広まってきた。

Pabo 【ぱぼ】 文

『クイズ！ヘキサゴンⅡ』から生まれた女性３人組のユニット。2007年に同番組で初めてとなるシングルＣＤ『恋のヘキサゴン』をリリースし、後の「羞恥心」とともに人気を博した。ユニット名の「パボ」は、韓国語で「おバカさん」を意味している。

⇒羞恥心　⇒アラジン

早押し機 【はやおしき】 ？

早押しクイズをするための機械一式のこと。クイズ番組の場合は、解答席、早押しボタン、パトランプ、判定機などからなる。クイズ番組によってボタンの形状が様々であり、家庭用のビデオの普及とともに、その研究が進みクイズのハイレベル化が進んだとも考えられる。殊に『ウルトラクイズ』が及ぼした影響は絶大であり、クイズ番組以外でも、同番組の「出べそ型」早押しボタンを模した早押し機の製作までもが行われるようになった。特に西日本の荒屋式、東日本の高畠式などが80年代以降のクイズ文化を大きく支えた。なお、どちらも早押し機製作者の名前を冠していまでもリスペクトの意味を込めて呼ばれている。後に早稲田式早押し機など続々と早押し機が登場し、クイズ大会などで用いられている。一方、玩具として「ハヤオシピンポンブー」なども市販されており、クイズプレーヤーでなくても早押しクイズが気軽に楽しめるパーティグッズとして親しまれている。ちなみに、クイズマニアになれば「電卓」やzoomの「チャット機能」なども早押し機として使用することがある。抽象度を高めれば、バスの降車ボタンやファミレスの店員を呼ぶボタンなども早押し機の一種といえなくもない。**⇒電卓　⇒zoom　⇒降車ボタン　⇒出べそ型**

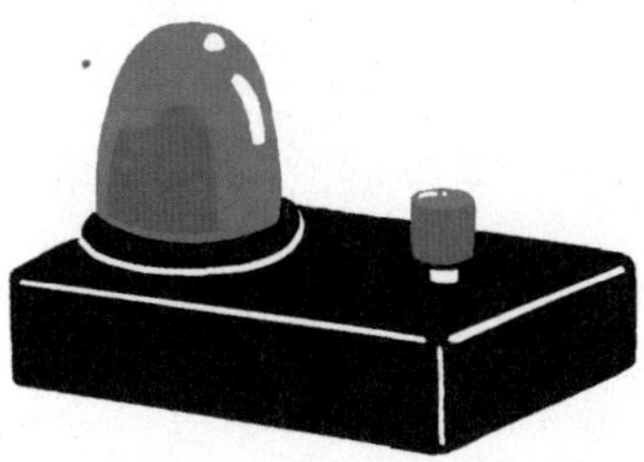

ハヤオシピンポンブー

【はやおしぴんぽんぶー】 ?

プレイアベニュー社によるパーティグッズ。電池式で電源が要らず、軽量かつ安価であることから、少人数のクイズ企画やクイズプレイヤーの自宅用機として活躍した。進化版の「スーパーハヤオシピンポンブー」では、機械の連結により最大25人までプレイ可能。ただし、近年は本格的な早押し機が普及し始めたため、クイズプレイヤーの持ち物というよりは、ふだんクイズをしない人が余興でクイズをやるときに購入する印象が強まってきた。

早押しクイズ

【はやおしくいず】 ?

クイズ形式のひとつ。問題文が読まれ、それに対して早押しボタンで最も早く解答意思を示した参加者が解答権を得られる。日本のクイズプレイヤーにとって「クイズ」といってまず思い起こされるのがこの形式である。「クイズに強くなりたい」などという場合のクイズは、主に「早押しクイズ」を指すことが多い。

早押しボードクイズ

【はやおしぼーどくいず】 ?

クイズ形式のひとつ。普通の早押しクイズではボタンを最初に押してランプの点いた人にしか解答権がないが、この形式では、誰かがボタンを押した段階で出題がストップし、解答者が全員、その問題の先を予測してボードに解答を書く。ボタンが点いてボード正解すれば3点獲得、ボタンが点いていなくてもボード正解すれば1点獲得、というのが基本ルール。早押しボタンを押す反射神経だけではなく、知識量のある解答者にも光を当てるために生まれた形式だといわれる。特にクイズ大会では長文の問題文で行われることが多く、クイズプレイヤーは「早ボ（はやぼ）」と略す。クイズ番組でも、1994年に『史上最強のクイズ王決定戦』で行われたことがある。

はらたいら

『クイズダービー』の３枠の解答者。本業は漫画家。高い正解率を誇り、司会の大橋巨泉からは「宇宙人」というニックネームで呼ばれた。職業柄、当時はほぼすべての新聞や雑誌に目を通していたといわれ、あるときは『月刊住職』まで熟読していた、と宮崎美子がトーク番組のエピソードとして語った。

はらたいらさんに全部

【はらたいらさんにぜんぶ】

『クイズダービー』のフレーズのひとつ。最終問題で残りの得点に余裕のある出場者は、倍率は低いが、正解率が高いはらたいらに全賭けすることが多かった。フレーズの頭に「最後もお願いします！いつも素敵な」が付く場合が多い。篠沢教授や井森美幸とは反対に、はらたいらが間違えてしまうと、それはそれでどんでん返し的な意外性があり、番組の盛り上げに貢献する結果ともなった。なお、賭ける側にとんねるずの２人が座った際、１問目から「はらたいらさんに全部」と言い、司会の大橋巨泉にたしなめられた逸話も有名。類義語に「いつも美しい竹下景子さんに全部」がある。なお、最終問題のはらたいら・竹下景子の２人のプレッシャーたるや相当のものがあったという。**⇒篠沢教授に全部**

バラマキクイズ

【ばらまきくいず】

クイズ形式のひとつ。問題用紙を１枚ずつ多くの封筒に入れてヘリコプターなどからバラまき、解答者は走って問題を取りに行き、出題者のところまで戻ってきて答える。多くの場合20パーセントの割合で、問題ではなく「ハズレ」の札が入っている。1979年に『第３回ウルトラクイズ』のアリゾナ州ツーソンで行われたのが最初。クイズ会場は大抵、砂漠や荒野、だだっ広い草原などで行われた。その後は、大学のクイズ研究会の合宿などでも、手軽にやれる体力クイズの形式として海岸などでよく行われるようになった。調子に乗って出題場所からあまりに遠くにバラまくと、体力的にも後片付け的にもしんどいことになる。

⇒ハズレ

パラレル【ぱられる】

「日本で一番高い山は富士山ですが、世界で一番高い山は何でしょう？」などのように、２つ以上の要素を対比させる問題。複数の要素が問題文中でパラレル（＝平行）になっているように感じられることからこう呼ぶ。「ですが問題」とも。パラレル問題の華といえば、アクセントの聞き分け。冒頭の問題の場合、「日本で」を強く読めば、最終的に問われるのはアメリカなどの他国や世界の最高峰であると推測でき、「高い」を強く読めば最終的に「低い」が問われるであろうことが分かる。ちなみに、冒頭の問題のように２つの要素が対比されている問題を２パラ（にぱら）といい、３つの要素が対比されている場合は3パラ（さんぱら）という。3パラの代表例としては「松はマツ科、竹はイネ科ですが、梅は何科の植物？（正解：バラ科）」などがある。⇒ですが

張る【はる】?

日本語の動詞。クイズでは「予測する」の意味で使われることがある。「山を張る」という慣用句が由来。「これは出題されるのではないか？」という予想が当たった場合、司会者に「なぜ分かったんですか？」と聞かれて「これは（事前に）張ってました」などと答える。またたとえば、新たに国民栄誉賞の受賞者が発表された直後のクイズ大会などで、その時事問題が出なかった場合、その帰り道では「あの受賞者の本名、張ってたのになぁ……」など反省会めいた会話などでも頻出する。

ハワイ【はわい】

太平洋に浮かぶアメリカの島。クイズ番組の賞品地であり、『アメリカ横断ウルトラクイズ』の第3チェックポイント。「ウルトラ」ではワイキキ周辺をロケ地に、砂浜で綱引きクイズや、船上でドボンクイズなどが行われた。なお、番組がパワーアップするにつれて、グアムの次はハワイではなく、回によってアラスカ、オーストラリア、タヒチに上陸することもあり、そのスケールの大きさに当時の参加者や視聴者は驚かされた。

ハワイ旅行【はわいりょこう】

往年のクイズ番組の賞品の定番。クイズ番組のみならず、優勝を競うバラエティ番組一般で賞品として機能した。「クイズ番組で優勝＝ハワイ旅行」の図式を広く印象付けたのは、「10問正解して、夢のハワイへ行きましょう」というキャッチフレーズで知られた『アップダウンクイズ』であろう。現在のクイズ番組では、海外旅行よりも「豪華グルメセット」などが優勝賞品となることが多い。これはバラエティ番組での食レポの浸透、シズル効果の技術向上、そしてネットでのお取り寄せ文化が広まったことが要因として考えられる。

判定基準【はんていきじゅん】?

クイズで、正解・不正解を判断したり、勝者を選んだりするために事前に設けた指標のこと。クイズ大会では、あるラウンドで全問終了しても同点の者がいるなど、勝ち抜け者が決まらない場合があるが、そのときは大会であらかじめ決めた基準によって勝者を決める。たとえば、各ラウンドで正解数が多い順、エントリーが早い順、予選の順位が高い順などのパターンがある。ペーパークイズで同点だった場合は、近似値クイズの値が近い順、1問目からの連続正解が長い順、それでも決まらない場合は「字が綺麗な順」といったパターンがある。もちろん、クイズの問題ひとつひとつについても、正解・不正解などの範囲を定めた基準が存在する。

板東英二【ばんどうえいじ】

元プロ野球選手の司会者。スポーツを題材としたクイズ番組『わいわいスポーツ塾』(TBS、1987年〜92年)や、人気番組『マジカル頭脳パワー』の司会を務めた。1984年には『アタック25』司会の児玉清が体調不良により収録を休んだことがあり、その際には代役として司会を務めたことがある。

パンとライス【ぱんとらいす】

「クイズ作家が選ぶ名作問題」などの企画が行われるとき、「ショートケーキの日」と並んで話題にのぼる名作問題のひとつ。2000年代に『超タイムショック』で出題された「パンとライス。国連事務総長はどっち？」という問題のこと。同番組では、やくみつるが「ライス！」と即答して間違えた。当時、ライス氏はアメリカの国務長官であり、国連事務総長は韓国の潘基文(パン・ギムン)氏であった。正解の「パン(潘)」は漢字のイメージがあるため答えにくく、またライス氏も知名度の高い政治家であったことから、巧妙なひっかけ問題といえるが非常にフェアな問題であり、いまでも「良問」として語り継がれる。⇒**ショートケーキの日**　⇒**いい問題**

BGM【びーじーえむ】

バック・グラウンド・ミュージックの略。様々な場所で雰囲気づくりのために流される音楽。クイズ大会では、問題が聞こえないと勝負が成立しないため、出題中はBGMを流さないか音量を絞るのが通例である。また、大会によっては、参加者が舞台に出るときのBGMを参加者自身で指定できたり、休憩時間のBGMをこだわりのラインナップにすることで企画者の個性を出したりする。なお、近年ではクイズ大会のBGMを本職の音響会社に頼む例があり、楽曲の権利関係をクリアにした上で音楽を楽しめるようになってきた。

引き【ひき】？

①クイズプレイヤーの「引き」。くじ運の良さや、ここぞというときに自分に有利な問題が巡ってくる度合い。②クイズ番組制作現場の「引き」。構成・出題したクイズによって、どれだけ番組が盛り上がる展開が作れるかという度合い。①②どちらの場合も、「引きが強い」「引きが弱い」といったかたちで使う。⇒**神②**

久伊豆神社

【ひさいずじんじゃ】

埼玉県内に分布する複数の神社。別名「クイズ神社」。名前の漢字が「クイズ」とも読めることから、クイズ関係者が参拝に訪れることも多い。さいたま市岩槻区宮町にある久伊豆神社は『第11回アメリカ横断ウルトラクイズ』(1987年) で国内第2次予選の会場になったため、同名の神社のなかでも特に有名である。

ビジュアルクイズ

【びじゅあるくいず】

画像や映像を使って出題されるクイズ。出題方法の特性上、もとはテレビのクイズ番組で多くみられる形式であったが、近年では個人でも容易に写真や映像、またそれを映す機械を用意できるようになったことから、仲間内のクイズ大会でもみられるようになった。

ひっかけ問題 【ひっかけもんだい】

クイズのなかでも、あえて解答者の誤答を誘う要素のある問題。しょうもない言葉遊びで笑いをとるものから、「言われてみればたしかに!」と納得できるものまで、様々なひっかけが存在する。類義語に「いじわる問題」がある。⇒地雷

日付問題 【ひづけもんだい】

クイズ大会やクイズ番組で、大会実施日または番組放送日にちなんで出されるクイズ。主に、過去のその日に起こったできごとや、生まれた人・亡くなった人などが取り上げられる。「当日問題」「今日は何の日問題」とも。

ぴったし カン・カン

【ぴったし かん・かん】

1975年から86年までTBS系で放送された。視聴者参加型クイズ番組。司会は久米宏が務め、コント55号の萩本欽一と坂上二郎がそれぞれ「カンカンチーム」と「ぴったしチーム」のキャプテンを務めた。知識で答えるのではなく、カンや当意即妙さが求められる。間違えた場合は解答権は順にリレーされていくが、その合図には久米宏が鳴らす「チン!」という簡易ベルが用いられ、肩ひじの張らない番組であった。ゲストの幼いときの写真を見せて誰なのかを当てる「1枚の写真」コーナーが番組恒例であり、ゲストが登場する人気コーナーだった。伏せ字になっている部分を当てるクイズでは、司会の久米が「ホニャララ」と言って隠したが、この言葉や手法は現在も残っている。

ぴったんこカン・カン

【ぴったんこかん・かん】

2003年から21年までTBSで放送された人気番組。司会はTBSアナウンサーの安住紳一郎が務めた。当初こそ『ぴったしカン・カン』のリメイク版としてクイズ要素が強かったが、徐々に安住とゲストとのグルメや旅を主体とするロケVTRが人気となっていき、最終的には1時間の番組内に1～2問のクイズが申し訳程度に出題されるまでになった。チーム対抗戦の要素は残り、大抵の場合「0－10」で○○チームの勝利！となってエンディングを迎えた。どうやら1問10点だと思われる。

必答【ひっとう】 ？

クイズのなかでも、参加者が必ず解答しなければいけない形式。たとえば、早押しクイズは解答権を取らなければ答えなくて済むのに対し、ボードクイズでは参加者全員が何かしら答えを書くことになる（白紙で出した場合も、「白紙で解答した」ということになる）。たしかな知識はあるが瞬発力に欠けるタイプの人には向くが、参加者のなかでひとりだけ実力が足りないときなどは、周囲との差が目に見えて表れてやや片身の狭い思いをすることもある。

ビデオライター

【びでおらいたー】

クイズ番組で、タッチペンで画面に手書き解答を行うときに使われる機械。文字だけでなくイラストなども描ける汎用性の高さと、書かれた答えが正解か不正解かで背景色を変えられる視覚的なわかりやすさもあり多用される。なお、番組収録ではビデオライターに書いた内容を訂正するときには画面に大きく×印を描くように指示されることがあるが、×を描いたことで自動的に解答が消えるわけでなく、大抵は×印を見たスタッフが手動で解答を削除している。そのため、初めてビデオライターにふれる人が多い番組では、物珍しさから落書きをしては×を描き、落書きをしては……という流れが繰り返されるため、裏のスタッフがえらいことになっている。ビデオライターの仕組みを知ったみなさんには、ぜひとも以後お手柔らかに願いたい。

百人一首【ひゃくにんいっしゅ】 ？ 文

①『小倉百人一首』を題材とした競技かるたのこと。早押しクイズと似ている面があるため、アナロジーとして引き合いに出されることが多い。たとえば、早押しクイズの問題文には「ポイント」と呼ばれる「ここまで聞けば、一気に正解まで絞り込める言葉・助詞・アクセント」などがあるが、これは百人一首における「決まり字」や「詠み手の呼吸」に非常に似ている。また、クイズ王が出された問題の知識についてすべてを知っているのではない点と、百人一首の名人が和歌そのものについての造詣が深いとは限らない点にも、通じるところがあるといえる。②クイズの定番として、よく出題される題材のひとつ。第1～3首目の「天智天皇」「持統天皇」「柿本人麻呂」や第100首目の「順徳院」、小野小町の詠んだ

歌の下の句「わがみよにふる ながめせしまに」、「蝉丸の和歌は、百首のうち唯一、濁点が使われていない」などが問われやすい。**⇒確定ポイント**

100万円クイズハンター

【ひゃくまんえんくいずはんたー】

1981年から93年までテレビ朝日系で放送された帯のクイズ番組。司会は俳優の柳生博。放送時間が平日朝であり、午前中の家事の合間に見る主婦層を視聴者に想定していたことからか、比較的簡単な問題が多かった。番組のキャッチフレーズは「生活の句読点」。問題は簡単でも賞品は豪華で、12年間の放送で出た賞品の総額は38億円にのぼったという。通常の早押しクイズは指でボタンを押すが、この番組ではハンマーでボタンを押すのが特徴。番組前半では20枚のジャンルパネルを指定して、正解するとそのパネルに隠された賞品を獲得し、番組後半の「ハンターチャンス」では他者の賞品を横取りでき、高額商品ばかりがチーム間を行き来するのが名物シーンであった。当時、学校を休んだ小中学生はこの番組を見た人も多いだろう。1998年にはプレイステーションでゲーム化され、司会の柳生博がポリゴン化された。**⇒ゴールデンハンマー**

表記揺れ

【ひょうきゆれ】 ？

文字での書き表し方に異同があること。たとえば、バイオリンとヴァイオリンの関係がこれにあたる。クイズでは、西洋の言葉をカタカナで答える場合、発音がおよそあっていれば表記に差があっても正解扱いにすることが多い。ただし、企業名など固有名詞を答えるときには、特定の表記で正確に書くことが要求されることもある。

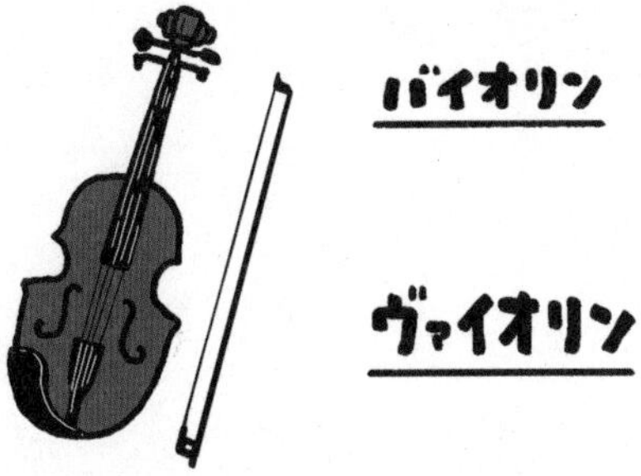

へうげもの

【ひょうげもの】 文

山田芳裕のマンガ。2005年から17年まで講談社『モーニング』で連載され、第13回文化庁メディア芸術祭マンガ部門優秀賞や第14回手塚治虫文化賞マンガ大賞を受賞。後にNHKでアニメ化もされた。本作は、戦国〜江戸にかけて実在した武将・古田織部を主人公に、当時の流行や社会情勢を数寄の観点から描き出したもので、随所に挿入される笑いやなつかしのネタから「世界初の本格的歴史長編ギャグマンガ」とも称される。本作のコミック版20巻には、江戸幕府の財政基盤を築いた武将・大久保長安が、どういうわけか往年のクイズ番組司会者・大橋巨泉を彷彿とさせる言動で登場する。そして長安の死の直前、彼が最後の賭けに負けた場面では、『クイズダービー』を意識したセットに淀君などの歴史上の人物や、はらたいら（なぜだ）と居並び、自らの企てを託した息子が成功する確率を「倍率ドンっ」「さらに倍っ」と見積もった後、事切れた。**⇒クイズダービー　⇒はらたいら**

山田芳裕『へうげもの』（講談社）

ひらがな ？ 文

漢字を崩して生まれた日本の文字。ペーパークイズやボードクイズでは漢字の間違いは誤答になるのが原則であるため、正しい漢字に自信がないときは、減点されないようにひらがなで解答することが大事である。なお、『クイズ王決定戦』など挑戦者の「格」が求められるような番組のボードクイズでは、スタッフから「自信がある場合は、できるだけ漢字で書いてください」という指示が出されることもある。博学多才なクイズ王が全問ひらがなばかりの解答ではテレビ的に見栄えが良くないからであろう（実際にそういう投書もあったという）。一方で、漢字のミスがあると正解から遠のいてしまう。そのため、高いレベルのクイズ王ともなれば、減点を防ぎつつ、テレビ的な映えを意識しながら、超難問にできるだけ漢字で正解するという離れ業もやってのける。

ひらめき ？

クイズは一般に「知識」で解くものとされるが、ときにはパズル的な要素が重視されることもあり、そのような問題の解答に必要とされる能力。往年の『象印クイズヒントでピント』では「あなたの直感と連想能力に挑戦する、象印クイズヒントでピント」がキャッチフレーズだったが、この場合の「連想能力」が現在の「ひらめき」に当たるワードといえる。『アップダウンクイズ』の後番組として『クイズ！ひらめきパスワード』（毎日放送）が始まったが、同番組も５つのブランチ（ヒント）から１つの正解を導く番組であった。後には『マジカル頭脳パワー!!』や『ＩＱサプリ』など、従来の常識を打ち破り、頭の柔らかさが問われる問題を解くのに必要な能力のことを指した。現在では「謎解き」「リアル脱出ゲーム」などで要求されたり、通常の早押しクイズであっても「別角度から解答を導く」能力などを指したりと、時代によって少しずつ意味合いの変化する言葉だといえる。⇒脳トレ

ヒラメキの天才

【ひらめきのてんさい】

『クイズプレゼンバラエティー Ｑさま!!』の解答者である、伊集院光の異名。自身の知識では真っ正面から解けない問題であっても、出題ＶＴＲなどの見逃しがちなヒントや、難読漢字の部首と文字数、また問題文の不自然な言い回しなどから解答の糸口を見つけ出して正解し、チームの勝利に貢献する。

ヒント【ひんと】？

クイズの解答を導くための手がかりのこと。古くは『連想ゲーム』（ＮＨＫ）で各チームのキャプテンが交互に出し合い、そのキーワードを当て合った。『象印クイズヒントでピント』では番組名にも使われ、司会の土居まさるが出題の直前に、比喩や擬人法などを駆使した絶妙なヒントを出した。各クイズ番組で、問題ごとに設けられることが多いが、正解までの距離感を絶妙に保つことが肝要である。「第一ヒント」「第二ヒント」などと、段階を踏んで正解に近づいていく場合も多い。その場合、もはや「最終ヒント」は「正解」と同義語に近くなってしまうこともしばしばである。

ヒントでピント

【ひんとでぴんと】

1979年から94年までテレビ朝日で放送されたクイズ番組。正式タイトルは『象印クイズ ヒントでピント』。司会の土居まさるによる「直感と連想能力に挑戦する象印クイズヒントでピント！」というオープニングで始まった。開始当初は時代の最先端であったモニター技術を駆使したクイズで、出題コーナーごとに「2分割」「4分割」「16分割」といった連想クイズや、「テクニカル」と呼ばれるエフェクト映像から「動作」や「物」を当てるコーナーがあった。「モザイク動画」がこの番組のために開発されたというトリビアは有名である。出題される内容は、当時の新聞記事を題材としたニュース性の高い話題から、古今東西の教養が求められるものまで非常に難易度が高かった。なお、男性チーム・女性チームは週替わりで1名ずつのゲストがいたが、1問も答えられずに30分が終わることもしばしばであり、よく「置いてけぼりの存在」として雑誌の投稿コーナーなどでネタにされることも。しかしエンディングでは「魔法瓶」やホットプレート「やきやき」などの象印商品を持ち帰ることができ、ゲストは大きな笑顔を見せていた。**⇒その通りです浅井さん　⇒モザイク**

ピンポン玉

【ぴんぽんだま】

クイズの解答権を得るための最も基本的な方法は早押しボタンを押すことだが、変わったところでは『クイズ・ドレミファドン！』の「ウルトラ歌合戦」というコーナーでは、中央に置かれたテーブルを解答者が円形に囲み、テーブルの下から吹き上げる風によってフワフワ宙に浮いたピンポン玉を最初に取った人が解答権、という秀逸なアイデアがあった。なお、ピンポン玉は宙で回転するため、見分けやすいように水玉模様が施されていた。ピンポン玉を取り損ねることでカメラマンが画面に映り込んだり、スタジオの隅っこまで解答者が玉を追いかけたり、といった演出法は当時斬新なものであった。

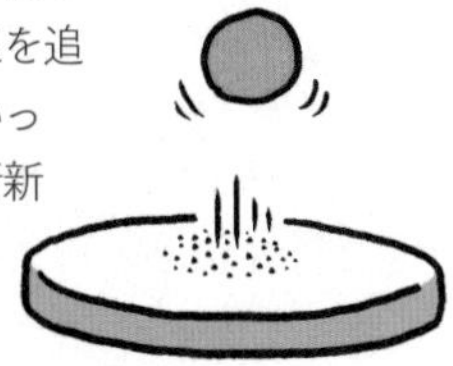

ファイアー！

【ふぁいあー！】

『高校生クイズ』の2代目総合司会・福澤朗が生み出した、高校生を燃えさせて熱狂させるフレーズ。人差し指を突きさす独特のポーズで発せられる。当初は『ウルトラクイズ』同様「ジャストミート！」になる予定であったが、当時の『高校生クイズ』はLIONの一社提供であり、競合他社である花王の洗剤に当時「ジャスト」があったため番組側が自主規制することを余儀なくされた。福澤にとって最初の予選である沖縄大会の前夜、作家陣との緊急会議では「ボンバー！」「ビクトリー！」「チャージ！」などの候補があがったが、本人的にはいまいちピンとこなかった。そこで本人が「燃えているかー！」→「燃える」→「炎」→「ファイアー」の連想から、これでいこうと決定した。翌日、沖縄という地の利もあってかノリの良い高校生が多く、「ファイアー」のコール&レスポンスが突発的に生まれて盛り上がり、以後の『高校生クイズ』を10年間盛り上げ続ける名フレーズとなったという。

ファイナルアンサー

【ふぁいなるあんさー】 文

『クイズ＄ミリオネア』で使用された、解答を確定させるためのフレーズ。司会のみのもんたから「ファイナルアンサー？」と聞かれたら、挑戦者は心を決めて「ファイナルアンサー」と答える。この言葉を宣言すると選択肢を変えることはできない。このフレーズは番組のヒットをきっかけに流行語にもなり、英語の綴りを略した「FA」はネットスラングとして「つまりいまから風呂に入るってことで、FA？」のように使われた。また、居酒屋でメニューを選択するときなどに未だに耳にすることもある。「たこわさかなー」「ファイナルアンサー？」といった具合。アンサーとは。ファイナルとは。

ファイティングポーズ

【ふぁいてぃんぐぽーず】

クイズ番組で見られる演出のひとつ。収録前に、解答者ひとりひとりがカメラ目線で両手をグーにして構えるポーズをとり、そのシーンを数秒間撮影する。後に編集され、オンエアのオープニングでは、出演者の紹介VTRなどで、チーム戦では団結感、個人戦では意気込みを示す目的で使用される。時たま、収録の都合上「戦いが終わったあと」に撮影することがあり、たとえ戦いに負けてしまった場合でも「やるぞ！」という表情を出す必要があり、プロ意識が必要とされる。

ファインプレー

【ふぁいんぷれー】

スポーツで、見事なプレーのこと。クイズにおいては、チームメイトの誤答をうまくカバーしたときや、他人の勝ち抜けをしっかり防いだときなどにこう言われることが多い。かつての『Qさま!!』のプレッシャーSTUDYでは、主に8番から10番の難問を正解した場合に「ジャン！」というSEとともに「FINE PLAY」のテロップが表示された。この「FINE PLAY」を出すことがチームの勝利につながる賞賛すべき行為であったと同時に、爪痕を残したい解答者にとって目標のひとつともなった。

50：50 【ふぃふてぃふぃふてぃ】

『クイズ＄ミリオネア』で使用できるライフラインのひとつ。分からない問題があった場合、４つある選択肢を半分の２つに減らすことができる。超難問が出題される最終問題（15問目）まで温存し、正解する確率を25パーセントから50パーセントに上げてから勝負に出るのが基本的な勝ちパターンとされた。選択肢はコンピューターがランダムに半分消すのだが、2択で迷いがちな選択肢が2つ残る場面も多く「あれって、本当にランダムなの？」という視聴者の声も聞かれた。どうやら本当にランダムだったらしい。

フィフティ・フィフティ

【ふぃふてぃ・ふぃふてぃ】

2つのものの間に優劣がなく「五分五分」である状態を表す英語。『アメリカ横断ウルトラクイズ』『高校生クイズ』の初代司会者・福留功男の口ぐせ。ジャンケンやクイズなど1対1の対戦で、一方が追いついて同点になった場合「いいぞ！これでフィフティ・フィフティだ！」と言うことが多かった。

封鎖クイズ【ふうさくいず】 ？

クイズ形式のひとつ。正解すると任意の人の解答権を一定期間奪うことができる。実力が突出した人が参加している場合、他者の正解で解答権がしばらく剥奪され、復活したと思ったらまた剥奪され……という展開が続きがち。『第3回ウルトラクイズ』（1979年）の準決勝ワシントンで行われたのが最初とされ、上記のような展開となった。『第15回ウルトラクイズ』（1991年）のドミニカ共和国ではさらに非情な封鎖クイズが開発され、優勝候補のひとりと目された挑戦者が涙を飲んだ。その後、クイズ大会では「ドミニカ風クイズ」と称されるクイズ形式が生まれるほど普及し、参加者に実力差のあるクイズ企画などでは有効に機能することがある。一般に実力者に不利な形式とされるが、それでもわずかなスキを突いてきっちり勝ち抜けていく強者もおり、この形式の勝利者は実力と勝負強さを兼ね備えた人だといえる。⇒**ドミニカ共和国**

ブーブーゲート【ぶーぶーげーと】

『アメリカ横断ウルトラクイズ』の第1チェックポイント（成田→グアム）「機内400問ペーパークイズ」の結果発表に使われるゲートのこと。グアム（サイパン）の空港に着陸した飛行機のタラップに設置され、1人ずつゲートの足元にある赤いマットに乗る。合格の場合はそのままグアムに上陸できるが、不合格の場合はけたたましい「ブーー」の音が鳴り、大恥をかかされる。せっかく海外まで来たのに異国の地を一歩も踏むことができず、再びタラップを登り、同じ飛行機で日本に戻るという非情な演出が印象的だった。『高校生クイズ』でペーパークイズが行われた場合も、駅や港などにブーブーゲートが設置されることが度々あった。

笛【ふえ】

『東京フレンドパークⅡ』（TBS）では関口宏が、『クイズ！脳ベルSHOW』では岡田圭右（ますだおかだ）が、解答者をたしなめるときに「ピッ！」と吹いて使用する、簡易的な道具。

フォーム【ふぉーむ】

スポーツの打撃やキックなどにフォームがあるように、早押しボタンを押すときの姿勢にも「フォーム」がある。クイズ王やクイズプレイヤーたちは、コンマ１秒でも早くボタンを「押し切る」ための型（フォーム）を見つけるところから始める。フォームが派手すぎると場所を取ってしまうため、クイズ番組や大会のセットの規模によって臨機応変に変更することも重要である。⇒ **フォロースルー**

フォロー【ふぉろー】

早押しクイズで、問題文の序盤で正解が出たときに、正誤判定後、押されたポイント以降の問題文の続きを読むこと。早めの誤答の場合も「続きと正解を」などの言葉を合図にフォローする。

フォロースルー【ふぉろーするー】

早押しクイズで、ボタンを押し終わった後の姿勢、特に手の動かし方のことをいう。あまりに派手すぎるとみっともないが、本当は分かっていないのにフォロースルーだけは大きい場合、みっともないどころかマナー違反と見なされる場合もあるので注意。

福澤朗【ふくざわあきら】

元日本テレビのフリーアナウンサー。『アメリカ横断ウルトラクイズ』『全国高等学校クイズ選手権（高校生クイズ）』ともに福留の後継、２代目MCとしての重責を務めた。『第15回ウルトラクイズ』に至っては、海外ロケが終わった後にサンフランシスコのベッドから転落して頭を落ち、軽い記憶喪失状態になるほどの緊張感（からの解放）だったという。『高校生クイズ』では、参加者の良き兄貴分といった存在を存分に発揮し、「ならば、参ろうぞ！」「人呼んで」など絶妙に古い戦国時代めいたフレーズを好んで使用し、自分と高校生を鼓舞した。各地方には、福澤との「ファイアー」のコール＆レスポンスを楽しみにお祭り感覚で参加する高校生も多くいた。90年代は同局の『とんねるずの生でダラダラいかせて！』（生ダラ）でブレイクし、恒例のスペイン・マラガでの闘牛企画では、石橋貴明に『アメリカ横断ウルトラクイズ』の赤ジャケットを着させられ（ムレータ＝赤い布が2つになるという意味合いもあったと思われる)、思い切り牛の角に突き上げられ、宙に浮いたのちに地面に落ちてしまう福澤が印象的だった。後に『クイズ世界はＳＨＯＷ by ショーバイ！』の2代目を担当、さらに『頭脳王』のMCも務めている。

副賞【ふくしょう】

クイズイベントで優勝したとき、正賞のトロフィーなどに添えてもらえる賞品。クイズ番組では、旅行券や多額の賞金など豪華な副賞が多いが、クイズプレイヤーのみが参加する大会では、一部を除き副賞はほぼネタである。とある漫画の中途半端な巻を渡されたり、謎の栄養ドリンクを押し付けられたりと、ふだん自分がなかなか手に取らないものがもらえる（そして半ば強制的に新しい扉が開かれる）良い機会ではある。

福留功男【ふくとめのりお】

元日本テレビのフリーアナウンサー。1977年から『アメリカ横断ウルトラクイズ』を14年にわたって担当、18歳の年齢規定で出場できない高校生からの要望で、1983年からは『全国高等学校クイズ選手権（高校生クイズ）』もスタートし第10回までの司会を務めた。愛称は「トメさん」で、当時の番組ファンや挑戦者にとってカリスマ的人気を誇った。当時のスケジュールの一例を挙げると、1986年には初夏から夏休みまで『第6回高校生クイズ』の全国10ブロックの予選会場でクイズを行い、8月に全国大会を「国立競技場（１回戦）」と「富士山5号目（準々決勝）」で、そして日程上、翌日の日曜日が『ウルトラクイズ』の後楽園球場での第１次予選だったため、富士山を一度下りて炎天下の後楽園で予選を行い、その後再び富士山頂まで登って『高校生クイズ』の優勝校を決定、翌月からは『ウルトラクイズ』で成田からニューヨークまで全行程5万キロのクイズ旅に出発するという、まさしく鉄人的なスケジュールであった。その合間にも『ズームイン!!朝！』という日本テレビの朝の情報番組に出演しており、高校生クイズで地方にいるときは、その地方のロケ先から『ズームイン』を届けることもあった。福留は「『ウルトラクイズ』はライフワークのようなもの」と語っていたが、1977年の番組開始当初、局アナでレギュラー番組を持っていなかったのは福留だけであったため、後の「世界一周版」のお試し版としてアメリカ大陸で実験的に１回だけ行うつもりだったのがキャラクター的にハマり、福留あっての大型番組に成長していくことになる。ちなみに、当初は奇数回が福留、偶数回が徳光和夫と順番で海外レポーターを務める案も浮上していたという。

富士山【ふじさん】

日本の最高峰。数多くのクイズ問題の題材となる。山頂には県境がないことでも有名。『高校生クイズ』では、第6回（1986年）から第11回（1991年）まで全国大会の決勝の舞台となり、3チームが3776mの頂上で早押しクイズを戦った。なお準決勝では4チームが富士山の9合9勺まで登り、敗れた1チームは即座に下山するという非情なルールも恒例であった。

札上げ【ふだあげ】？

二択クイズや三択クイズなど、択一形式のクイズを行う場合に取られる手法。多くの場合、事前に「○」と「×」が両面印刷された紙や、「1番」「2番」「3番」の番号札が配布される。解答者は正しいと思う選択肢を、前方に向けて掲げる。早押しクイズとは異なり大人数でも参加できるため、全員参加の予選ラウンドや、敗者復活戦などで実施されることが多い。なお、初心者は「正しいと思う選択肢を自分に向けてしまう」というミスをおかしがちなので、注意されたい。しかし、クイズ大会自体のクオリティがアップするにつれて、司会進行が「かならず『こちら側に』解答を向けてください！」と問題ごとに注意を促すようになった。優しい大会が増えたことは歓迎すべきことである。

冬の時代【ふゆのじだい】

視聴者参加型クイズ番組が姿を消した時代のこと。1980年代に多くの番組が一気に終了した時期や、1990年代の後半に「クイズ王ブーム」の終焉によって視聴者参加型クイズ番組が『アタック25』だけになり、プレイヤーがテレビで活躍できなくなった時期を指す。しかし、冬の時代が到来してもプレイヤーは諦めず、メディアがクイズの場を作らないなら自分たちで作ればいいとばかりに、自らクイズイベントを開くようになった。この風潮が、それから約30年が経った現在のオープン大会文化にも繋がっている。**⇒オープン大会**

フリーバッティング
【ふりーばってぃんぐ】

本来は野球用語のひとつ。クイズでは、簡易的なルールで早押しクイズをひたすら行うことを指す。企画が始まる前や、時間が空いたとき、またメイン企画の優勝者決定後に問題が余った場合などに行われる。「フリバ」と略されることが多い。特にルールを決めずに行う場合、誤答した者は自分の裁量でもって数回休みを自分に課すという、クイズプレイヤーの規律正しい一面が垣間見えることもある。

フリップ【ふりっぷ】

クイズ番組などで、書き問題の際に答えを書き込む厚手の紙のこと。「フリップボード」の略。NHKでは「パターン」と呼ぶ。ゴールデンタイムのクイズ番組では、ビデオライターやタッチペンの登場により、従来ほど使用される場面は少なくなったが、バラエティ番組の企画や、予算の少ない深夜番組ではよく使用される。なお、多答問題でたくさん答えを書いていることを視覚的にわかりやすくして視聴者を驚かせたいときには、大型のフリップが使われることもある。クイズ大会の場ではフリップでなく「ボード」と呼ばれるのが一般的で、百均のホワイトボードやスケッチブックなど安価で身近な道具を使用することが多い。
⇒一問多答クイズ　⇒ビデオライター　⇒ボードクイズ

振る【ふる】?

早押しクイズの問題文で、ある情報をきっかけに別の情報に飛躍すること。「日本で一番大きな都道府県は北海道ですが、二番目に大きな都道府県はどこ？（正解：岩手県）」の類。クイズの場では、問題の読み方は平板だがまだ続きがありそうな気配を感じたときに、「え、この問題振ってる？」と意識しながら問題を聴くプレイヤーが存在する。**⇒パラレル　⇒分岐**

フルゲート【ふるげーと】

競馬で、レースに出る馬の数が上限いっぱいとなること。スタートのためのゲートが埋まることからこう呼ぶ。転じて、クイズ大会にエントリーした人数が、出場者数の上限に達すること。よく大会のオープニングでトーク、司会が「本日の参加者は〇〇名、フルゲートでお送りします」などという。もとがレース用語であるためか、どこか高揚感のある言葉である。

古畑任三郎

【ふるはたにんざぶろう】 文

フジテレビ系のドラマシリーズ。警部補・古畑任三郎が、独特の話術と卓越した推理力で犯罪を捜査していくという物語。1996年放送の「VSクイズ王」の回では、古畑がクイズ番組に出場し、舞台となったテレビ局で起こった殺人事件を解決した。この回の犯人であったクイズ王役は唐沢寿明。唐沢は、後にTBS系のクイズ番組『ワールド・クイズ・クラシック』『THEクイズ神』の司会を務め、特に前者では『古畑任三郎』のクイズ王を思わせるタキシード姿での司会・進行を務め、収録現場に立ち会ったクイズプレーヤーから喝采を浴びた。なお、「VSクイズ王」の回で殺された番組の衣装係役を演じたのは、実際のクイズ番組でもおなじみの伊集院光であった。

プレッシャーSTUDY

【ぷれっしゃーすたでぃ】

『クイズプレゼンバラエティーQさま!!』で、主に2000年代の後半を中心に行われていた勉強クイズのコーナー。略称は「プレスタ」。10人がそれぞれ円卓を囲むように解答席に座る。各問題では1セット10問の問題が出題され、1人ずつ番号を指名して解答していく。全員が正解するとクリア。1番にいくほど簡単、10番にいくほど難問となる。9番や10番の問題で正解すると、画面に「FINE PLAY」の文字がドン！と出現した。1人でも解答に詰まりタイムオーバーになると失格のため、簡単な1番や2番の問題を後の解答者のために残すことや、分からないときには素直に1番の問題に答えることも大事であった。漢字の読み、歴史上の人物の名前、英単語の意味、計算式の□に入る記号、ひとつだけあるウソ選択肢選んではならない時事的な「教科書ドボン問題」などが出題された。珍解答がもてはやされていた時代に、10人がファインプレーを目指すスタイルが好評となり、ゴールデンタイムに進出して恒例企画となった。

プロフェッショナル 仕事の流儀

【ぷろふぇっしょなるしごとのりゅうぎ】

NHKのドキュメンタリー番組。各界の第一線で活躍するプロに密着し、その仕事ぶりや信念を紹介する。2021年には「クイズ、最高の一問～クイズ作家・矢野了平／日高大介～」と題して、クイズ作家2名で特集が組まれた。

分科会【ぶんかかい】

会議全体を分野ごとに分け、各分野の関係者で開く小会議。クイズ番組では、企画の大枠などは全体会議で話し合われることが多いが、具体的なクイズの内容は分科会で扱われる傾向があるため、クイズ作家は全体会議でなく分科会だけに呼ばれるケースもある。ただし、問題のつくり手からすると、全体のことを知らないままクイズをつくっても痒いところに手が届くものにはなりにくい。そのため、全体会議と分科会の間で情報共有をする係の腕とマメさによって、番組全体のクイズのクオリティやクイズ完成までにかかる時間が大きく変わることがある。

文学・歴史

【ぶんがく・れきし】 ?

クイズのジャンルのひとつ。『クイズグランプリ』で使用されたのが元祖で、同局の『FNS１億2000万人のクイズ王決定戦！』でも『グランプリ』同様に「社会」「科学」「芸能・音楽」「スポーツ」とともに主要５ジャンルを構成した。「文学」「日本史」「世界史」「言葉」「ことわざ」など、現在ではクイズに頻出とされる文系科目を全部ひっくるめたジャンルだった。『クイズグランプリ』の問題集全５巻は「文学・歴史」のページから始まるため、往年のクイズ王や、この問題集で勉強したクイズプレーヤーはこのジャンルから強くなる者が多かったといわれる。学校のテストが得意な人は、比較的得意なジャンルとして押さえやすい。

⇒クイズグランプリ　⇒ジャンル

分岐【ぶんき】 ?

主に、早押しクイズのパラレル問題についていう言葉。問題文前半の情報から推測できる、文後半で問われることが予想される複数の候補のこと。たとえば、問題文前半で「日本一広い湖は琵琶湖ですが」と言われた場合、世界一広い湖を問われる可能性も、日本一深い湖を問われる可能性もある。プレイヤーは、このような分岐を予想しながら使用される言葉や出題時のアクセントなどを頼りに問題文の続きを聞き、分岐がなくなり答えが一意に定まると思った時点で早押しボタンを押すのである。**⇒パラレル**

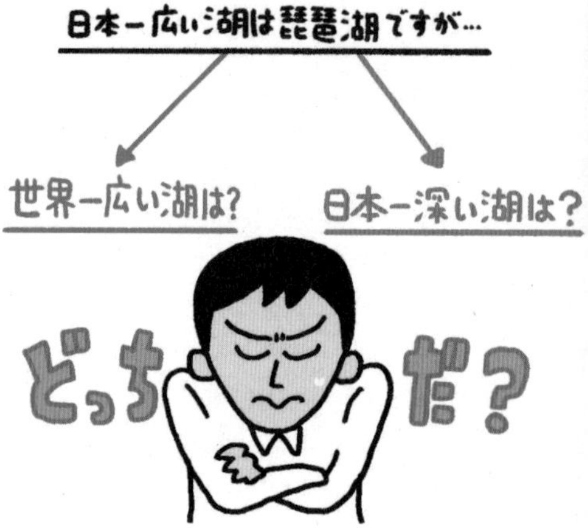

文末【ぶんまつ】 ?

文章の終わりの部分のこと。クイズ問題の文末にもいろいろあり、「何でしょう？」と「何？」では醸し出す雰囲気が異なる。また疑問詞を使わず「というものは？」といった問い方もあり、クイズ番組やクイズ大会でつくり上げたい雰囲気にふさわしい文末に統一することが求められる。ちなみに、問題によって文末がバラバラだったり、早押しクイズで「これを何というか？」と文末に「か」を付けたりすると、途端にクオリティが下がった印象を与えてしまう。

平成教育委員会

【へいせいきょういくいいんかい】

1991年から97年までフジテレビで放送されたクイズ番組。開始当初の正式タイトルは『たけし・逸見の平成教育委員会』。ビートたけしが先生、逸見政孝が学級委員長、解答者が生徒という役割で、額に「大志」と書かれた学校の教室風のセットで収録された。国語・算数・理科・社会を中心に、実際の中学入試で出題された問題にタレントが挑戦した。番組の企画のヒントとなったのは、ビートたけしがフライデー襲撃事件の謹慎中に、小中学生のドリルを解いてみたところ意外に解けずに面白く、「これは番組になる！」というアイデアを思いついたからだといわれる。各コーナーで優秀な成績をとると、10段階に分かれた「勉強小僧」の１段が手に入る。番組開始当初から人気番組となり、1992年と93年には『平成教育テレビ』として、FNS27時間テレビの基幹企画となった。深夜には視聴者がファックスで参加する「夜明けの一般模試」と銘打った超難問の20問が出題され、クイズ王の長戸勇人が全問正解を達成した。後にユースケ・サンタマリア司会で『平成教育予備校』『熱血！平成教育学院』などの派生番組も生まれ、ロザン宇治原など、いわゆる「インテリ芸能人」を多数輩出した。レギュラー番組終了後も、元号が平成から令和に変わるまで、定期的に特番として続いた。

へぇ 文

雑学や蘊蓄などに共感したとき、つい口に出してしまう言葉。雑学を披露した側にとっては「へぇ」と言ってもらうと嬉しい。火付け役といえる番組は『トリビアの泉』で、紹介されたトリビアにどれくらい驚いたかを「へぇボタン」を押して評価し「そのトリビアは90へぇ」など評価の単位として機能した。後のクイズ問題ではクイズだけでなく情報性も重視されるようになり、制作スタッフの間では「へぇのある問題」「もっとへぇ情報を入れよう」など、視聴者が「タメになったと感じること」を表す代名詞のような言葉として使われるようになった。

ペーパークイズ

【ぺーぱーくいず】 ?

紙に印刷された問題を読み、解答用紙に記入して答えるクイズ形式。多くのクイズ番組や、クイズ大会の予選でよく行われる。分かる問題から解く、漢字が分からない場合はひらがなで書く、読みやすい字で書く、などのテクニックがある。マークシート方式の択一クイズで行われることもあり、大量の解答用紙を採点することも可能。「筆記クイズ」「ペーパーテスト」とも。クイズプレイヤーが集う大会ではズバリ「紙」とも呼ばれる。**⇒紙　⇒マークシート**

ヘキサゴン【へきさごん】

「六角形」のことを表す英語。2002年から11年までフジテレビで放送されたクイズ番組シリーズの総称。02年にＢＳフジの実験番組として誕生し、翌年までは「バッテンクイズ HEXAGON」というタイトルの深夜番組として放送された。タイトルの通り、六角形のテーブルに６人が座り、誰が正解・不正解かを見極めるボードゲームのような駆け引きが要求されるクイズ番組であった。03年から05年にはゴールデンタイムに進出し、タイトルも『クイズ！ヘキサゴン』に。さらに05年からはクイズ形式を一新し、６人１チーム×３チームで競う『クイズ！ヘキサゴンⅡ 今夜はクイズパレード』となった。番組後半に向けて早押しクイズの珍解答が増えるようになり、本格的なクイズ問題に対して、まるで大喜利の解答のようなギャップが爆笑を呼び（本人は至って真剣に解答しているが）「珍解答ブーム」の代名詞ともなった。フジテレビの看板番組になった際には、番組出演者のことを「ヘキサゴンファミリー」と総称し、番組初のヒット曲も数々生まれた。

ペケ【ぺけ】

「バツ」のことを意味する言葉。諸説あるが、もとはマレー語で「不要」を意味するpergi（ペッギ）に由来するといわれる。『アメリカ横断ウルトラクイズ』の第１回（1977年）の後楽園球場で、高知県出身の福留功男は○×クイズの「×」のことをこう呼んだ。第１問「上野動物園のパンダ夫婦の名前は、リンリンとランランである。○か×か？」に対して「答えは、ペケ！」と発表したため、17回にもわたる歴史的クイズ番組の栄えある１問目の正解は「ペケ」となった。**⇒×**
⇒リンリン・ランラン

ベタ問【べたもん】？

クイズに繰り返し出される問題や事柄のこと。特に問題文の型が定まっているものをいう。長年のクイズの歴史のなかで、適切な難易度・文体の簡潔さ・粋な表現・口調の良さなどから、繰り返し出題するに堪えてきたものが「ベタ問」となっていった。もとは関西発祥の言葉といわれ「何度も扱われてきた＝手垢がベタベタについた問題」という語源が有力。「ベタ問題」「ベタ」「手垢問題」「パターン問題」とも。**⇒基本問題**

別解【べっかい】？

模範解答以外の正解。「別の解答」を略した言葉。別解の調査が甘いと、本来正解である解答を不正解と判定してしまうことがある。日本のクイズ大会では、事前に別解をきちんと調べ、誰が見ても採点に困らないよう解答欄に併記することが多いが、国際的なクイズ大会では、答えとなる物の呼び方が国によって異なるため、模範解答以外の正解はあえて事前に記さず、参加各国で正解とされる範囲ならば各国の裁量で正解扱いとするのが通例。

ヘッドホン【へっどほん】

オーディオ機器のひとつ。クイズ番組では、主に１対１の対戦や、早抜けクイズなどの際に、他の解答者の声が聞こえないように装着することが多い。『マジカル頭脳パワー!!』の居残り早押しクイズや、１チームずつ挑戦する対戦で行われる『クイズ！早くイッてよ』（フジテレビ）などで使用された。なかでも『史上最強のクイズ王決定戦』の決勝戦では厳格なカプセルクイズで使われた。なお、相手が解答している時には高い音量でロック音楽が流れるため、それに耐えうる精神力も必要とされた。

ペナルティ【ぺなるてぃ】?

クイズに誤答したときの罰則。持っているポイントが減らされたり、数問の間クイズの解答権が奪われたりする。厳しい場合には即失格となったり、酸素の供給が30秒間ストップしたりする。誤答のペナルティを略して「誤ペナ」とも。⇒**誤答**

ペナント【ぺなんと】

優勝。優勝旗。また主には、優勝旗に付けられる小旗のこと。クイズの日本一決定戦では、優勝旗や優勝カップに、歴代チャンピオンや歴代優勝校の名前・優勝年などが書かれたペナントが回を重ねるたびに増えていくため、歴史や重みを感じさせる。

ベルトクイズF&F

【べるとくいずえふあんどえふ】

2008年から数年間、フジテレビ系の19時台に見られた思い切った番組編成。火曜日を除いて、毎日19時台はすべてクイズ番組が放送された。月曜『ネプリーグ』、水曜『ヘキサゴン』、木曜『全国一斉！日本人テスト』、金曜『検定ジャポン』、土曜『ＩＱサプリ』、日曜『平成教育学院』。往年の名クイズ番組『ベルトクイズＱ＆Ｑ』をフジテレビの「Ｆ」に合わせてもじったネーミングであると考えられる。

ベルトクイズQ&Q

【べるとくいずきゅーあんどきゅー】

1969年から80年までTBS系で正午に放送されたクイズ番組。平日に帯番組として放送されていたことから番組名に「ベルト」という言葉を冠した。視聴者参加型のクイズ番組で、番組ルールは時期によって異なるが、基本的には出場者同士が自分の得点を賭けていく１対１の対決と、高額賞金を獲得できるチャンスのある「ミリオンステージ」から構成された。アニメ『ちびまる子ちゃん』では、まる子の祖父である友蔵が同クイズ番組に挑戦し、友蔵は賞金27万円を獲得した（この獲得金額を問うクイズが『第３回ＦＮＳクイズ王』の決勝で出題されている）。

変化球【へんかきゅう】?

一連のクイズ問題のなかで、オーソドックスに正解を聞く問題ではなく、クイズの文体や雰囲気などにバリエーションや笑いの要素を加味した問題のこと。具体的には「少し引っかけの要素をもったもの」「頭の柔らかさを問われるパズルっぽい問題」「極端に問題文の短い剛速球問題」「パラレル問題で答えがダジャレ」など、イロモノ的な要素を含んでいる問題のことをいう。ただ、いくらウケを狙いたいからといって、クイズ自体が日本語のルールや文法から外れてしまっては興ざめになってしまう。なお、オーソドックスな問題のことを「ストレート」「直球」といったり、一連の問題の配列のことを「配球」といったりするなど、クイズの出題はよく野球の投球に例えられる。

ほ

暴発【ぼうはつ】?

早押し問題が読まれる前、または読み上げられた直後に、間違えてボタンを押してしまう現象やアクシデントのこと。「もんだ……」「ピンポン！あっ！すみません！！」みたいな現象。出題者が「問題！」と言っている間なら許容されることが多いが、問題文の本編が読み上げられた直後の場合は、主催者の客観的で慎重な判断が求められ、シビアな判定で不正解扱いになることもある。裏を返せば、早押しクイズの解答者は、それだけ解答権を得るために「押し込み」などのテクニックを駆使して本気で戦っているともいえる。

ボーっと生きてんじゃねーよ！

【ぼーっといきてんじゃねーよ！】

クイズに不正解だったことを告げる言葉のうち、おそらく歴史上一番長い言葉。『チコちゃんに叱られる！』で間違った答えを言うと、このフレーズで叱られる。

ボードクイズ

【ぼーどくいず】?

クイズ形式のひとつ。ホワイトボードやフリップ、スケッチブックなどに答えを書く、筆記形式のクイズ。「書き問題」とも。早押しではなく、1問ずつ問題のすべてが読まれ、規定のシンキングタイム終了後、解答権がある者は全員、自分の解答をボードに書いて提示する。早押しクイズとボードクイズを組み合わせた「早押しボードクイズ」という形式も存在する。**⇒早押しボードクイズ**

ボードゲーム【ぼーどげーむ】? 文

盤（ボード）の上で駒やカードを使って競うゲーム。かつてはクイズ番組がヒットするとボードゲームになる傾向があり、『アップダウンクイズ』『世界一周双六ゲーム』『アメリカ横断ウルトラクイズ』『クイズ世界はＳＨＯＷ ｂｙ ショーバイ』『クイズ＄ミリオネア』など、有名なクイズ番組が題材となって、自宅にいながら番組の醍醐味を追体験することができた。「問いに対して答える」というクイズの基本構造はボードゲームとの相性も良く、クイズ系ゲームは古くから存在する。世界大会が開かれた『トリビアル・パスート』といった本格的なものや、その日本版ともいえる『PATAQ（パタック）』、昭和レトロ系ボードゲームの代表である『クイズの王様』、パーティーゲームの要素も強い『クイズいいセン行きまSHOW！』といった商品まで幅広いラインナップを誇る。⇒Trivial pursuit

ポール・トゥ・ウィン

【ぽーる・とぅ・うぃん】

F1で、ポールポジション（決勝レースのスタート位置の先頭。この場所には予選で最速のラップタイムを出したドライバーが配置されることが多い）からスタートし、そのままレースでも優勝すること。クイズ大会では、予選のペーパークイズで1位となった人がそのまま優勝することをいう。

ボタンチェック

【ぼたんちぇっく】

早押しボタンが正常に作動するかどうか確認すること。早押しクイズの大会やイベントでは、戦いを始める前に、解答者が自分たちに用意されたボタンを端から順番に押して点灯するか全員確認するのが定番で、すべてのボタンが正常に作動した場合は観客から拍手が起こることが多い。早押しボタンが精密機器であるがゆえに必要な作業であると同時に、競技前に場の一体感を増す様式美でもあるといえる。テレビのドキュメント番組の取材でこの「ボタンチェック」から「拍手」に至る光景を初めて目にした演出家は、この様式美を茶道や剣道になぞらえて「まさしく『クイズ道』だ」と漏らした。

ボッシュート 【ぼっしゅーと】

『世界ふしぎ発見！』で、解答者が賭けていたヒトシ君人形が不正解によって没収されること。「没収」＋「ダストシュート」の造語で、ヒトシ君人形が微笑んだまま沈んでいくのが切ない。

ホニャララ 【ほにゃらら】

クイズ番組『ぴったし カン・カン』の司会を務めた久米宏が生み出したとされる言葉。その後、バラエティ番組などを通して広がり、いまでは伏字を意味する一般的な言葉として定着している。同義語に、山城新伍が『アイアイゲーム』（フジテレビ）というバラエティ番組で生み出した「チョメチョメ」がある。

炎のチャレンジャー

【ほのおのちゃれんじゃー】

1995年から2000年までテレビ朝日系で放送されたバラエティ番組。正式タイトルは『ウッチャンナンチャンの炎のチャレンジャー これができたら100万円!!』、通称は「炎チャレ（ほのチャレ）」。「ウルトラ電流イライラ棒」など、一般参加者があるミッションをクリアすれば100万円を獲得できる番組。「漢字読み書き100問 連続正解できたら100万円」「イントロ100問（同）」「アニメキャラクター100問（同）」など「100問」の問題に全問正解できたら100万円が獲得できるシリーズも人気だった。また、スタジオチャレンジとして「クイズ王に挑戦！1問でも正解できたら100万円」という、クイズ王3人と芸能人ゲスト全員が早押しクイズ10問で対決し、芸能人が1問でも正解できたら100万円という、クイズ王側にとっては胃の痛くなるような企画もあった。1回目で定岡正二が「アルプススタンド」を正解して100万円を獲得する快挙（ハプニング）が起こったが、2回目以降はすべてクイズ王が完勝した。番組後期には「村ごと抜き打ちチャレンジ クイズ100問みんなで連続正解できたら200万円」という、村人100人が1問ずつ常識クイズに答える企画も行われたが、チャレンジ成功はならなかった。

ホノルルクラブ

【ほのるるくらぶ】 ?

1972年に結成された、古い歴史を誇るクイズ同好会。『アップダウンクイズ』で優勝しハワイ旅行を獲得したクイズプレイヤーにより結成され、ハワイの地名にちなんで命名された。現在も月に1度のペースで活動を続けている。会員は招待制であり、その会員には歴代クイズ王をはじめとして錚々たる顔ぶれが並ぶ。初代会長は、囲碁棋士として著名な小山鎮男が務めた。

ボルティモア 【ぼるてぃもあ】 ?

アメリカ・メリーランド州にある都市で、アメリカ国歌生誕の地。クイズファンには『第13回アメリカ横断ウルトラクイズ』（1989年）の準決勝「激戦！通せんぼクイズ」が行われた場所としてあまりにも有名。史上最強の4人による超早押し合戦が行われ、4人が通過席に立った回数は合計15回以上。それでも誰かが阻止して引きずりおろし、決勝地・ニューヨークに行ける2人はなかなか決まらない。結果、番組が用意した問題が底をついてしまったというエピソードがある。2時間近い休憩が入り、その後は長戸勇人が「ガリア戦記！」を、永田喜彰が「冬虫夏草!!」を通過席で正解し、長きにわたった聖戦は幕を閉じた。当時の日本テレビ系『木曜スペシャル』の放送枠は90分であったが、この「通せんぼクイズ」の激戦を目の当たりにした演出ディレクターは、すぐさま日テレの編成に電話をかけ、放送枠を120分に伸ばすことに成功したという。進行の福留功男も「13年の『ウルトラクイズ』の歴史で、最も素晴らしい戦いだった」と激賞した。2022年、テレビライター・てれびのスキマは、この戦いで勝利するまでの長戸の半生を中心に、80年代クイズプレイヤーたちの青春を描いた群像劇『史上最大の木曜日　クイズっ子たちの青春期1980-1989』というノンフィクション小説を出版した。

ポロロッカ 【ぽろろっか】 ?

海が満潮になった際、海水が高波となってアマゾン川を逆流する現象。1992年『ギミア・ぶれいく』で行われた「第6回史上最強のクイズ王決定戦」において、クイズ王・西村顕治が「アマゾン川で」だけで正解したシーンが有名。問題の読み始めからわずか0.9秒という神速の早押しはいまも語り継がれる。西村曰く、「アマゾン川」に続く助詞が大切であり、「アマゾン川の（周囲／河口）」の場合は「セルバ」や「マラジョ島」、「アマゾン川に（生息）」の場合は「ピラニア」や「ピラルク」など瞬時に判断した結果、「アマゾン川で」の場合は内部で起こる現象＝ポロロッカであると判断したという。また、この一連のいきさつは、冨樫義博のマンガ『幽☆遊☆白書』で描かれたパロディシーンによってクイズファン以外にもよく知られるようになった。作中では、「アマゾ」と読まれただけで登場人物がクイズに正解する。これは、その人物がクイズで出題予定の約2万問をすべて暗記しており、そのなかで「アマゾ」で始まる問題はポロロッカだけだったためである。

ホワイトボード【ほわいとぼーど】

①会議室などにある、白いボードのこと。公民館のホールなどで行われるクイズ大会では、かつて、マーカーで出場者の名前を書いたり、数字を書いたり消したりし、得点板としても機能した。現在の競技クイズ大会ではステージ後方の大型モニターに、得点状況がエクセルなどで表示されるのが一般的である。②解答者が書いて答える「ボードクイズ」で、解答を書きこむ板のこと。一般のクイズ大会やイベントなどで使われ、紙の消費が少ないため便利である。
⇒得点表示

○○本【ぼん】

かつて書店で販売されていた、クイズ王が執筆した問題集を呼ぶ際の愛称につく言葉。特に『クイズ全書』シリーズに対して使われ、著者であるクイズ王の名前を冠して「永田本（ながたぼん）」「水津本（すいつぼん）」「能勢本（のせぼん）」などと呼ばれる。時代が許したとはいえ、よくよく考えると、安直でやや失礼な呼び名である。
⇒情報センター出版局

本質情報【ほんしつじょうほう】？

物事の本質にまつわる情報。クイズ語としては比較的新しい。クイズの問題文では、解答者の興味を引くためにトリビア的なエピソードが扱われたり、別名のように答えがひとつに定まることに寄与する要素が使われがちだが、それらは本来枝葉であり、問われている内容についてよく知っている人が有利になる情報ではない。そのため、近年は本質情報で問題を構成することにより、外側だけ覚えて中身を知らない人でなく、その物事に詳しい人がきちんと正解できるようにしようという機運が高まっている。

本名押し【ほんみょうおし】

早押しクイズで、答えとなる人物の本名をもとに正解を導き出すこと。文章が短めのクイズにおいては、本名は問題文冒頭に前振りとして置かれることが多いため、本名がわかれば序盤で正解することができる。「本名をアグネス・ゴンジャ・ボヤジュ／という、1979年にノーベル平和賞を受賞したカトリックの修道女は誰？」「正解：マザー・テレサ」この問題の場合、本名直後の／（スラッシュ）が置かれた位置、または本名の途中で正解を出せるクイズプレイヤーが多数いる。

③番目を掘ってみよう

文・日高大介

「このクイズ番組の説明を書いたのはおそらく日高だろう！　細かいぞ、くだらんぞ、誰も覚えてないぞ……」そんな声が聞こえてならない（被害妄想）。そこで、クイズ王っぽいコラムも書いてみる。

このコラムのタイトルにある【掘る】もクイズ語かもしれない。語釈をつけるとすれば、【ある序列を問うクイズで、上位何番目までがベタ問題であるかを考え、どこまで問うのが場にふさわしいかを考えること】とでもなろうか。

この辞典には【最（さい）】という見出し語があるが、実はクイズでは「２番目」を問うものも多い。マイナーな序列の１番を問うよりも、メジャーな２番目を問うほうが面白いからであろう。そこで、折角なら「３番目」まで掘ってみてクイズの深さを知ってみよう、なんなら読者のクイズ力もアップさせよう、というのがこのコーナーの趣旨である。１番目が常識、２番目はクイズに頻出、しかし３番目は盲点、というのが模範だが、思いつくままに書いてみる。とりあえず例題を見てみよう。

Q１．世界で標高が１番高い山はエベレスト、２番目はK２、では３番目の山は何？（正解：カンチェンジュンガ）

80年代までのクイズでは２番目の「K２」までがちょうどいい難易度で、３番目を問うのは超難関であった。しかし、1990年初頭にクイズ本とクイズ王番組で出題されて途端にクイズ界ではベタとなり、さらには「チベット語で『５つの大きな雪の宝庫』という意味がある～」といった語源の前フリまで付くことになった。ちなみに４位は「ローツェ」、５位は「マカルー」だ。やる気があれば8000m峰14座を全部覚えてみよう。ちなみに僕のお気に入りは世界９位「ナンガ・パルバット」（語源＝裸の山）だ。

こんなペースで書いていたらキリがない。「地理」のジャンルは序列を問うクイズになりやすいが、日本にも目を向けてみよう。

Q２．日本の都道府県で、面積が１番大きいのは北海道、２番目は岩手県、では３番目はどこ？

これは「岩手県」が基本問題として圧倒的に出題頻度が高い。ということは３位を押さえておくのが一歩先を行くのに有効だということになる。正解は「福島県」。

意外に盲点になりやすいのが、小さいほうからの問題。

Q３．日本の都道府県で、面積が１番小さいのは香川県、２番目は大阪府、では３番目はどこ？

1988年までは「面積最小＝大阪府」がベタ問題だったのだが、関西国際空港の埋立てと香川県の面積測量のおかげで順位が入れ替わり、クイズ界に衝撃をもたらした。ということは、その間隙を縫って３番目の「東京都」を覚えておくのが「通」というものだろう。なお４番目は「沖縄県」だ。

似た話題で、昨今、世界の人口１位の国が入れ替わったニュースが報じられた。インドが中国を抜いたのだ。

Q4. 世界の国で、人口が１番多いのはインド、２番目は中国ですが…

という展開は十分にありえる。ただ、３番目が「アメリカ」なのだ。ややインパクトに欠ける。そこで登場する救世主が4番目「インドネシア」だ。インドネシアのジャワ島は、世界で一番人口が多い島であるというのも面白い。5位のブラジル、いやベスト12までは覚えておきたい（12位は「日本」なのだ）。

Q5. 日本の元号で、１番長く続いたのは昭和、２番目は明治ですが、３番目は何？

実は「昭和」「明治」を答えとする問題はどちらも基本問題であり、３番目を聞くのはかなりの難問である。ただ「平成」が4位にランクインしたことで、３番目を聞く面白味が増したともいえそうだ。令和に切り替わるニュースで覚えている人もいるだろう。正解は「応永」。約35年続いた室町時代の元号だ。

ではここで、実際にクイズでよく問われる「３番目」問題をいくつか見てみよう。

Q6. 原子番号１番の元素は水素、２番はヘリウム。では３番は何？

Q7. 近代オリンピックの開催地。第１回はアテネ、第２回はパリ、では第３回は？

Q8. 日本人ノーベル賞受賞者。最初は湯川秀樹、２番目は朝永振一郎、では３番目は？

Q６の正解は「リチウム」。理科の時間に「水兵リーベ僕の船」で10番まで覚えた人もいるだろう。ちなみに、地球の大気に含まれる元素のベスト３は「窒素」「酸素」「アルゴン」で、アルゴンが穴になりやすい。Q７の正解は「セントルイス」。クイズで聞くにはちょうど良い落差だろう。Q８の正解は「川端康成」。ちなみに物理学賞の３人目は「江崎玲於奈」だ。

最後に、ちょっと珍しいくくりであるが、「１」と「３」が有名であるがゆえ、間の「２」が難しいものをいくつか見て、このコーナーを終わりにしよう。

Q9. 室町幕府の将軍。初代は足利尊氏、3代目は足利義満、では2代目は誰？

Q10. アメリカ大統領。初代はワシントン、3代目はジェファーソン、では2代目は誰？

Q11. ゴルフクラブの愛称。１番ウッドはドライバー、３番ウッドはスプーン、では２番ウッドは？

Q12. 1964年の東京オリンピックのマラソン。金メダルはアベベ、銅メダルは円谷幸吉、では銀は？

こうして見ると、やはりクイズは「盲点」を突くのが面白いことが分かる。Q９から順に、正解は「足利義詮（よしあきら）」「ジョン・アダムズ」「ブラッシー」「ヒートリー」だ。

というわけで「３番目を掘ってみよう」のコーナーはここまで。いずれにせよ、出題の対象が誰なのか、どこをクイズで問えば面白いかを考えてクイズを出したり、臨んだりすることが大切である。

マークシート【まーくしーと】

クイズ番組やクイズ大会などの予選ペーパークイズで、大量の参加者または大量の問題でもって三択や四択のクイズを解く場合、受験や検定試験のようなマークシート方式で行われることがある。解答時には、昔は蛍光ペンで正解だと思う欄にチェックを入れていたが、いまではシャープペンシルで欄を塗りつぶすことが多い。これには採点方法の変遷が関係しており、従来の採点では、下敷きのようなオレンジ色のプラスチックシートの正解部分に穴が開いており、解答用紙に重ねて、蛍光ペンのチェックを直接数える手作り感のある採点法が用いられたが、2014年ごろクイズ大会でマークシートの採点機械が導入され、一気に大量の採点を短時間で行うことが可能になったためである。⇒ペーパークイズ

前振り【まえふり】？

早押しクイズの問題文の基本要素のひとつ。問題文の冒頭部分に置かれ、解答のヒントになる情報、または解答者・観戦者の興味を引く情報が提示される。それゆえに出題者のセンスが問われる部分であり、よい前振りはミスリードを防ぎ、問題の魅力を増す要素となる。例)「クロアチアの地名から名づけられたといわれる、映画『101匹わんちゃん』のモデルになった犬種は何？（正解：ダルメシアン）」「燃え方の段階によってつぼみ・牡丹・柳・散り菊などと呼び分けられる、こよりの先に火薬を巻き込んだ日本の代表的なおもちゃ花火は何？」（正解：線香花火）

マジカル頭脳パワー!!

【まじかるずのうぱわー!!】

1990年から99年まで、まさしく90年代を席巻した日本テレビ系の人気クイズ番組。司会である板東英二の「クイズで頭を鍛えよう！」がキャッチフレーズだった。番組開始当初はすべてが書き問題で、いわゆる「頭の体操」のような問題がVTR仕立てで流れ、解答者全員がビデオライターで解答した。全体として、番組が用意した正解ではなくても、その発想を超えていたりユニークだったりする場合は板東の裁量で得点（頭脳指数）が加算された。初期の目玉コーナーはラスト問題の「マジカルミステリー劇場」であり、プロの推理作家がプロットをつくり、俳優たちが演じる推理ドラマを見てその真犯人やトリックを当てるという本格的なものだった。番組中期には「居残り早押しクイズ」が大人気となり、「あるなしクイズ」「立体文字クイズ」「シャッフルクイズ」「マジカルコイン１文字クイズ」そして最終問題の「エラーをさがせ」など多くのクイズで競い、檻に入れられた解答者がどれだけ早く正解を出して高い頭脳指数を獲得するかが見所であった。なお、挑戦者全員がヘッドホンをしており、他人の正解は聞こえない。オンエアでも「ナイショ」と書かれたテロップとSEで正解者の口元と声が隠され、視聴者は引き続いて問題を考えられる演出が取られた。余談だが、ものまね芸人のコージー冨田は「板東英二と所ジョージのやりとり＋ナイショの音」をセットでまねる十八番のネタを持っている。同番組が生んだ大ブームといえば、番組後期に出現した「マジカルバナナ」であろう。「バナナといったら黄色い」⇒「黄色いといったらレモン」⇒「レモンといったら苦手」アウトーー!!みたいなリズムゲームであった。連想が曖昧な場合や、それまでに既出の場合、また「酸っぱいといっ

たら苦手」など個人的主観によるものは誤答とされ、「個人的な感覚を表に出したらダメーー！」的なテロップが書かれた。日本テレビのクイズ番組として一時代を駆け抜けたレジェンド的存在である。

マジかるハテナ
【まじかるはてな】

2012年から13年まで日本テレビ系で放送されたクイズ・ゲーム番組。正式タイトルは『快脳！マジかるハテナ』。マジかるMCは宮迫博之（当時・雨上がり決死隊）。『マジカル頭脳パワー!!』のリメイク版という触れ込みで始まった。ただのリメイクではなくデータ放送を連動させるなど、新しいゲーム番組としてスタートした。当初はリズムゲーム系が多かったが、全24回の月日が流れるにしたがって「『マジかる』らしい問題」よりも「『マジカル』らしい問題」の比重が高くなり、やや視聴率も持ち直したものの、あと少し持たなかった。

マスコット【ますこっと】

本来は人や物をかたどった幸運のお守り。転じて、特定のものを象徴するキャラクター。クイズ番組においては、出題役になったり、シンキングタイム中に回ったり、参加者の記念品として贈呈されたりする。具体的な例としては、『高校生クイズ』のクイズラ、『クイズ100人に聞きました』の百太郎、『世界ふしぎ発見！』のヒトシ君人形、『クイズ！年の差なんて』のトッシーくん、『クイズ！ヘキサゴンⅡ』のヘキサくん・犬のゴン、『クイズ！脳ベルSHOW』の脳ベルちゃん、『平成教育委員会』の勉強小僧、『ベルトクイズQ＆Q』のQ兵衛、などが挙げられる。⇒クイズラ

間違い探し【まちがいさがし】？

２枚の似ている絵を見比べて、数ヵ所の異なる部分を見つける遊び。「子どもが着ているシャツの袖の長さ」「花壇にある花びらの色」「片方の木にリスがいない」「太陽が笑っていない」などが代表的な間違い。知識を必要としないことからクイズというよりはパズルに近く、書店でも「クロスワード」「点つなぎ」と並んで脳トレのコーナーに雑誌が売られている。『マジカル頭脳パワー!!』や『IQサプリ』でも最終コーナーで行われ、見つけるのが難しい間違い（エラー）を正解すると賞賛を浴びた。

マッチ棒パズル

【まっちぼうぱずる】？

長年親しまれている、パズル問題の一形式。ベストセラー『頭の体操』にも多くの問題が見られる。あるイラストが数本のマッチ棒で表示されており、「このうち○本を動かして××にしなさい」という形式で出題されることが多い。徐々に出題パターンが多様になり、最終的には「火をつけて燃やせばよい」という変化球まで生まれた。マッチ棒を目にする機会が減った昨今ではあるが、パズル形式としてはまだテレビでも放送されるなど生き残っている。

⇒イラスト解答P185

マネーツリー【まねーつりー】

特定の物事を達成すると得られる賞金を書いたリスト。クイズ番組で、1問目は1万円、2問目は2万円……という要領で表示されるあの図のこと。『クイズ$ミリオネア』『ウィーケストリンク』『クイズ！あなたは小学5年生よりも賢いの？』など、特に海外発祥のクイズ番組でよく見られる。往年の番組では『スーパーダイスＱ』（TBS）や『クイズMr. ロンリー』（毎日放送）などでも見られた。挑戦者は、マネーツリーを参考に、次の問題でヒントを使うか、最後の問題まで解かずにいま手に入る賞金を持って帰るかなどを検討する。視聴者にとっても、あと何問でゴールなのか、いま出題されている問題で得られる金額はいくらなのかといった情報を視覚的に把握しやすいメリットがある。

マヨネーズ【まよねーず】文

おなじみの調味料。キユーピーのものがおなじみ。2003年に『クイズ$ミリオネア』に出場した男性が、750万円のかかった14問目で「調味料マヨネーズの名前の語源となったものはどれ？Ａ：海の名前　Ｂ：町の名前　Ｃ：人の名前　Ｄ：山の名前」という問題に「人の名前」と答えて不正解となり、その男性が起こした裁判の題材となった。正解は「Ｂ（町の名前）」であったが（スペインのメノルカ島の町「マヨン」に由来する説が有力）、不正解となった男性が帰宅後に調べてみると、人名の説もあることに気付き、裁判を起こした。しかし改めて調べたところ、文献34件のすべては町名説に触れており、人名説に触れているのはそのうち１つしかないことから請求が棄却された。裁判官は、番組側が「人名」の選択肢を削除しておくべきという配慮は必要だったが、正解設定自体には相当性が認められる、と述べた。四択クイズのウラ取りについていろいろと考えさせられる事件。なお、冒頭の通りキユーピーではなく「キユーピー」が正しい。

○【まる】?

①クイズの正解。また、正解すること。「7○で勝ち抜けです」「今日は5○できた」などと使う。②○×クイズの正解のひとつ。かつての『高校生クイズ』や『アップダウンクイズ』『天才クイズ』などでは「イエス」という。正解が「○」になる傾向としては「一見すると事実か疑わしいが、実は正しいもの」を扱った問題であることが多い。

○×クイズ【まるばつくいず】?

問題文で示された内容が正しい（○）か誤り（×）かを当てるクイズ。イエスノークイズとも。知識自慢のプレイヤーにとっては、突拍子もない方向から出題される○×クイズは最大の難関といっても過言ではなく、あらゆる番組で歴戦の猛者たちが涙をのんだ形式である。⇒イエスノークイズ

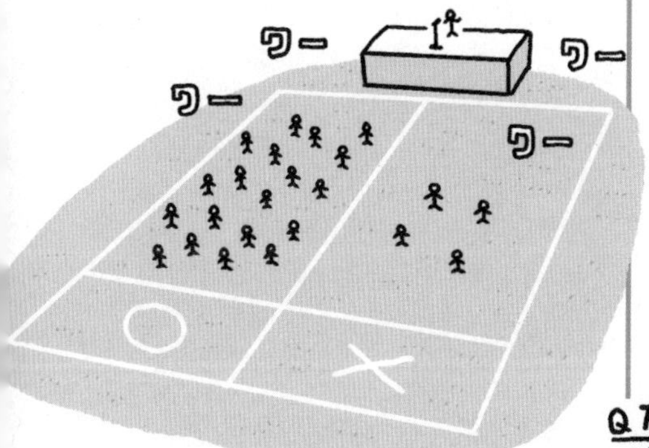

○×ピンポンブー

【まるばつぴんぽんぶー】 文

ハンズなどに売られているパーティグッズのひとつ。早押し機ではなく、判定音を鳴らす方。「ピンポン！」「ブー！」という音が鳴るため、簡易的なクイズ企画の判定マシンとして機能する。なお、相手に○×を見せることを想定してつくられているため、○の面に「ブー！」を鳴らすボタンが、×の面に「ピンポン！」を鳴らすボタンが付いているため初心者は注意が必要。ちなみに、クイズだけではなく、『有吉の壁』（日本テレビ）に見られるように、お笑いなど、あるネタの完成度が一定の水準に達しているか否かの判定に使われることも多い。「ドン・キホーテ」や「ダイソー」などでも「マルバツブザー」などの商品名で売られている。

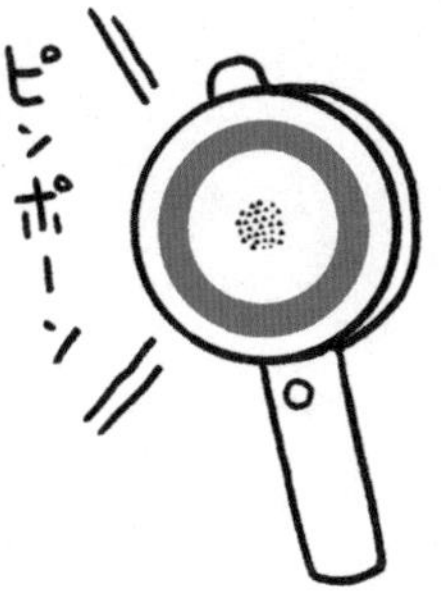

万華鏡クイズ

【まんげきょうくいず】

クイズの出題形式のひとつ。特定のものが万華鏡の内部のように変形・分割された映像によって出題され、それが何であったかを当てるクイズ。「ダルマ落とし」「キウイフルーツ」といった色彩やデザインに特徴があるものや、「アサガオ」「金魚鉢」など季節を感じさせるものが答えになることが多い。

磨く【みがく】

クイズの問題文や出題方法を整えること。主にクイズ作家やクイズ番組関係者が使う言葉。クイズは、同じ題材でも問われ方によって答えやすさや正解時の気持ちよさが大きく異なる。そのため、ミスリードを防ぎ、解答者をより引き立たせ、視聴者の納得感を上げるなどの目的で、問題の原案ができた後も、繰り返し修正・検討を重ねてクイズを「磨いて」いくのである。⇒擦り合わせ

三つの歌【みっつのうた】

1951年から70年代までNHKで放送された歌謡クイズ番組。当初はラジオ番組であったが、1953年から始まったテレビ版は「日本で初めて『テレビ放送』されたクイズ番組」といわれる。出場者はピアノの伴奏をもとに曲目を推理し、正しく歌えるかどうかを競う。これを最大3曲繰り返し、正しく歌えた曲数によって賞金を得ることができた。

緑問【みどもん】

芸能に関係したクイズ問題のこと。「緑の問題」の略。ゲーム『クイズマジックアカデミー』で芸能分野のイメージカラーが緑であったことに由来する。クイズプレイヤーのなかには、情報の更新が頻繁な芸能・スポーツ問題を苦手とする者も多いが、近年では緑問限定の大会が生まれ、プレイヤー間で広く世間に目を向けようという機運が高まったこともあり、緑問の存在感も増している。⇒青問　⇒クイズマジックアカデミー

ミニストップ【みにすとっぷ】

日本にあるコンビニエンスストアのひとつ。街ブラなどで行われる「瞬間うんちく」の企画で、横を通り過ぎると9割の確率でお題となるお店。「ミニストップという店名は『小さなお店』という意味ではなく『ミニット・ストップ』、つまり『1～2分立ち寄って休憩するお店』という意味が込められているんですよ」という豆知識で相手を「へぇ」と言わせるのに重宝する。コンビニ雑学では「セブンイレブンで最初に売れたのは『サングラス』」「アメリカの牛乳店が日用品を販売して大繁盛したのがローソンの誕生。その名残りでロゴにミルク缶が描かれている」「セブンイレブンのロゴは『ELEVEn』とnだけ小文字」「ファミリーマートの出入り口で流れるメロディのタイトルは『大盛況』」などが有名で、身近でキャッティーな豆知識が多い。なかでも「お題」として絶妙な細かさを持つお店が「ミニストップ」なのだろう。なお、ミニストップの店内で売られるスイーツ「ハロハロ」もよくクイズで出題される。

宮崎美子【みやざきよしこ】

日本の女優・タレント。漢字検定1級を所持している。クイズ番組では、あらゆるジャンルに対応できることから「クイズの女王」と呼ばれる。80年代には『クイズダービー』の解答者として、2000年代以降は『Qさま!!』や『ミラクル9』の解答者として活躍している。大学2年生のときには15周年記念『アップダウンクイズ』に熊本大学の学生として自ら応募して出場し、4番のゴンドラに座った経験をもつ。

ミラクル9【みらくるないん】

2012年からテレビ朝日系で放送されているクイズ番組。正式タイトルは『くりぃむクイズ ミラクル9』。司会と進行は上田晋也（くりぃむしちゅー）と女性アナウンサーが務める。有田哲平（くりぃむしちゅー）率いる有田チームと、旬なリーダーを擁するゲストチームが対決し、知識とひらめきが絶妙に必要とされるクイズに挑戦する。前身となったのは特番の『クイズ ビンゴ★ライン』であり、現在でも列が揃うと高得点、といったルールが随所にみられる。なお、出題前のコール「クイズ、シュート！」はビンゴ用語に由来するものであろう。水曜日のゴールデンタイムらしく老若男女家族そろって楽しめるクイズ番組である。

ミリオンスロット
【みりおんすろっと】

『クイズ！世界はＳＨＯＷ ｂｙ ショーバイ!!』で得点を決めるのに用いられた、スロットマシンのようなギミック。解答席の前面にテレビモニターが設置され、司会者の「ミリオンスロット！」の掛け声とともに「５萬」「10萬」「20萬」「30萬」「50萬」（これらは「商売マネー」と呼ばれる）の画面がランダムに回転し、解答者は各自ストップボタンを押して商売マネー、つまりクイズに正解すると獲得できる賞金を決定した。つまり、同じ１問のクイズに正解しても、獲得できる得点が各自異なるところが番組の大きな特徴でもあった。最終問題は「ラストスロット」と呼ばれ、出目としては少ないが「100萬」の入ったスロットを回した。番組後期には「横取り40萬」が導入され、正解すると他の解答者の商売マネーから40萬を横取りすることができ、駆け引きや盛り上がりの要素が強まった。

みんはや

Takatoshi Kobayashiによって開発された早押しゲームアプリ。正式タイトルは『みんなで早押しクイズ』。2015年のリリース以降、現在に至るまでに100万ダウンロードを突破したクイズゲームで、プレイヤー同士がオンライン対戦できる他、自作の問題を他者に出題することも可能である。強豪クイズプレイヤーから、普段はクイズをしない人にまで親しまれクイズ文化普及の一助となっている。

ムチャ押し【むちゃおし】

早押しクイズで、答えがわかっていないのに無茶なところでボタンを押すこと。「バカ押し」とニュアンスが近いが、バカ押しが何も考えずにボタンを押すことであるのに対し、ムチャ押しには果敢にボタンを押してみたというニュアンスが含まれる。でも無茶であることは変わらない。**⇒バカ押し　⇒チャージ**

たびに１つ１つ消していって答えが絞り切れた瞬間にボタンを押すテクニックが必要とされる。問題によっては、１つだけ浮いているものが答えとなることが多い。⇒あとひとつ　⇒浮いている

名言【めいげん】？

著名な人物が言ったとされる、ものの在り方や真理を表した名高い言葉。「地球は青かった」（ガガーリン）、「天は人の上に人を造らず」（福澤諭吉）の類。クイズでは、名言の内容そのものの他、出典となった著作、有名な名言の続き、名言を含む演説が行われた場所など、様々な角度からクイズの題材にされる。クイズの企画者のなかには名言よりも「迷言」を好む者もおり、クスっと笑えるひとことや偉人のしょうもない発言が取り上げられることもある。

名数問題【めいすうもんだい】？

クイズの出題形式のひとつ。「京都三大祭り」や「方角を司る四天王」など、複数でワンセットになる事柄や人物について問う問題のこと。上に挙げたような一般の「名数」以外には、「世界の国で『ギニア』が付く国は4つありますが～」「夜空に輝く88の星座のうち、ひらがな１文字で表されるものは3つあります～」といった多答クイズの中身を、ある観点から切り取った問題もある。クイズプレイヤーには、問題のテーマが出されたら頭の中に答えとなるデータを瞬時に引き出し、問題が読まれる

メイナード・ファーガソン【めいなーど・ふぁーがそん】文

カナダ出身のジャズ・トランペット奏者。日本テレビを代表する大型クイズ番組のテーマソングを代表曲にもつ。『アメリカ横断ウルトラクイズ』では『スタートレックのテーマ』、『全国高等学校クイズ選手権』では『ハリウッド』が使われた。いまでもこれらの曲を耳にすると、クイズプレイヤーならずとも、血湧き肉躍るテレビファンは多い。

メガネ率【めがねりつ】文

全体に対する、メガメをかけている人の割合のこと。主に昭和から平成にかけて、クイズ解答者の集団に対して「みんな頭が良さそう！それにしても、君たちメガネ率が高いなあ」などと、それこそ先入観にとらわれた「色眼鏡」的なコメントによって揶揄されることがあった。現在ではコンタクトレンズの使用率が高まったこと、ルッキズムを意識する世間の風潮があることから、このような発言がなされることは少ない。

メガホン【めがほん】

本来は拡声するための道具だが、クイズ番組では主に声を潜めるためという、まったく逆の意図で使われがち。構造上声が向かう方向を限定しやすいため、解答者が司会者だけに答えを伝えるときなどに使われる。

目で見るクイズ
【めでみるくいず】

かつての『アップダウンクイズ』など、往年の視聴者参加型クイズ番組で途中に設けられたコーナーのひとつ。「音楽を聴いて答える問題」と同様に、読み上げ問題の一本調子にならないように出題された。出題方法は番組によって様々だが、日常でよく見かける物のパーツをアップにして（たとえば「洗濯機」「万年筆」「バドミントンのシャトルコック」など）その物を答える問題や、数枚の写真から連想される人物や作品を答える問題など、趣向が凝らされた。『アタック25』では「画面を見てお答えいただくクイズ」と呼ばれた。現代では「ビジュアルクイズ」という呼び名が一般化している。**⇒音楽を聴いて答える問題**

面接【めんせつ】

視聴者参加型クイズ番組のオーディションで行われるもの。主に筆記クイズを通過した者が行う。番組に対する愛を伝え、明るくハキハキした受け答えをするのが通過のコツである。

もう1回【もういっかい】？

早押しクイズで、解答者が出した答えについて、間違いとまではいえないがそのままでは正解にできないときに正誤判定者が発する言葉。基本的には「惜しい」の意で、ある人物についてフルネームで答える問題なのに名字のみで答えた場合や、単語の発音を微妙に間違った場合などに使われる。この言葉を言われた解答者は、なぜ自分の答えが「惜しい」と判断されたかを考え、最初に答えた内容から少しずらした趣旨で再度解答する。「もう一度」とも。**⇒カウントを続行します　⇒聞こえませんでした**

孟浩然【もうこうねん／もうこうぜん】

『第15回ウルトラクイズ』（1991年）のドミニカ共和国で行われた封鎖クイズで、絶体絶命のピンチに追い込まれたクイズ王・能勢一幸が、ライバルの大石禎との激闘を制したときのウィニングアンサー。大石が１回休みの状態で出題された「問題。『春眠暁を覚えず』と歌った唐の詩人は誰？」という問題に、息も絶え絶えながら、はっきりとボタンを押し、感極まったか司会の福澤を指さしながら答えた。非情なクイズ形式を乗り越えた瞬間であり、ウルトラクイズファンの間では名シーンとして語り継がれる。なお、能勢は「もうこうぜん」のほうで答えた。**⇒ウィニングアンサー**

燃えているかーっ！

【もえているかーっ！】

『高校生クイズ』における、福留功男の名フレーズ。全国約10ブロックの予選会場に集まった3人組高校生に向けて叫ぶ言葉。正確には「青春真っただ中、みんな、燃えているかーっ！」のフレーズに、高校生が「オーっ！」と応えた。『アメリカ横断ウルトラクイズ』の「ニューヨークへ行きたいかー！」に当たる。**⇒ニューヨークへ行きたいかー！　⇒ファイアー**

喪が明ける【もがあける】

『アタック25』に一度出場すると、その後5年間（現在は3年間）は出場できないという規定があった。腕に覚えのあるクイズプレイヤーは、5年経つと再び予選に参加できるようになるが、この出場できない期間が過ぎ去ることを俗に「喪が明ける」と呼んだ。誰が言い出したのかは定かではない。（用例）「そろそろアタックの喪が明けるから、クイズの勉強を再開しよう」

もがみがよ

80年代の『高校生クイズ』で生まれ、当時のハイライトとなった伝説の珍解答のひとつ。発端は第5回（1985年）東北大会の決勝で行われた「俳句クイズ」。早押しクイズに正解すると、かな1文字を指定し、パネルに隠されたいくつかの俳句の「五・七・五」にその文字が現れ、俳句を完全に答えられたら勝ち抜け、全国大会進出となるルール。一躍スターとなったのは福島県立の相馬高校。第5回では「さみだ□をあ□め□はやし □がみが□」まで空いたにも拘わらず、最後を「さみだれを、あつめてはやし……もがみが……お？」と答えて笑いを誘った。その直後には「もがみが……よ？」と答え、司会の福留功男やスタッフ陣、そして視聴者を爆笑させた（最後には「最上川」をしっかり答えて東京進出）。そして翌年。第6回でも東北大会の決勝で俳句クイズが行われ、同じ相馬高校が上がってきた。「あ□□□や　さ□□□□□□□　あ□の□わ（荒海や佐渡に横たう天の川）」を「あやのみや・砂金を取りし…あれは川だな？ あみのがわ！」と答え、福留に「去年とおんなじのが来てるぞ！」と言わしめた（最後には俳句を答えて東京進出）。ちなみに、第5回のメンバーの担任の先生は国語の先生であった。

モザイク【もざいく】

放送禁止の映像や、オトナの映像などで、対象となるものを映さないために使われる映像技術のひとつ。もともと、このモザイクは『象印クイズヒントでピント』のために開発されたという逸話がある。同番組の中盤には「人が何かをしているところ」のモザイク動画が流れ、何をしているのか（たとえば「縄跳びをしている」「折り鶴を折っている」など）早押しで当てるコーナーがあった。粗いモザイク画像から少しずつ鮮明な画像になっていき、徐々に得点が減っていくという、いまでは定番のひとつになっている映像クイズの元祖である。

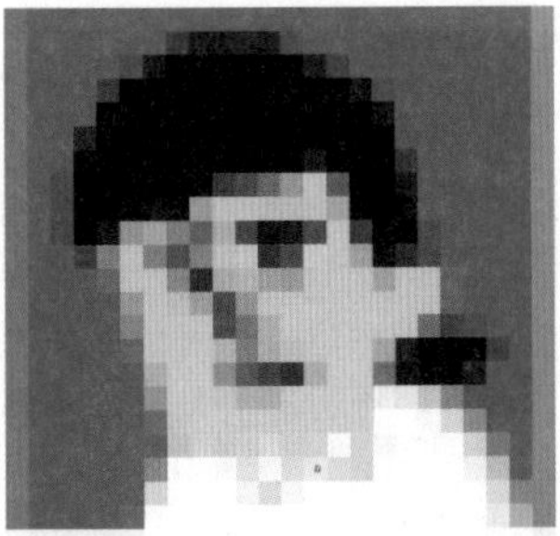

Qこれは誰でしょうか？

モヤッと【もやっと】

『IQサプリ』の番組内で使用されたフレーズ。「スッキリ」の対義語。頭の柔らかさを問う問題が出され、解答者の答えが鮮やかでない場合や、番組が用意した正解にいまいち納得がいかないときに発せられた言葉。解答者は「モヤッと」した場合、自分の席から「モヤッとボール」をセットの前方に投げまくった。

モヤッとボール【もやっとぼーる】

『IQサプリ』の番組内で使用されたアイテム。正解に「モヤッと」感があった場合に解答者が投げる、青緑色のデコボコしたボールのこと。なお、番組開始当初はデコボコは付いていなかった。ちなみに、モヤッとボールを投げ込む場所を「モヤッとホール」という。解答者の石塚英彦は、モヤッとしすぎてボールを入れ物ごとここに投入することもあった。投げられたモヤッとボールは司会の伊東四朗の頭上に溜まっていき、エンディングでは「美脳！」のフレーズとともに伊東の頭にボールが降り注いだ。視聴者が投稿した問題が採用された場合は、番組公式のモヤッとボールが出題者に贈られる。このボールは特に小学生の間で流行し、パーティーグッズやガチャガチャの景品、またデコボコの部分が消しやすいとして消しゴムにまでなった。

問題【もんだい】

クイズをするのに必要不可欠なもの。これが無くては始まらない。当たり前であるが「正解」とワンセットでつくる必要がある。

問題！【もんだい！】

クイズを読む際に、問題文の頭で言う言葉。往年のクイズ番組ではスタジオ司会者が「続いての問題はこちら！」と促してから出題ナレーターが問題を読み上げるのが一般的であったが、『アメリカ横断ウルトラクイズ』で「司会」と「出題」の双方の役割を担った福留功男が、問題文を読み上げる直前に「問題！」という区切りの言葉を発したことで、クイズを読むときの一呼吸としての役割を果たすようになった。現在でもクイズ大会などでは、問読みが「問題！」と言ってからクイズを読み始める文化が連綿と受け継がれている。

問題集【もんだいしゅう】

クイズを多数収録した書物。日本の競技クイズ界ではプレイヤーたちが自作した同人誌的な冊子がほとんどであり、出版社から刊行された商業ベースのものは、区別して「市販本」という。また、問題集のなかでも、クイズ大会の結果や問題文中で早押しボタンが押された場所、大会参戦記などを含むものは、しばしば「記録集」と呼ぶこともある。

問題資料【もんだいしりょう】

テレビのクイズ番組で、総合演出などの制作スタッフや、クイズスタッフのみに配布される極秘中の極秘資料。多くの場合「マル秘」のマークが表紙に印字されている。もしも「スタジオ近くのトイレに置き忘れる」「ジーンズの後ろポケットに丸めて挿しておいたのにテレビ局の廊下で落とした」などの失態を起こしてしまうと、問題を急遽差し替える必要が出てくるため、進退に関わるほどの説教を受けることになるだろう。想像するだけで恐い。それほど慎重に扱うべき資料のひとつ。

問題数限定

【もんだいすうげんてい】

クイズのルールのひとつ。あらかじめ「30問限定」など問題数を決めて行われる。90年代後半の『高校生クイズ』全国大会1回戦では、全国から勝ち抜いた49チームに対して「48問限定」（1ポイント正解で勝ち抜け）で行う非情な早押しクイズも行われた。

問題潰し【もんだいつぶし】

早押しクイズで、問題が読みはじめられてすぐにわざと誤答するなどして、自分以外のプレイヤーに解答権を回さないこと。マナー違反と捉える向きもあるが、勝ち抜けのための有効な戦術とみなされる場合もある。たとえば、参加しているクイズ企画の問題があと1問で終わるとわかっており、その時点で最高得点を持っているのは自分、かつ誤答罰が1回休みなどとゆるい場合、問題潰しをすれば自分の勝利が確定する。でも、あんまり良くない。

問題は最後まで聞くように

【もんだいはさいごまできくように】

往年のクイズ番組の司会者が発したセリフのひとつ。『アップダウンクイズ』や『アメリカ横断ウルトラクイズ』などの「早押しクイズ」で、ボタンを押すのが早すぎて誤答した解答者を諭したり戒めたりする際に用いられた。つまり、早押しクイズとは、本来、問題を聞いて趣旨が伝わり「知っている人がいち早く意思表示」をする目的としてボタンを押していたことが分かる。後年、早押しクイズがゲーム化・競技化するにつれて、早押しボタンの役割も変わった。

問目【もんめ】

出題しているクイズ問題を数えるときの単位。1問目、2問目……などと使うが、「第10問目」など、頭に「第」を付けることも多い。『クイズタイムショック』の定番問題「いま何問目？」でもおなじみ。ちなみに、たまたま同じ読み方をする単位に「匁（もんめ）」があるが、これは真珠の重さを表すときなどに用いる尺貫法の重さの単位で、まったくの別物である。1匁は3.75グラム。遊び心のあるクイズ大会の場合、早押しクイズの最初の問題で「それでは1問《もん》目《め》です。ズバリ、1匁《もんめ》は何グラムでしょう？」といった問題が出される可能性があるが、事前の予想が的中した場合でも「1匁は」あたりまで待ってボタンを押したほうが、観戦者に凄さが伝わりやすい。**⇒いま何問目？　⇒ズバリ**

やくみつる

漫画家。2000年代から「インテリ芸能人」として『雑学王』『Qさま!!』『タイムショック』などの番組で活躍。特に「漢字王」として知られ、「○○と読む漢字を書けるだけ書きなさい」といった漢字の多答問題では無敵を誇った。余談であるが、収録の合間（本番中）に、解答席で締切の近づいた漫画の原稿を書いていることがある。また、ペンネームは麻雀用語の「役満」に由来している。**⇒インテリ芸能人**

山【やま】 ?

地球を代表する地形のひとつ。地球の最高峰であるエベレストのチベット語「チョモランマ」やネパール語「サガルマータ」が問われたり、8000m級の14座の山々の名称が多答クイズで問われたり、火星や金星の最高峰にまで出されたり（火星は「オリンポス山」、金星は「マクスウェル山」）、日本では国土地理院の地形図に基づいた「最も標高の低い山」が議論を巻き起こしたり（大阪市の天保山か、仙台市の日和山か）、なにかとクイズの題材になる。世界で一番長い「アンデス山脈」や、アジアとヨーロッパを分ける「ウラル山脈」など「山脈」に関する問題も多い。90年代から「ベタ問題」の代名詞にもなった「なぜ山／」の題材も「山」である。（「なぜ山に登るのか？」と聞かれ「そこに山があるから」と答えた登山家は誰？〈正解：マロリー〉）。忍者の合言葉といえば「山と川」が代表的ではあるが、「川」に比べるとなぜか出題頻度が高い印象がある。**⇒なぜ山**

やらせ 文

クイズ番組にかけられがちな疑惑。主に「解答者に事前に答えを教えること」を指すことが多い。番組の展開が面白すぎたり、挑戦者が難問をサクサク解いていったりすると、「できすぎている」「事前に答えを教えているのではないか」と感じた視聴者によって「番組名＋やらせ」でのネット検索が行われがち（グーグルのサジェスト機能でよく見かける）。実際に、収録中に神がかった展開に恵まれた場合、クイズスタッフが脳裏に浮かぶのは「あ、これやらせだと思われるかも……」であったりする。しかし、仮に特定の人物にとって明らかに有利・不利な問題を出した場合、本人はもちろん、他の挑戦者からも物言いがつくのが現実であり、それを全出演者に納得させることは不可能である。また、本人だけが問題を知っていたとしても、その不自然な顔つきや挙動は、ネットの発達した現代社会では見逃されることはないであろう。一方、番組によっては「この難易度であれば、出演者の誰かは正解できるかも」「もしも、この問題を○○さんが答えたら盛り上がるかも」と制作サイドが事前に想定して問題を構成することはある。クイズ作家がインタビューで受けがちな2大質問は、「クイズ作家は1問につき、いくら貰えるんですか？」と「ぶっちゃけ、クイズ番組ってやらせはあるんですか？」であることが多い。興味あるの、そこ!?　人間の欲望とは何かを考えさせられる。

やりに行く【やりにいく】

ウケを狙うためにわざとらしい行動をとることを意味する業界用語。クイズ番組では「おバカキャラを浸透させるために、わざと珍解答をする」ことが該当する。珍解答は本人が正解を求めて「真剣に」答えるから映えるのであって、爪痕を残すために必死に「やりに行く」姿が見られると哀しい雰囲気すら漂うことがある。**⇒二束三文**

やわらかい問題

【やわらかいもんだい】

学問や歴史といった硬派な問題に対し、生活に密着した問題や、誰でも知っている単語を答えとしたクイズのこと。ただし必ずしも簡単な問題というわけではなく、盲点を突かれたりひとひねりされていたりすることが多いため、ひらめきや連想によってやわらかい問題に正解できた参加者がいると、「そういうことか！」「なるほどね！」など場が一体となって盛り上がる。例）炊いたお米と食事全般に共通する、日本語の呼び方は何でしょう？（正解：ごはん）

ヤングエース【やんぐえーす】 文

株式会社KADOKAWAが発行する青年向けの月刊漫画雑誌。一般には、『新世紀エヴァンゲリオン』『僕だけがいない街』『文豪ストレイドッグス』などの掲載誌として知られる。クイズ界隈では特に、杉基イクラのクイズ漫画『ナナマル サンバツ』が2010年12月号から20年11月号まで連載されたことで有名。クイズプレイヤーの間には、この漫画を目的に購入する者も多く、第1回が掲載された際には、書店で雑誌を手に取り、その分厚さと表紙の萌えイラストに驚愕する者もいたことだろう。**⇒ナナマル サンバツ**

ゆ

有閑倶楽部【ゆうかんくらぶ】 文

一条ゆかりによるマンガ作品。1981年以降、『りぼん』『マーガレット』などで連載され、名門校を舞台に、大金持ちかつ美男美女の生徒会役員たちが、様々な問題を解決していくというストーリー。コミックス版第9巻「世界一周アドベンチャークイズの巻」は、往年のクイズ番組『ウルトラクイズ』を下敷きにしたもの。生徒会メンバーは、仲間割れがきっかけでエントリーした世界各地のクイズに参加しながら、思いがけない事件に巻き込まれていく。

一条ゆかり『有閑倶楽部』(集英社)©一条ゆかり／集英社

誘導【ゆうどう】

クイズ大会のスタッフの職務のひとつ。来場した参加者を受付に案内したり、受付を終えた参加者を会場の座席に安全に移動させたり、各クイズのラウンドで招集された解答者をステージに導いたり、といった仕事を主とする。ステージ上での華々しい仕事ではないが、誘導のオペレーションがしっかりしていないと、無用な待ち時間が発生したり、全体の進行がごたついたりする。ホスピタリティの精神を持つスタッフだからこそできる、クイズ大会やイベントの大事な裏方である。

郵便はがき【ゆうびんはがき】 文

昭和から平成にかけての視聴者参加型クイズ番組に欠かせなかった伝達ツールのひとつ。クイズ番組に参加したり、視聴者プレゼントに応募したりするためには、１枚の官製はがきに「住所・氏名・年齢・職業・電話番号」を明記のうえ、番組指定の宛先に送る必要があった。なお、空いているスペースには「その番組に関する感想」や「意気込み」を書くと予選に呼ばれやすいともいわれたが、定かではない。また、はがきの端っこをピンクの蛍光マーカーで縁取ると目立つためにプレゼントに当選しやすいともいわれたが、やはり定かではない。

ゆうゆ

一世を風靡したアイドルグループ「おニャン子クラブ」会員番号19番の元タレント。90年代のクイズバラエティ番組に多く出演した。『クイズ！年の差なんて』ではヤングチームとして活躍。フリップに解答を書く際に、必ず「ナス」のイラストを大きく書くことで知られる。1991年にはゲーム『ゆうゆのクイズでGO！GO！』(タイトー）のモチーフにもなり、『ゲームセンターCX』では有野課長とクイズ王が同ゲームで対決した。なお、同ゲームの続編として『森口博子のクイズでヒューヒュー』があった。

幽☆遊☆白書
【ゆうゆうはくしょ】 文

冨樫義博のマンガ作品。1990年から94年にかけて集英社『週刊少年ジャンプ』で連載された。物語冒頭で主人公が亡くなるという、なかなか衝撃的なストーリーで知られる冒険活劇。クイズとの関わりについての詳細はポロロッカの項を参照。**⇒ポロロッカ**

指勝負【ゆびしょうぶ】 ？

早押しクイズで、指の反応速度だけで勝敗が分かれるような状態。問題文ごと定型化しているようなベタ問題では、問題文や答え自体が固定しているため、知識の勝負というよりは、実質的にどれだけ早くボタンを押したかの勝負になりがち。ここから派生して、ベタ問題を「指問」ということもある。**⇒ベタ問　⇒よーいドン**

指慣らし【ゆびならし】 ？

ウォーミングアップ代わりに軽く早押しクイズをすること。企画の参加者が揃っていないときに時間つぶしに行ったり、人は揃っているものの企画の前座としてフリーバッティング形式で行ったりする。誰もが参加できそうな易しめの問題を使用することが多い。クイズ以外の文脈では、ピアノやギターに親しむ人が、曲の演奏前に指の可動域を上げるために行う練習のこともこう呼ばれる。**⇒フリーバッティング**

ユリイカ【ゆりいか】 文

青土社の雑誌。詩・思想・芸術などを広く扱う。2020年７月号では「特集＝クイズの世界」が編まれ、クイズプレイヤー・クイズ作家・漫画家など、様々なかたちでクイズに関わる人が寄稿した。新・一心精進やQuizKnockなど、クイズにまつわる広告が出たことも印象的であった。

幼稚園【ようちえん】

小学館の幼児向け知育雑誌。2021年、なぜか『アメリカ横断ウルトラクイズ』のウルトラハットが付録になった。最後の放送から20年以上経過したタイミングでの付録化に、「誰向け!?」「親世代も知らないのでは……」と界隈がざわついたが、SNS上には組み立てられたウルトラハットが作動する動画が続々と投稿されるなど、ヒット企画となった。

よーいドン【よーいどん】

早押しクイズで、参加者全員のボタンが一斉に押されるような問題のこと。ベタ問題や、知名度の低い情報の後に突然よく知られた情報が提示される問題などがこれにあたる。⇒指勝負

4時間クイズスーパースペシャル

【よじかんくいずすーぱーすぺしゃる】

90年代に日本テレビに多くの人気クイズ番組が存在したことから生まれた、春と秋の特別番組。1991年秋に『10月は人気番組でSHOW by ショーバイ世界まる見えマジカルで笑ってヨロシク』と4つの番組のクイズ形式を組み合わせた特番が放送され、大好評を博した。司会は逸見政孝・渡辺正行・ビートたけし・所ジョージ・板東英二が揃い、日本テレビ系列の人気番組が競う、対抗戦ならではの解答者の豪華さも見所だった。『世界まる見え！ テレビ特捜部』は果たしてクイズ番組なのか？と感じる向きもいたに違いないが、90年代を通じてシリーズは続き、1999年には『春は超人気番組大集合!! 電波ウリナリまる見えぐるナイDASH御殿伊東家バラ珍マジカルGyu！メレンゲ大辞10特命笑って龍ヒッパレ』と16番組が合体するまでになり、「マジカル」以外はもはやクイズ番組でなくなった。

予選【よせん】

クイズ番組やクイズ大会などで、本選に進出する前に設けられる関門。多くの場合、一次予選は筆記クイズで行われる。⇒ペーパークイズ　⇒0次予選

世にも奇妙な物語

【よにもきみょうなものがたり】

フジテレビ系のオムニバスドラマ。2009年放送の「クイズ天国・クイズ地獄」、2016年放送の「クイズのおっさん」と、クイズを扱うストーリーがあった。前者は、クイズをバカにしていた主人公があらゆるところでクイズを出され人生を狂わされる

という話。後者は、クイズ番組で優勝した主人公が賞金に加えて「クイズ1年分」を獲得してしまい、ことあるごとにクイズを出題してくる「クイズのおっさん」に追いかけられるという話。いずれも、実在のクイズ番組のパロディや有名司会者のキャスト起用などが見られ、クイズファンをニヤリとさせるつくりであった。

予備問題【よびもんだい】

クイズ番組やクイズ大会で、正規の問題以外に予め用意しておくクイズ問題のこと。本番で何らかのハプニングが起こり、ある問題が使われなくなった場合、公平を期すためその問題は無効（ノーカウント）となり、予備問題が繰り上がることがある。クイズ番組によっては、収録のたびに予備問題が蓄積されていくため、本番で使用する問題の何倍もの予備問題が用意されている場合もある。なお、クイズプレイヤーが行う大会では「2軍」と呼ばれることもある。

読ませ押し【よませおし】

早押しクイズにおけるテクニックのひとつ。出題者が問題を読むとき、解答者に急にボタンを押されても出題を瞬時にはストップできないことを利用し、問題文の確定ポイントが来そうな1文字前など、直前であえてボタンを押す技術。出題が完全にストップするまでに読まれた「助詞」や「単語の頭文字」の数文字が、正解を導き出すカギとなる。クイズ王がテレビで披露することの多いテクニックとしては「押し込み」と双璧をなす。なお、『アップダウンクイズ』で出題を務めた佐々木美絵アナウンサーは、解答者がボタンを押した瞬間に出題をストップさせる名手といわれ「読ませ押し」が通用しない、と評価するクイズ王もいた。

読み切って相手に解答権【よみきってあいてにかいとうけん】

早押しクイズで誤答したときのペナルティのひとつ。特に1対1の対戦のときに用いられることが多い。2人のうち一方が間違えてしまった場合、相手に解答権が移動し、もう一度問題を最初から最後まで読み切って、答えてもらう。しっかり「正解を発して優勝してもらう」との思いから生まれたルールだと思われる（もし、1対1の対戦で誤答ペナルティが「1回休み」や「即失格」などになると、迫力に欠けたあっけない幕切れとなる可能性がある）。クイズ番組では『アタック25』の同点決勝で用いられ、後にクイズ大会でも使われるようになった。そのルール意図からも想像できるとおり、決勝戦などで使われることが多い。

⇒ウイニングアンサー　⇒サイドアウト

四択クイズ【よんたくくいず】

択一クイズの形式のひとつ。20世紀の間は、各種クイズ番組やクイズ大会の予選などで「三択クイズ」が行われることが多かったが、2000年の『クイズ$ミリオネア』のヒットにより「四択クイズ」がスターダムにのし上がった。択一クイズの選択肢は「1番」「2番」「3番」と表現されることが多かったが、四択クイズ後は「A」「B」「C」「D」の選択肢も一般化した。四択はクイズゲームなどのスタンダードな形式として、正解者はしっかり絞れるが選択肢式で参加しやすいという面で重宝されている。なお、三択から四択に変わることで、解答者はカンで答えた場合の正解率が33.3パーセントから25パーセントに下がり、クイズ作家側は選択肢をもう1個考える必要性が生じた。また、4つ目の選択肢がオチとして使われるなど大喜利的要素が求められる場合も増えた。

ラインマーカー

【らいんまーかー】

便利な文房具のひとつ。クイズの勉強法には様々なものがあるが、なかにはクイズ問題集の「覚えたい前振り」などの情報に蛍光のラインマーカーを引き、目に焼き付けて覚える方法をとる人もいる。実際に出題された場合、引いたラインマーカーの画像イメージを脳内に呼び出し、カメラアイの能力でその部分の文字を読むのである。しかし、ラインマーカーを引いたことまでは覚えているが、肝心の正解が思い出せないことも多々あり、情けない思いをすることもある。**⇒前振り**

ラストイヤー **【らすといやー】**

結成15年以内の漫才師日本一を決める『M-1グランプリ』(朝日放送)で、最後のチャンスとなる15年目を指す言葉。クイズの世界にも転用され、「学生限定」など特定のクイズイベントに出場できる最後の年のこと。クイズ大会「abc」では学生で参加できる最後の年、クイズ番組『高校生クイズ』では3年生のことをいう場合が多い。ラストイヤーで理想の結果を残せなかった人と、その意志を継ぐ後輩たちの間で固い約束が交わされ、熱い青春を感じることもある。**⇒レギュレーション**

ラジオ体操第一

【らじおたいそうだいいち】

『クイズ・ドレミファドン!』の超ウルトライントロクイズで出題される定番の音楽のひとつ。ピアノ1音しか流れないため『レット・イット・ビー』(ビートルズ)や『イエスタデイ・ワンスモア』(カーペンターズ)と誤答する者が多かった。1991年のドレミファドン復活特番では、他チームに誤答者が出るなか、とんねるずチームの石橋貴明がピアノ1音を聞き分け『ラジオ体操第一』を見事に正解したシーンが印象的である。司会の高島忠夫も、別番組で「ラジオ体操第一は、ドレミファドンでは定番の問題でした」と述べている。洋楽のメロディだと思わせて実は身近な音楽だったという落差で、真剣勝負の緊張と緩和を演出する出題意図があったのかもしれない。

ランキングクイズ

【らんきんぐクイズ】

クイズ形式のひとつ。順位付けを題材としたもの。人の興味を惹く「お題」と順位が表示され、団体戦で1つずつ穴を埋めていく形式や、空欄に当てはまるものを早押しで答える形式が多い。ランキングは常に変動するものであるため、クイズ番組の映像問題で出題する場合は、出典、特に「年代」を明記することが必須である。大きく、実際のデータを元にしたクイズや(例「米の生産量ベスト3」)、アンケート結果を元にしたクイズ(例「冬に美味しい○○鍋といえば?」)に大別される。

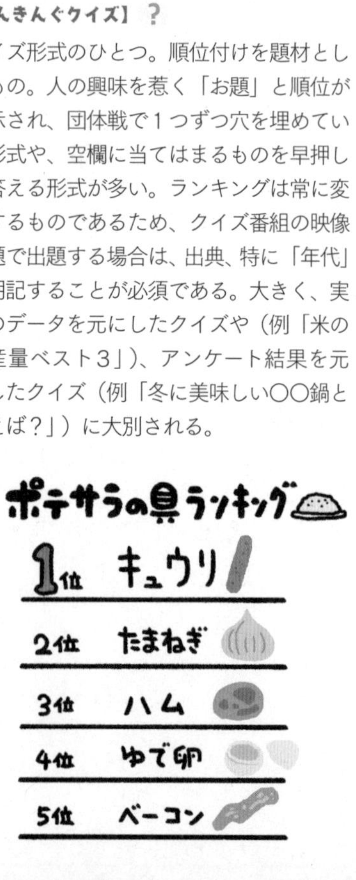

リーチ【りーち】

あと1ポイントを獲得すれば、そのステージを勝ち抜けられる状態のこと。もともとは麻雀用語。反対に、あと1回間違えると失格になってしまう状態を「逆リーチ」「飛びリーチ（トビリー）」などということもある。さらに「あと1問正解で勝ち抜け、ただしあと1回不正解で失格」となる状態を「ダブルリーチ」「両リーチ」、何度か勝ち抜けを重ねてあと1問で優勝という状況を「グランドリーチ」ということもある。クイズ界はリーチだらけだ。なお、高校生を対象としたクイズ番組などでは「王手」ということが多い。**⇒ダブルリーチ**

リサーチ【りさーち】

「調査」「研究」という意味の英語（resear-ch）。クイズ番組や情報番組では、ウラを取ることや、クイズのネタ元を集めることを「リサーチ」といい、それを専門とする人を「リサーチャー」と呼ぶ。リサーチが雑だと、出題の優先順位が高い問題が情報の誤りによって本番で扱えなくなるため注意が必要。クイズ作家の修業期間に、この仕事で徹底的に鍛えられることも多い。
⇒ウラ取り

リセット【りせっと】

クイズの1セットが終わるなどして、正解数や誤答数を0に戻すこと。フリーバッティングなどでは勝者が決まるたびにリセットして、勝負の数をこなすことがある。**⇒フリーバッティング**

リハーサル【りはーさる】

放送や演劇などで、本番の進行をあらかじめ練習すること。略して「リハ」とも。クイズ番組のリハーサルでは、単に流れを確認するだけでなく、出場者が早押しボタンを押す練習を兼ねる場合もあるため、本番用ではない「ダミー問題」を用意してクイズをすることがある。ダミー問題の内容は、出演者やスタッフの緊張をほぐせるものが多い。たとえば、気持ちよく正解できる簡単な問題や、その番組に関係した笑える素材がクイズに仕立てられ、テンポよく楽しみながら場を和ませつつ、本番に臨むのである。

リビア【りびあ】

アフリカの国名。かつてのクイズシーンでは、その国旗が定番問題として出題された。「世界の国旗には、唯一デザインが描かれない緑一色のものがあります。どこの国の国旗でしょう？」「リビアの国旗は世界で唯一、一色のみで描かれます。その色は何色でしょう？」といった具合。ところが、2011年には緑一色でなくなり、一部のクイズプレイヤーの間に喪失感がはびこった。

略語【りゃくご】

言葉の一部を略した語。教科用図書を「教科書」、経世済民を「経済」、切符手形を「切手」という類。意外な略語の他にも、「エアコンはどんな英語の略？（正解：エア・コンディショナー）」など正式名称のほうを求めたり、「東南アジア諸国連合のことをアルファベット5文字の略称で何という？（正解：ASEAN）」などアルファベットの略語を答えさせる問題が頻出で、よく問われる「略語」と「正式名」の両方をまとめて覚えるプレイヤーもいる。

リレークイズ【りれーくいず】

クイズ形式を指す言葉だが、ルールが異なる2つの「リレークイズ」が存在する。ひとつは、カンや知識を総動員させて答えるような1問1答のクイズを出題し、間違えた場合、解答権が他の者に次々とリレーされていくというもの。『ウルトラクイズ』『高校生クイズ』などで「変わったゲストが持つ特技」や「珍発明」を紹介するクイズとして行われたが、広義には『なるほど！ザ・ワールド』のように、4組のパネラーが順番に答えていくという解答方法もリレークイズであったといえる。もうひとつは、団体戦で行われる早押しクイズで、各チームひとりずつが早押し機につき、各自正解数のノルマを達成すれば次のメンバーに交代、最後にアンカーが必要問題数を答えれば勝ち、というリレー形式もこう呼ばれる。後者は「駅伝クイズ」と呼ぶこともある。

リンリン・ランラン

【りんりん・らんらん】

1970年代に『恋のインディアン人形』をヒットさせたアイドルユニット。香港出身の双子の姉妹で、リンリンが姉、ランランが妹。ロングのお下げ髪がトレードマークだった。『アメリカ横断ウルトラクイズ』第1回の第1問目の題材にもなった。問題は「上野動物園のパンダ夫婦の名は、リンリンとランランである。○か×か？」というもの。パンダの名は「ランランとカンカン」なので答えは×。参加者404人のうち380人が正解した。72年に来日したジャイアントパンダとの組み合わせでタイムリーな出題を意図したものと思われる。なお、後に『ウルトラクイズ』の第1問は「自由の女神」関連の○×クイズが恒例となった。

る

ルール【るーる】

クイズを行うときに必要な規則。正解したときのメリット、不正解のときのペナルティ、勝つための条件、何人まで答えられるか、などを過不足なく事前に説明する必要がある。多すぎても、複雑すぎてもいけない。口頭で一度ルールを聞けば、あるいはルール表を一読すれば、すべての解答者が把握できるというのが理想形。

るろうに剣心

【るろうにけんしん】文

1994年から99年にかけて集英社『週刊少年ジャンプ』で連載された、和月伸宏《わつきのぶひろ》のマンガ作品。アニメ化・実写映画化・続編連載と、メディアを横断する人気作品である。コミックス版15巻には、往年のテレビ番組『クイズダービー』の名セリフが登場する。作中で比古清十郎と不二が対戦する際、不二が両手持ちで武器を振り下ろすのを見た才槌老人が、「それなら威力は倍率ドン！ さらに倍!!」と解説的に述べるのだ。『クイズダービー』は、実は本作の連載開始以前に終了した番組である。それゆえかえって、社会への影響力がうかがえるエピソードである。⇒クイズダービー

和月伸宏『るろうに剣心』（集英社）©和月伸宏／集英社

れ

レイ【れい】

ハワイの観光客に対して、歓迎のしるしとして首にかける輪っかのこと。『アップダウンクイズ』でゴンドラが10段まで到達すると、画面外からタラップが登場してアシスタントの女性にレイをかけられ、タラップの階段を降りて地上に戻れるという演出がなされた。レイをかけて女性がかがむ際、稀に下着が見えることがあり、当時の一部の男性視聴者がテレビのブラウン管を下から覗き見るという頭の悪い行為が見られることもあった。また、『アメリカ横断ウルトラクイズ』では各チェックポイントを勝ち抜くとメダルをかけてもらえるが、その通称は「レイ」であり、レイをかけてくれる現地女性を俗に「レイギャル」と呼んだ。こういう語釈も、いまの時代は気を遣うものだ。

例会【れいかい】

クイズサークルで定期的に行われる会合。担当者を決めて企画を行うのが一般的。⇒企画

レギュレーション【れぎゅれーしょん】

クイズイベントの参加資格のこと。「規則」や「制限」を表す英語「regulation」に由来する。具体的な例としては、クイズを始めてからの年数や、学生・社会人の別などが挙げられる。なお、レギュレーションのない大会は「フルオープン」と呼び、誰でも参加することができる。⇒オープン大会

レリーズ【れりーず】

カメラのシャッターを離れた場所から切る装置。転じて、早押し機の本体まで距離があるときに、遠隔で正誤判定をするための道具。通常は赤いボタンが「ピンポン」で、白いボタンが「ブー」、黒いボタンが「リセット」である。

連呼【れんこ】

フジテレビの王東順プロデューサーが発案したといわれる、クイズ番組における演出・手法。クイズ出題の直前に『クイズ・ドレミファドン！』『なるほど！ザ・ワールド！』『クイズ！年の差なんて』と同じ言葉を何度も何度も司会者にコールさせることによって、番組タイトルの定着化を図った。

連戦【れんせん】

クイズイベントをはしごすること。土日を中心に2日以上にわたる場合もある。クイズの世界では、同日に近場で大会を開くことは参加者が分散しないよう避けられる傾向があるが、あえて連戦できるようにすることで、参加者の利便性を高めたり、両大会の参加人数の確保を見込めたりできる。

連想ゲーム【れんそうげーむ】

1969年から91年までNHKで放送された人気番組。紅白歌合戦と同様に「紅組」「白組」に分かれて競う。ゲームの基本的ルールは、番組が用意した正解の単語に対して、各組のキャプテンがその単語にまつわるヒントをチームメイトに出し、交互に答えていくというもの。たとえば正解が「夏休み」の場合、紅組のキャプテン「宿題」→紅組解答者「小学校」(不正解)⇒白組のキャプテン「自由研究」→白組解答者「冬休み」⇒紅組「8月」→「夏休み」で正解！となる。なお、不正解の場合には「ピンポーン」というチャイムが鳴り、一般のクイズ番組とは逆の趣きがあった。また、先の例で「冬休み」など正解に近い答えを出した場合は、会場の観客から拍手が鳴るのも恒例であった。レギュラー解答者の檀ふみ・大和田獏の2人は名勝負を繰り広げることが多く、司会の「第13問目です。檀さん、大和田さんは、檀さん！」というフレーズはよく視聴者に真似された。答えが「しとしと」「ざらざら」など繰り返しになる言葉を当てる「ワンワン・ニャンニャンコーナー」や、1分間で何個の言葉を当てられるかを競う元祖タイムレースというべき「1分ゲーム」などのコーナーも人気だった。最高視聴率38.2%を記録（ビデオリサーチ）。

連続クイズ ホールドオン！【れんぞくくいず ほーるどおん！】

2011年から14年までNHKで放送された視聴者参加型クイズ番組。前回までのチャンピオンと挑戦者が対決し、チャンピオンが勝てば次回も連続して出場でき、挑戦者が勝てばチャンピオンの座を交代、というフォーマットであった。フランスのクイズ番組『Tout le monde veut prendre sa place』(「誰もが彼の場所を取りたい」という意味）をもとにした企画で、「ホールドオン」は「しがみつく」という意味の英語である。1問の問題に対して、ノーヒントで答える「ストレート」(50点)、四択の選択肢に頼れる「スクエア」(30点)、二択の選択肢に頼れる「デュオ」(10点）の3パターンの解答方法を選べるところが斬新であった。

連答【れんとう】？

クイズで連続して正解を出すこと。クイズ大会などでは、特に早押しクイズで連続正解することをいう。早押しクイズの問題群は、原則として同ジャンルの問題が連続しないように配列されており、連答できることは特定のジャンルに限らず様々な分野を押さえていることの証左にもなりうる。また、クイズのルールによって、連答すると即勝ち抜けになるものや、連答するとボーナス得点が得られるものがある。

ロザン【ろざん】

吉本興業に所属する漫才師。ボケの菅広文とツッコミの宇治原史規からなる高学歴コンビ。京都大学法学部卒の宇治原は、2006年の『平成教育予備校』(フジテレビ)で初登場・初優勝を遂げ、その後『平成教育委員会』や『Qさま!!』でも活躍、いわゆる高学歴インテリ芸能人としていまなお活躍を続けている。よく「ロザン宇治原」と呼ばれるため「史規（ふみのり）」を知っている人は素晴らしい。

本文中クイズの解答＆解説

P14「相棒」：溜飲は晴らすものではなく「下げる」ものである。右京があえて間違いを訂正させることで村瀬真奈美の溜飲を下げた。

P17「頭の体操」：コルクを抜くのではなく、ビンの中に完全に押し込んでしまえばよい。

P19「アナグラム」：「かみはえいがかんやきにく」を並べ替えると「栄冠は君に輝く」になる。

P21「一問多答クイズ」：七味唐辛子の中身は、「麻《あさ》の実」、「陳皮《ちんぴ》」、「青川」、「けしの実」、「菜種」、「山椒」、「ゴマ」、「唐辛子」。

P25「ウソ振りクイズ」：「イライシャ・グレイ→（依頼者がグレー）」

P29「エポニム」：「シーザーサラダはシーザーさんが発明した」。当然、答えは○。メキシコのレストラン「シーザーズ・プレイス」のオーナー、シーザー・カルディニ氏が考案したことに由来する。「自分たちの要求を通すために特定の人や物を排斥することを～」、こちらの正解は「ボイコット」。チャールズ・ボイコット大尉が由来。

P35「お願い！名前を呼んで」：コンビーフを入れる台形の缶は「枕缶（まくらかん）」、マッチ棒をこする茶色の部分は「横薬（よこぐすり）／側薬（そくやく）」という。

P39「カウントを続行します」：解答者が「蛤！」と答えたときの想定問題文は「松尾芭蕉の『奥の細道の結びの句に出てくる、現在の三重県の名物である魚介類は何でしょう？』であったと思われる。そこで親切なスタッフの判定により、続きを答えて事なきを得た、というわけである。

P48「近似値クイズ」：1718市町村（市792／町743／村183）※2023年9月現在

P70「雑学王」：横断歩道の縦線が消えた理由は「ペイントのなかにたまった雨水を排出して車のスリップ事故を防ぐため」、缶コーヒーなどのプルタブが左右非対称なのは、開けるときに同じ力が全方向に分散するのを防ぎ「軽い力で開けやすくするため」。

P72「三択クイズ」：イラストの正解は「①キャベツ」。「シュー」はキャベツを意味するフランス語で、見た目がキャベツに似ていることから命名された。

P79「自由の女神」：女神の作者は「バルトルディ」、右手に持っているものは「松明（たいまつ）」、左手に持っているものは「独立宣言書」、足で踏んでいるのは「鎖」。

P82「ショートケーキの日」：「上にイチゴが乗っているから」。１ヵ月のカレンダーでは22日の上は15日であり、「15」と「イチゴ」をかけた。

P88「正式名称」：独占禁止法の正式名称は「私的独占の禁止及び公正取引の確保に関する法律」、ラムサール条約の正式名称は「特に水鳥の生息地として国際的に重要な湿地に関する条約」である。

P89「世界遺産」：正解は「タージ・マハル」

P91「世界まるごとＨＯＷマッチ」：ブラジルの現在の通貨は「レアル」、スペイン・ギリシャともに「ユーロ」である。

P108「天才クイズ」：「10円硬貨は、磁石に吸いつく」の答えは「×」。「世界一長い川は、ミシシッピ川である」の答えは当時は「○」であったが、後の調査により新しい水源が発見されるなどして現在はアフリカの「ナイル川」が世界最長の川である。

P120「二択クイズ」：答えは「B.しょうゆ」。

P125「脳トレ」：答えは「度」。

P166「マッチ棒パズル」

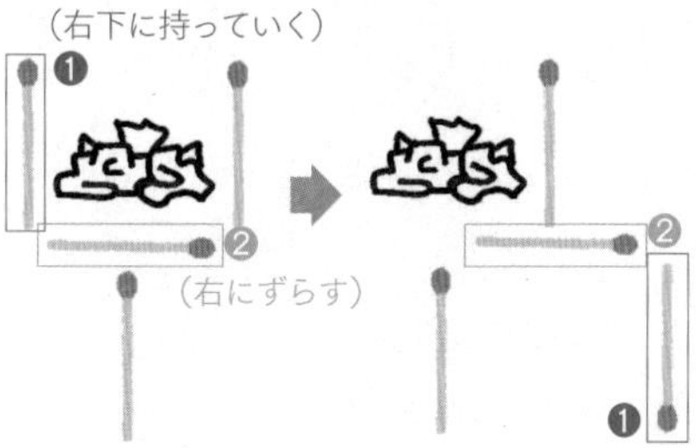

わくわく動物ランド

【わくわくどうぶつらんど】

1983年から92年までTBS系で放送された、動物をテーマにしたクイズ番組。司会は関口宏。80年代にエリマキトカゲやウーパールーパーがブームになり、その時期には特に高視聴率を記録。番組のオープニングでは、解答者のことを「霊長目ヒト科ホモサピエンスのみなさん」と紹介していた。正解すると解答席の前にゾウのぬいぐるみが置かれる。動物系のクイズ番組としては、後に同局の『どうぶつ奇想天外！』（93年～09年）に受け継がれることになる。

早稲田式早押し機

【わせだしきはやおしき】

早押し機の一形式。従来の有線タイプの他、ワイヤレスタイプもあるのが画期的。「早稲田式」の名は、製作者が早稲田大学出身者であることに由来する。2018年、クイズ関係者のメディア露出などにより早押し機の需要が高まった一方、それまで早押し機を制作していた業者に連絡がつかなくなるなどして供給が危ぶまれていたところ、この早押し機が登場したことで市場が安定した。また、テレビ番組『クイズ！ あなたは小学5年生より賢いの？』でQuizKnockのふくらPが1000万円を獲得した際には、この早押し機を全国のクイズ研究会にプレゼントするために賞金が使われた。なお、「早稲田式」と名のつくものには、早押し機の他、日本の代表的な速記の方法やeスポーツの対戦形式、野球のスコアブックの書き方などがある。

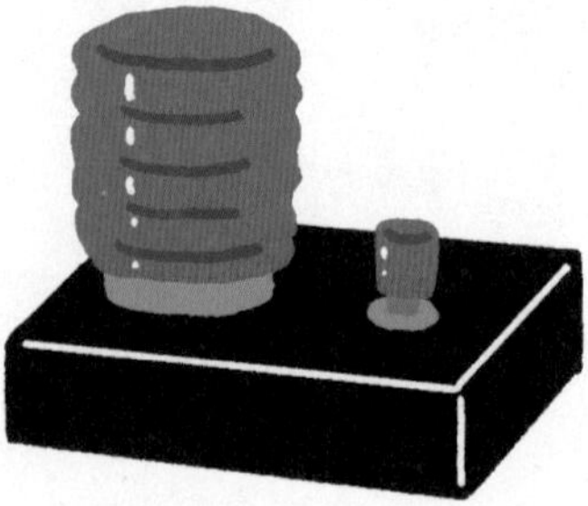

私の秘密 【わたしのひみつ】

1955年から67年までNHKで放送されたクイズ番組。毎回、珍しい体験や特別な才能など「秘密」を持つ人が登場し、解答者が本人に質問しながら正解を探っていく、という内容。アメリカの番組『I've Got a Secret』の日本版として制作され、「事実は小説より奇なりと申しまして～」という番組冒頭のフレーズは流行語にもなった。なお、2022年には同局の連続テレビ小説『カムカムエヴリバディ』で、ヒロインのるい（深津絵里）が『私の秘密』に妄想で出演するシーンがあり、同番組を懐かしむ視聴者もいたことだろう。

渡辺正行 【わたなべまさゆき】

コント赤信号のリーダーを務めるお笑いタレント。『クイズ世界はSHOW by ショーバイ!!』では逸見政孝を支える「大番頭」、『東京フレンドパーク』シリーズでは関口宏を支える「副支配人」と、クイズ・ゲーム番組のスーパーサブとして活躍。『アメリカ横断ウルトラクイズ』では徳光和夫の後継者として「2代目・敗者の味方」を務め、東京ドームや成田空港の敗者にピコピコハンマーで殴られる役を担当した。一方、解答者としても実は優秀で、『クイズ！ヘキサゴンⅡ』では予選ペーパーテストで毎回上位に入り、各種のクイズ番組でインテリ芸能人として活躍。

Watson【わとそん】 文

IBMの高性能コンピュータ。その名は同社の事実上の創立者トーマス・ワトソンに由来する。2011年、アメリカのクイズ番組『Jeopardy!』でクイズ王２名に勝ったことで話題となった。なお、Watsonはクイズ専用のマシンではなく、各国の嗜好に合わせた料理を提案したり、病名を割り出して治療に役立てたりする作業も行っている。⇒Jeopardy!

ンジャメナ【んじゃめな】 ?

アフリカの国、チャド共和国の首都。「ン」の文字で始まることであまりにも有名。しりとりが「ン」で終わったときも、知識欲が旺盛な小学生たちは、決まって「ンジャメナ」で続けたがる。本当に「ン」で始まる地名があるのかワクワクしながら地図帳で調べた結果「ウンジャメナ」と表記されているのを見つけたときは、クイズ的に少しガッカリしたものだ。なお、同様に「ン」で始まる地名としては、タンザニアにある世界遺産「ンゴロンゴロ保全地域」がある。

んとす ?

国語辞典『広辞苑』で、１つ前の「第六版」まで最後の見出し語を務めていた言葉。「まさに……しようとする」を意味する文語。1991年『第２回ＦＮＳ１億2000万人のクイズ王決定戦！』の決勝で、「広辞苑の最後の見出し語は何？」という当時としては斬新な出題がなされ、正解者はいなかったものの、当時視聴者であったクイズプレイヤーによって一気にベタ問題と化した。しかし27年の時を経て『広辞苑』の見出し語のラストは「ん坊」に取って代わり「ベタ問題の正解」の役目を降りた。⇒広辞苑⇒ベタ問題

ん坊【んぼう】 ?

国語辞典『広辞苑』の最後の見出し語。赤ん坊・食いしん坊などのように、言葉の下について特定の性質を持つ人物や物事であることを表す言葉。同書の第七版で初めて立項され、それまで『広辞苑』最後の見出し語としてクイズに頻出していた「んとす」に取って代わった。その結果、旧来のまま「んとす」で覚えていたプレイヤーは不正解となり、「ん坊」の新情報にアップデートした人が正解するという、頻出問題のパラダイムシフトが起きた。このように、クイズは時代に応じて変化していく。その答えもまた、常に進化していくのである。

売れっ子クイズ作家 座談会

いまをときめく人気作家４名に、クイズ作家の知られざる仕事について、数々の有名クイズ番組を手がけてきたからこそ語ることのできる制作裏話などをお話しいただきました。

男は揃って77年生まれ まずは自己紹介

日高　今日はよろしくお願いします。近藤さんは若いですが、３人は77年生まれの同い年ですね。簡単に自己紹介をお願いします。
矢野　担当した番組は『高校生クイズ』、『くりぃむクイズ ミラクル９』、『今夜はナゾトレ』、『オールスター感謝祭』など100本くらいですかね。もともとは、クイズ研究会に所属するクイズマニアで、解答者として出ていました。そのうちアルバイトでクイズ作家として働くようになり、この業界に入りました。
日高　僕も近藤さんもそのパターンですよね。我々の世代はそのパターンが多いのかな。水野さんはどういう経緯でこの仕事に？
水野　私の場合はみなさんと違って、プレイヤーの経験がゼロなんです。きっかけはハガキ職人です。子供のころからクイズ番組に問題を投稿するのが大好きで、よく『笑っていいとも！』の世紀末クイズとか『マジカル頭脳パワー!!』に投稿していました。そのあと、2004年に『サルヂエ』っていうなぞなぞの番組が始まって、問題を書いたハガキを７枚くらい出したら、それがスタッフさんの目に留まったらしく、そこから番組のスタッフに入れていただいたんです。それがスタートですね。最初の２年くらいは『サルヂエ』専属のクイズ作家でしたが、そこから仲良くなったスタッフさんや作家さんに仕事を紹介していただき、コネだけでここまで来たかんじです（笑）。
矢野　『サルヂエ』が終わったとき、僕は『IQサプリ』のほうにいて。鳴り物入りでIQサプリクイズ制作チームにやってきたのが水野さん。水野さんとはそこで初めて会ったんですが、いきなりのクオリティの高さで。大型新人現るって感じでしたね。
日高　おおー。では、近藤さんは？
近藤　いまやっている仕事はテレビだと『高校生クイズ』や『クイズ！あなたは小学５年生より賢いの？』 など、Web系だと「ねとらぼ」 や「CoCoKARAnext」の連載、他には企業のキャンペーンやクイズの国際大会で問題を担当しています。私もクイズ研究会出身なんですけれど、プレイヤーだった時期は本当に短くて、クイズに関わってすぐにつくるほうが楽しいって思って、早めにこっち側に来ちゃったかんじです。

日高　なるほど。最後に私のことも簡単に。98年にアルバイトで『高校生クイズ』と『ウッチャンナンチャンの炎のチャレンジャー』でキャリアが始まり、以来ずっとフリーランスでクイズ作家をやっています。『ヘキサゴン』『Qさま!!』『99人の壁』が代表番組ですね。特番などを含めると80本近く担当しました。いまでは司会業も含めてクイズイベントの監修にも携わっています。

ハプニング発生！
現場でクイズをつくることも

日高　いままでに、仕事のなかでのファインプレーとか大失敗とかあります？

矢野　アメリカで行われる『高校生クイズ』の準決勝で、4校のうち3校が開成や灘といった超実力派で、1校がクイズ経験のない女子チームとなったんです。実力的にはこの準決勝で女の子たちが落ちてしまうだろうと予想されたので、僕は決勝に向けて実力派3校に向けたレベルの問題を用意していたんです。そしたら、大番狂わせがありまして、女の子チームが勝ち上がってきたわけです。それはすごいことなんですけれど、決勝のために準備した問題は実力派3校に向けたものだったので、演出家も司会の枡さんも、決勝で女の子たちが1問もとれないんじゃないか、何問か正解できないとかわいそうだろうという話になって。決勝までは2時間。場所はニューヨーク。2時間後には決勝戦を行う遊覧船が出航してしまうんですが、一度ホテルに帰らせてくれとお願いして、そのとき現地へ持ってきていた既にウラ取りが済んでいる大量の問題の中からセレクトして、決勝にふさわしく、そして女の子たちでも解ける可能性がありそうな問題にアレンジして、何問かを船に持っていきました。露骨に女性向けファッション問題とかを出したら決勝の問題にふさわしくないじゃないですか。そこをうまくバランスとって。結果、その女の子たちが、本人たちの実力で5ポイント以上取りました。各校それぞれに見せ場をつくれて、かつ実力のあるチームが優勝して。フェアな範囲内で決勝の問題を並べられたので、そのときは我ながらいい仕事したなって思いましたね。

水野　現場でクイズが足りなくなったこともあります。かなり余裕を持って用意してきたはずなのに、まさかの消費が激しくて。二択問題10問をその場でつくることになっちゃって。ウラ取りをしようとしたら、そのスタジオに電波が入らないんですよ。仕方ないので、頭の中にある知識だけを頼りに「フランスの国旗に使われていない色は赤と緑どっち？」とかウラ取りをするまでもない超常識問題を10問くらいつくって、急いで読み合わせをしてもらいました。

矢野　これも経験ですよね。ウラ取り不要の安全な問題を頭の中にいくつ持っているか。

日高　綿密にウラ取りをしたけれどカットされた問題を頭のなかにストックしておくとかね。

1問1問、事実確認必須
地獄の裏取り電話

日高　クイズ作家の仕事にウラ取りっていう作業がありますが、みなさんどうですか？ 電話先の相手に怒られたこととかあります？

矢野　あるある（笑）。

日高　「どうして鉄道って24時間営業にならないんですか？」っていう素朴な疑問に対して確固たる理由を聞きたくて、鉄道会社に問い合わせたんですよ。そしたら「あのね、日高さん。もしも24時間走っていたらどうなると思います？」って逆に聞かれちゃって。仕事とは何か、サービス

とは何か、そして交通とは何なのか、1時間ずっと説教されちゃいました。
矢野　『高校生クイズ』のように番組名を言えば理解してもらえる案件だと話がスムーズなんだけど、新規の特番とかだと番組名を言ったところで伝わらないですよね。僕たちはテレビ局の局員でもないから、相手にとってはわけのわからない兄ちゃんが急に電話をしてきて、「パンダは何と鳴くんだ」とか色々質問してくるもんだから、「こっちも忙しいんですよ」とか言われちゃう。裏取りって先方に謝礼を払えるわけでもなく、あくまで確認作業なので、善意で答えてもらえる人を探すしかないんですよね。相手に調べることを強いる場合もあるわけです。協力してくださる方もいらっしゃるんですが、「いまからこっちで調べろって言うんですか」って断られる場合もあるよね。毎回しんどいですね（笑）。
日高　「郵便はがきに切手を貼る場合、その切手の重さも料金に含まれる。○か×か」っていう有名な問題があるんですけど、この答えは○。こっちは文献で答えをつかめているんですけど、一応裏取りの電話をしなきゃいけない。それで某郵便関係の会社へ連絡したら、おじさんが「含まれないですね」の一点張りで。「私の資料では含まれるって書いてあるんですけど」って言っても「いや、それが含まれないんですよ」って（笑）。結局、電話に出た方の上司にあたる局長から折り返しお電話をいただいて、「先ほどは大変申し訳ございませんでした。切手の重さは含まれます」って謝罪されちゃいました。いろんなことがありますね。
近藤　ウラ取りをお願いする先生の論文や書籍を読んでから、その内容をふまえて連絡すると、意外と親切に答えてもらえることが多いですよ。時間と労力がかかりますけどね（笑）。

矢野　○×クイズのバカみたいなでっち上げ問題のウラ取りもしんどいよね。たとえば「フルマラソンの給水所に生ビールを置いてもいい。○か×か」って問題。それを陸連に電話をして確認すると、「そんなバカなことをする人はいないです」って言われちゃう。それはわかってる（笑）。規定的には何を出してもいいことになっているけれど、暗黙のルールに対して団体の判断を仰がないといけないのは難しいですね。いつも変わり者だと思われます。

近藤　以前、複数のテレビ局の合同企画に呼ばれて行ったら、クイズ番組経験ゼロ、呼んだクイズ作家は1人、ウラ取りというものを知らないってことがありました。
矢野　あるあるですね（笑）。クイズ番組をつくるのに慣れていない方だと、クイズ作家に発注すればすぐに使えるクイズが上がってくるって思っちゃう。すぐには無理よって言いたい。
近藤　ウラ取りも含めると、1問つくるのに、1ヶ月かかることだってありますもんね。

出題者のマスト作業
事前の問題読み合わせ

近藤　クイズ作家のもうひとつの仕事に、事前に問題をどう読むのか、発音などを確認するための読み合わせがありますよね。たとえば、落語家さんがお話する“高座”って、発音辞典的には「コ＼ーザ」が正しいんですけれど、クイズでは、耳で聞いたときに理解しやすいよう、一般的な「コーザ￣」の読み方をわざと採用したりします。
日高　句読点の位置もね。間違えると、答えが変わっちゃいますからね。『ウッチャンナンチャンの炎のチャンレンジャー』っていう、クイズ王3人相手に加藤茶さんとか久本雅美さんとか芸能人が対決して、1問でもクイズ王が負けたら、芸能人に100万円贈呈するっていう番組があったんですけど、1回目から制作スタッフとの意思疎通がうまくいかず、句読点を打っちゃいけないところで打たれちゃった。

矢野　僕も担当していました。正しくは「岡本太郎の父親で漫画家の岡本一平が名付けた、」まで一気に読んでから、「甲子園の応援席を何というでしょう？」と続けて、答えが「アルプススタンド」になるんですけど、そのときのアナウンサーが「岡本太郎の父親で」で切って読んじゃったんです。当然クイズ王側はそれを聞いて、ボタンを押して、「岡本一平」って答える。セオリー的には間違いじゃないのに、ブーッて不正解になっちゃって。それで解答権が芸能人側に渡り、100万円持ってかれるってことになってしまいました。「俺たちのせいではないよな」と思いつつも、現場で見ていた僕たちクイズ作家は血の気が引きましたね。

日高　そう、そう。初回から100万円が出ちゃったから、次の収録からはクイズ作家３人のうちの誰かがテレ朝に行って、問題の読み合わせをやりましょうってなりましたね。いまの時代は、事前の読み合わせはマストですけど、あのころはやらないこともありましたね。

矢野　『高校生クイズ』は問題が1000問くらいあるので、きついですよ。地方でリハと打合せが終わったら、アナウンサーは解放されたいじゃないですか。それでも、ラルフ鈴木アナや枡アナに「１時間だけお願い」と手を合わせて、部屋で読み合わせをしたり、彼らが飲みから帰ってくるタイミングを見計らって問題に目を通してもらって、読み方をレクチャーしたり、ということをしていました。寝ているのを起こして読み合わせをしたこともあります。

日高　合計とはいえ、1000問はキツイよね。

矢野　水野さんも一緒だったＴＢＳの『ワールドクイズクラシック』という特番を担当したときは、決勝の問題をＭＣの唐沢寿明さんご自身が読むっていう演出だったんです。早押し問題100問を事前に唐沢さんへお渡ししておいたんですけど、収録の前日に唐沢さん側から読みの抑揚とかテンポとかペースがわからないから、サンプルの音源をくれませんか、って頼まれたの。もし、代わりにアナウンサーさんに問題を読んでもらって音源をつくるとしても、そのアナウンサーさんにレクチャーしなければいけない。だったら「矢野さんが読んでください」となって、本番前夜に、うちのマンションのロビーにＡＤさんがマイクを持って来て、100問を僕が読んだんです。住人が通るときはちょっと静かにしたりして、通り過ぎたら「アマゾン川で……」とかしゃべり出して（笑）。当日ご本人は問題の読み方を完璧に覚えていらっしゃって。それが印象的ですね。

日高　さすが、俳優さんです。早押し問題をつくったクイズ作家は、問題の読み方まで責任を持つっていうのがありますね。

瞬間でジャッジ
激ムズ、多答クイズ判定

水野　答えがたくさんある多答クイズの判定はどうされています？

矢野　判定までの時間があるときは、解答資料を確認しながら押せますけど、時間がないとそうもいかないんです。僕の場合は、『東京フレンドパークII』で初めて判定をやらせていただいたときに、手元の資料を見ながらやろうと思ったらぜんぜん追いつかなくて。しかも番宣でバラエティ慣れしていない俳優さんが解答者だったりしたので、こっちの都合なんて知ったこっちゃなくて、ばんばん答えを出してくるんです。そのとき、香川照之さんに出したのが「ボクシングの歴代チャンピオンの名前は？」みたいな問題でね、解答資料を見るとタイ人の名前がいっぱいあって紛らわしいの。あれは地獄だったね。

日高　その夜、矢野から「時間内に判定できなかった……」って電話がかかってきたよね。「これからは全部の解答を覚えてから行ってやる」って意気込んでいたのを覚えています（笑）。

水野　僕も失敗ありますよ。『宝探しアドベンチャー 謎解きバトルTORE！』の「ミイラの間」の多答問題の判定で、解答者が正解を言ったのに、僕が不正解扱いにしてしまって。演者さんに巻かれている包帯をほどいて、巻きなおして、一から撮り直しになったことがありました。そのとき僕は解答を完璧に覚えて行ったのに間違えてしまい。多答の問題って怖いですよね。

矢野　『東京フレンドパーク』って、挑戦者が12人いて、１人２問ずつ問題が24問用意されるんですよ。事前にその24問分の解答をすべて頭に入れるんですが、２問のうちどちらを出題するかは、MCの関口宏さんの気分次第。たとえば、木村拓哉さんの場合だと、「最近、奥様がつくるサラダがお好きだそうですね」って話からサラダのドレッシングトップ10を答える問題と、「織田信長が好きだそうですね」からの織田信長と戦ったことのある武将を答える問題、両方の解答を覚えておかないといけないわけですよ。で、本番。関口さんが「奥様がつくるサラダが」っておっしゃった瞬間に、頭をサラダモードに切り替えてね。これは大変ですよ。

日高　多答の正誤判定のとき、みなさん解答資料は手元に置いておく派？

水野　スタッフさんがつくる解答資料っていい加減な場合もあるじゃないですか。びっくりしたのが、魚へんの漢字を７個答えなさいって問題のときに、渡された解答資料は魚へんの漢字がバーッと並んでいるだけで。ふりがなもなければ、五十音順でもなんでもないんです。さすがに温厚な私でも「これで判定できると思いますか？」って聞き返しましたね（笑）。だから僕は手元に置かないこともあります。

矢野　僕の場合は、多答問題の解答一覧は自分でつくっています。制作スタッフがつくると、水野さんが言っていたみたいになるからね。だから答えを頭に入れる意味も込めて、自分で50音順に並べて、パッと見やすい文字サイズにしたり、と

か工夫していますね。

日高　僕はスタッフになんで正解なの？って聞かれたときのために、解答資料に１個ずつ判定基準などをメモして、手元に置いています。

近藤　私は、答えが30個以上になるときは、裏に持っていってから判定した方がいいと思いますって先に話をすることもありますよ。

矢野　確かに。多答問題は、１回聞き取って、裏で厳密に判断した方がいいかもね。

近藤　判定を間違えたら、誰も幸せにならないんで。慎重に進めたいと思っています。

日高　多答のクイズ判定、意外と深いですね。

儲かる？ 喜ばれる？
クイズ作家の醍醐味

日高　では、クイズ作家をしていてよかったことってありますか？

矢野　ギャラがいい。

一同　（笑）。

矢野　語弊がありましたね（笑）。好きなことを仕事にして、生活できるお金をいただけるっていうのがありがたいと思っています。

日高　ギャラは１問につき最高いくらですか？ 実は僕、関西の番組で聞かれたことがあって。ピーって編集していただきましたが、金額を言ったら、かなり驚かれました。時効だからここで言っちゃいます？ まずいか（笑）。話題を戻そう。クイズ作家の醍醐味って何でしょうか？

近藤　『高校生クイズ』をやっていて思うんですけど、誰かの思い出の１ページになれたとき、クイズ作家になってよかったって感じます。「高校生クイズでこの問題が心に残っていて」って話を

されたことがあって、その問題をつくったのがたまたま私だったんです。覚えていてくださってありがたいですし、この仕事をやっていて良かったと思いました。

矢野　参加者に限らず、観ている方にもそう思っていただけると嬉しいよね。

日高　人がトラウマになっている問題を「ごめん俺がつくった」っていうこともあるけどね。

矢野　ぜんぜんありますよ。『高校生クイズ』に関しては、ほぼほぼ敗者ですからね。

この問題、良き♡
他人のクイズに嫉妬！？

日高　やられた〜って思わず唸るベストクイズ、これはないだろうっていうワーストクイズはありますか？

矢野　忘れられないのは、担当していた『高校生クイズ』の北海道大会の予選の１問目。なかなか決まらなくて、ギリギリで出したのが「夏の花、ひまわり。ゴッホのひまわりが有名ですけれど“ゴッホのひまわり”という品種のひまわりがある。○か×か」って問題だったんですよ。で、全員が○へ。『高校生クイズ』の作家が一番やっちゃいけないことは全員正解で、その１問にかけた時間が無駄になるので、ちょっとでも脱落者が出ないと意味がない。あのときは、いよいよやっちまったぁって鳥肌が立ちましたね。現場に迷惑をかけたという意味では、僕のワースト問題ですね。

水野　入念にチェックしたのに、いざ収録に出すと、別解が出ることってありますよね。しかも、こっちが用意していた答えよりも秀逸だったりして。そんなとき、やられた〜って唸ります。

矢野　『IQサプリ』のオンエア前の会議であったんですけど、「お月様がぴょんぴょん跳ねる、これ何？」って問題に、僕が「羽根つき」って答えたら、別に「ハネムーン」と答えた人がいて、「お、うまい」と思いましたね。

日高　最近のベスト問題だと、水野さんが最近ツイートされていた、『クイズ！脳ベルSHOW』のあるなしクイズ。５文字の真ん中の文字に濁点をつけると意味が変わる問題、“甲子園、低姿勢、引き替える、陰と陽、ピンホール、簡単さ、３クラス”。どこかに濁点をつけると意味が変わるって問題は以前からありましたけど、解答者にも分かりやすく、７つすべてを５文字で揃えていて、すべて真ん中に濁点を打つと意味がキレイに変わるなんて。いまでも感動していますよ。

水野　ワード探しに２〜３日費やしました。最初に“甲子園”の真ん中に濁点をつけると“広辞苑”になるっていうのが頭に浮かんで、これいけそうだなって思って。そこからはひたすら暇さえあれば探していました。たとえば、芸能人の名前とかって辞書に載っていないので、辞書に頼りすぎないように頭で考えました。

日高　特に、“陰と陽”がいいよね。なるほど、インド洋か〜ってなりました。解答者じゃなくて水野さんに500ノーベルあげたいですね。

水野　ありがとうございます。手を抜けば5分でつくれるあるなしクイズもあるんですけど、そればかりじゃ自分のなかで許せなくて。

日高　僕らの変態性ですね（笑）。

水野　僕が名作だと思うのは、『タイムショック』の三択で「地球、太陽、月。うさぎがいるのは？」っていう問題。これがかなりの確率で解答者が間違えちゃうんです。みなさん、意外とメルヘンチックで。正解はもちろん、地球なんですけど。

日高　いいね〜。こういうのもっとしゃべっていたいね。でも時間なのでそろそろお開きにしましょうか。実は僕ら４人はこの後、別の仕事でまた集まるんですけどね（笑）。

水野圭祐（みずのけいすけ）
1977年 東京都生まれ。2004年に『サルヂエ』で作家デビュー後、『脳内エステIQサプリ』『くりぃむクイズ ミラクル9』『潜在能力テスト』『あなたは小学5年生より賢いの？』『タイムショック』『オールスター感謝祭』『クイズ！脳ベルSHOW』などの番組を担当。特にひらめき系クイズの作成を得意とする。

矢野了平（やのりょうへい）
1977年 埼玉県生まれ。構成作家として『水曜日のダウンタウン』『マツコ有吉かりそめ天国』などバラエティ番組を手掛ける一方、『ミラクル9』『高校生クイズ』など多くのクイズ番組を手がける。『佐藤健＆千鳥ノブよ！この謎を解いてみろ』『今夜はナゾトレ』など謎解きブームの影の立役者でもある。

おわりに

クイズ、および「ものを問う」という営みは、古来様々な場所で行われてきました。それゆえできごとの解釈や競技としての在り方も様々で、本書の見出しの選定にあたっては「あの言葉も載せたい！」「この捉え方はプレイヤーさんにとって納得できるもの？」といった議論が盛んに行われました。

最終的に軸となったのは、ズバリ「それを知って面白いか」でした。クイズとは、ある情報を得た人が「これ知ってる？」と人に言いたくなることから生まれる遊びであり、『クイズ語辞典』と銘打つならば、そこを基準にしてよいだろうという結論に至ったためです。

本書の内容は、クイズの世界へのほんの入り口です。紙幅の都合で泣く泣く削ったものの、本来収録したかった人名や団体名は、枚挙にいとまがありません。それほどにクイズ語、そしてクイズ文化とは、幅広く層の厚いものでした。もしこの本を読んでクイズに興味をもってくださった方がいましたら、未掲載のもの・ご自身にとって思い入れのあるものなど、ぜひ様々な「クイズ語」をみつけてみてください。私も積極的にお話したいと考えています。

執筆にあたっては、企画段階から各所への許可取りまで、すべての作業で編集の渡会拓哉さんにお世話になりました。また、こちらが口にしていないことまで調べて・汲んで、魅力的なイラストを仕上げてくださったうのきさん、深い知識とユーモアで辞典のカラーを決定づけてくださった共著者の日高大介さん、まことにありがとうございました。

最後になりましたが、伝統ある『〇〇語辞典』シリーズに本書を加えられたことを、いちクイズ関係者としてうれしく思います。そして、この本を手に取ったみなさまが、数百個におよぶ「クイズ語」を通して、少しでも楽しい時間を過ごしてくださいましたら幸いです。

近藤仁美

誠文堂新光社「○○語辞典」シリーズも、この本で「記念すべき第40弾」くらいらしいです。「らしいです」というのは、編集者の方もバックナンバーを把握しきれていないらしいのです。それが本シリーズの醍醐味だと思いました。クイズはとかくデータや一覧を重視する分野なので、僕にはそれがとても新鮮でした。

この「○○語辞典」シリーズの従来の作品を拝読して、どの本にも共通しているのはとにかく著者の方々の愛情がたっぷりに詰まっていること。僕もその点については伝統を遵守し、シリーズの道を外さないよう愛情たっぷりに楽しんで執筆しました。このシリーズは楽しいイラストも命です。可愛いのに毒がある、素敵でユーモラスな作品で紙面を彩ってくださったイラストレーター・うのきさん、幸か不幸か僕を共著者に選んでくれたクイズ作家の近藤仁美さん、そして濃い内容をいつも面白がってくださった編集者の渡会拓哉さんに、この場を借りて感謝を申し上げます。

『子供の科学』の連載はもうすぐ20年。『農耕と園藝』には僕のキャリアでも随一の難しいクロスワードを連載しました。この本でも御縁を頂いた誠文堂新光社さま、これからもお世話になります。
戦後より続く楽しいクイズ番組を手掛けてこられた関係者の皆さま、クイズプレイヤーの皆さまにも深く御礼を申し上げます。

かつて「事典とは自分で補っていくもの」と仰ったクイズ王の大先輩がいました。読者のみなさん、この本に好きなクイズ語を補って、ご自身だけの一冊にしてください。いつの日か『「○○語辞典」語辞典』(誠文堂新光社)が出版されたときに、この本のどこかも見出し語に選定されますように。

日高大介

カテゴリ別 INDEX

テレビ

? クイズ

大会

クイズ作家

文 文化

近藤仁美（こんどうひとみ）

三重県生まれ。早稲田大学在学中にクイズ作家として活動を始め、日本テレビ系『高校生クイズ』の問題作成を15年間担当中。その他、テレビ番組『クイズ！ あなたは小学5年生より賢いの？』、ディズニーチャンネル『ミラキュラス』リアルイベントなど、各種媒体で問題作成・監修を行う。国際クイズ連盟日本支部長（2018～現在）。

日高大介（ひだかだいすけ）

宮崎県生まれ、浜松市育ち。14歳からクイズを始め、『パネルクイズ アタック25』『タイムショック21』で優勝、『クイズ王最強決定戦』準優勝２回。1998年より『高校生クイズ』の問題作成を19年担当。『クイズ！ヘキサゴンⅡ』『Qさま!!』『99人の壁』など80本以上の番組に携わる。クイズ王・クイズ作家としてメディア出演も多数。

うのき

大阪デザイナー専門学校卒業後、似顔絵師として活動。半年後、同人誌専門の印刷会社に入社。６年間勤めた後フリーのイラストレーターとして活動を始める。メッセンジャー、工場勤務を経て、32歳の時に「イラストハウスうのき」として独立。皮肉の効いた風刺漫画やクセのあるアニメーションが得意。

デザイン　中山詳子＋渡部敦人（松本中山事務所）
撮　　影　斎藤芳弘
執筆協力　菊田純子
編集協力　鶴留聖代

クイズにまつわる言葉《ことば》をイラストと豆知識《まめちしき》で
ピンポーンと読《よ》み解《と》く
クイズ語辞典《ごじてん》

2023年10月20日　発　行　　NDC790

著　　者　近藤仁美《こんどうひとみ》　日高大介《ひだかだいすけ》
　絵　　　うのき
発 行 者　小川雄一
発 行 所　株式会社 誠文堂新光社
　　　　　〒113-0033 東京都文京区本郷 3-3-11
　　　　　電話 03-5800-5780
　　　　　https://www.seibundo-shinkosha.net/
印刷・製本　図書印刷 株式会社

ISBN978-4-416-62319-0